JN058541

働く人のための
人事労務管理

永田 瞬・戸室 健作 編著　　山崎 憲・渡部 あさみ・小尾 晴美

八千代出版

執筆分担（掲載順）

永田　瞬	高崎経済大学経済学部教授	序章、第2章、第4章、第8章
戸室健作	千葉商科大学商経学部准教授	第1章、第7章、第9章
山崎　憲	明治大学経営学部専任准教授	第3章
渡部あさみ	岩手大学人文社会科学部准教授	第5章
小尾晴美	中央大学経済学部助教	第6章

は し が き

　本書は人事労務管理の入門テキストである。主要な読者は、学部学生や社会人などを想定している。内容としては、採用と退職（第1章）、職能資格制度と人事査定（第2章）、賃金（第3章）、能力開発と人材育成（第4章）、労働時間（第5章）、労働組合（第9章）など、人事労務管理を扱う上で外すことのできない基本的なコンテンツをカバーしている。同時に、ジェンダーと女性労働（第6章）、非正社員（第7章）、外国人労働者（第8章）など、新しい働き方も含めている。

　本書は、大学の講義で利用することを想定して、本文では十分に扱うことはできないが重要な問題、あるいは論争的な問題について、コラムで扱っている。また、各章の末尾に exercise を2・3個もうけて、ゼミや講義で学習できるようにしている。特にゼミなどでテキストを利用する際、発展的な学習として議論をしやすいように exercise を位置づけた。

　人事労務管理論、あるいは人的資源管理論は、類似のテキストが多数ある。それら類似テキストと比較した本書の特徴はどこにあるのだろうか。本書は、序章で、労働力の商品化との関係で人事労務管理を位置づけている。欧米では労働過程論（labor process theory）として知られる管理と労働をめぐる対抗関係を、本書では重視している。すなわち、人事労務管理を、単に企業経営にとっての労働力の効率的利用として位置づけることはせず、労使関係や労働組合の対抗関係・緊張関係の中で発展するものと捉えている。

　伝統的な男性中心の正規労働者の働き方に対して、女性労働者、非正規労働者、あるいは外国人労働者など新しい働き方が広がっている。これらは既存の働き方の見直しというポジティブな側面を持つと同時に、雇用形態別の労働条件格差などの問題も依然として残っている。既存の労働組合は、これらの新しい労働者の利害や働き方の多様化を十分に受け止めているだろうか。本書では、人事労務管理が適切なものとして機能するためには労働組合の役割や労使関係が重要であるとの立場から、人事労務管理を位置づけている。労働組合を最後の章に持ってきたのは、そうした理由による。

本書の企画が立ち上がったのは、コロナ禍の 2020 年 5 月である。対面講義ができない中、教科書を利用した課題学習型の講義を続けていた編者のひとり（永田）が、八千代出版の森口恵美子氏から手紙をいただいた。教科書として利用している『現代の人事労務管理』（八千代出版、2001 年）が、絶版の可能性があるので、新しい教科書を作ってはどうか、ということだった。その後、他大学で同じ教科書を利用している教員（戸室）がいることもわかり、新しい教科書を準備することとなった。そのため、本書は、『現代の人事労務管理』の基本コンセプトを引き継ぎつつ、統計データを更新し、新たな問題を付け加えることを意図している。

　本書は夏休み、冬休みなどの時間を利用して、基本的コンテンツや内容を精査し、徐々に中身を詰めていった。諸般の事情で、当初の予定より大幅に遅れることとなったが、こうした形で出版することができた。この間、辛抱強くお待ちいただき、適切なコメントをいただいた森口氏に感謝申し上げる。企業のグローバル競争が過熱し、企業環境が変化する中で、どうすれば、公正で平等な働き方を広げていくことができるのか。本書が、現場で苦悩する人々、あるいは、将来の人事労務管理を担う学生など、多くの人に活用していただけることを、執筆者一同願っている。

　2022 年 10 月 21 日

永田　瞬

目　　次

序　章

企業経営と人事労務管理

1　企業経営と人事労務管理

企業経営と労働力の商品化

　人事労務管理とはいかなる機能と役割を果たすのか。このことを考えるために、営利企業の特徴である資本主義企業の特徴を整理しよう。資本主義的に営まれる企業の目的は、財あるいはサービスの生産を通じて、利潤（profit）を追求することにある。言い換えれば、最初に投下した貨幣よりも多くの貨幣を取得すること（**剰余価値** surplus value を生産すること）が企業経営の目的である。もちろん、現代社会では、企業の社会的責任（Corporate Social Responsibility：CSR）などの声が高まっているので、単に利潤追求だけを目標とすることは、社会的に容認されないかもしれない。ただし、何らかの有用性のあるものを生産し、それらを、市場を媒介として販売することで、一定量の貨幣を受け取る。こうした企業活動の根幹は変わらないし、変わりようがない。

　こうした企業活動の特徴をもう少し丁寧にみるならば、企業経営者あるいは資本家は、市場で機械や材料などの**生産手段**（means of production）と、それら生産手段を動かす主体である**労働力**（labor power）を購入している。貴重な貨幣を投下して、生産手段と労働力を購入することが、企業経営にとって必要不可欠の要素をなしている。

　ここで、資本家が購入する労働力とは何か。労働力とは人間が保持する労働能力そのものである。人間が生産過程で、原材料を加工し、新たな**使用価値**（value in use）（財・サービス）を生産する。この過程で、新たな**付加価値**（value added）が生まれる（新価値の創造）。原材料や機械などは、過去に生産された原材料や機械などの価値が、新たな商品へ移転するだけ（旧価値の移転）である（図 0-1）。すなわち、労働力商品が、他の商品と異なるのは、その消費過程を

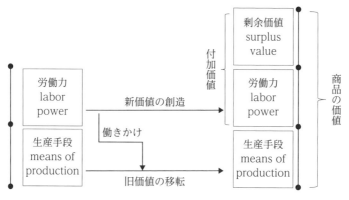

図 0-1　新価値の創造と旧価値の移転

出所：大谷禎之介（2001）『図解社会経済学』桜井書店、64 頁、図 56
　　　〜図 58 などを参考に作成。

通じて、新たな価値を創造することができるという点にある。カール・マルク
スは、『資本論』の中で、労働力商品の特徴を、次のように述べている。「現実
のその消費そのものが労働の対象化であり、したがって価値創造であるような
一商品」（マルクス 1972：原典 181、以下同書からの引用は原典ページ数のみ記す）。こ
のように、労働力商品を購入し、それを消費することが、価値創造の条件とな
る。

二重の意味での自由な労働者

　労働者は、どのようにして資本家と雇用関係を結ぶのか。言い換えれば、労
働者が労働市場に登場し、資本家と労働条件の交渉を行う社会的条件は何か。
やや難解な話に聞こえるかもしれないが、労働者が労働市場に登場する歴史的
条件は、**二重の意味での自由な労働者**の存在、に求められる。第 1 に、労働
者は人格的に自由でなければならない。封建時代のように、社会的に身分が固
定されている社会では、労働者が自らの判断で自由に労働市場に登場すること
はできない。大学生の多くが就職活動を行うことができるのは、社会的身分が
固定化されておらず、形式的には職業選択の自由が認められているからである。
第 2 に、労働者は財・サービスの生産に必要な生産手段を保持していない。

言い換えれば、生産手段から自由（apart from the means of production）である。仮に労働者が潤沢な資金を持ち、機械や原材料などの生産手段を購入することができれば、誰かに雇われて働く必要はない。逆に言えば、労働力以外に市場で販売できる商品を保持していないために、労働者は企業に雇用されて生計をまかなう。このように、企業経営者が労働力を市場で購入するための社会的条件は、二重の意味での自由な労働者の存在に求められる。今一度、マルクスの指摘を引用しよう。

　　貨幣所持者は商品市場で自由な労働者に出会わなければならない。自由というのは、二重の意味でそうなのであって、自由な人として自分の労働力を自分の商品として処分できるという意味と、他方では労働力のほかには商品として売るものをもっていなくて、自分の労働力の実現のために必要なすべての物から解き放されており、すべて物から自由であるという意味で、自由なのである（マルクス 1972：183）。

労働力商品の不確定性

　以上、簡単に整理してきたように、労働力商品は価値創造の上で、無限の可能性を秘めている。労働者が積極的に働き、今まで市場では想定されていなかった財・サービスを提供することができれば、企業は競合他社との競争に打ち勝ち、利潤を拡大することができる。その意味で、労働力商品の存在は、企業の経営戦略を左右する重要な要素の一つである。他方で、実際に購入した労働力が、生産現場でどの程度働くかどうかは、購入時点ではわからない。もちろん、企業経営者は、学歴、出身地、国籍、過去の採用実績などを考慮することで、採用後も積極的に働く可能性の高い労働者と、雇用契約を結ぼうとする。ところが、実際に職場に配置した後で、当初期待した通りの働きぶりが確保できなかったり、場合によっては、早期に離職したりするケースもありうる。だから、資本家（企業経営者）は、購入した労働力からできる限り多くの労働を引き出すため、労働過程における労働者の主体性を調達しようと腐心する。労働力商品に付随する**不確定性**（indeterminacy）、こうした要素をできる限り取り除くことこそ、人事労務管理が必要とされる根本的な理由に他ならない。

ハリー・ブレイヴァマンは、労働力商品の価値創造的機能に注目した上で、資本家が労働過程を統制する必要性を次のように述べている。「資本家は大いに役立つ労働力を買うとき、同時に不確定の量と質（undefined quality and quantity）を買っている。彼が買い入れるものは、潜在力においては無限であるが、その実現に際しては、労働者の主体的状態」などによって限定されている（Braverman 1998：37、ブレイヴァマン 1978：62）。

2　人事労務管理の機能と体系

労働力商品の特殊性

　労働力という商品に対してなぜ、管理が必要なのか。言い換えれば、人事労務管理はなぜ必要とされるのか。このことを考えるために、労働力商品が他の商品と異なる特性をあらためて整理しよう。

　第 1 に、労働力という商品は、労働力を保持している人間と一体化している。言い換えれば、労働力と人間とは切り離すことはできない。この点は指摘すると当然のように思われるが、労働力商品を利用する際には、人間の意志が介在している。この点が、労働力商品が他の商品と異なる点である。

　第 2 に、労働力の販売者と購買者とは、形式的には対等・平等の関係である。労働者は人格的に自由であるため、どの企業に自分の労働力を販売するかは自由である。労働力の購買者である企業も、労働者を採用し、配置・異動する権限は保持している。労働力の売買は、人身売買と異なり、通常は、一定の期間を区切って、その利用権を販売する。すなわち、労働力を時間決めで販売する権利を売買する。雇用契約が開始する前に、労働条件は決まっているとしても、その中身を改善させるか否かは労働者と経営者との間の交渉で決まる。その意味で、**労働力の時間決めでの売買**は、当事者が対等・平等であることを前提とする。

　第 3 に、労働力商品はそれを保持する労働者の意志を通じて、はじめて消費することができる。労働力を時間決めで利用する権利は、労働者と経営者が合意した後であれば、購買者である資本家・経営者に移っている。ところが、実際に労働者がどの程度働くか否かは、当事者の意欲やモチベーションに左右される。この点が労働力商品を購入する際の最大の難点であるし、課題でもあ

る。

労働力商品をめぐる労使対立

　労働者と経営者・資本家の間では、労働力商品をめぐって見解の対立がある。第1に、資本家・経営者はできるだけ質の良い労働力を、できるだけ安い価格で購入しようとする。購入した労働力を可能な限り長時間・高密度で、できる限り能率よく使おうと考える。このことは、売買関係を前提とすれば、購入者として当然の権利である。第2に、労働力は労働者と分離できない。長時間・過密労働などが野放しで進行すれば、労働力の使用の範囲を超えて、労働力の所有権が侵害される可能性がある。例えば、家を借りた場合にも、家屋そのものを破壊するような使用（家屋の所有権の侵害）が許されないのと同じように、雇用関係のもとでも労働力の所有権の侵害は許されない。だから、労働者は自己の労働力の使用のされ方に大きな関心を持つ。すなわち、労働力の破壊への危険性を警戒する。

人事労務管理の2つの機能

　以上のように労働力商品の売買をめぐって、労働力の購買者（資本家・経営者）

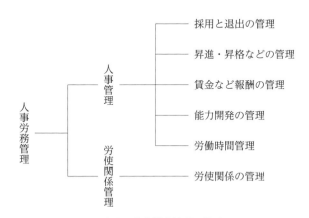

図 0-2　人事労務管理の体系

出所：今野浩一郎（1996）『人事管理入門』日本経済新聞社、黒田兼一（2001）「企業経営と人事労務管理」黒田兼一・関口定一・青山秀雄・堀龍二『現代の人事労務管理』八千代出版、をもとに作成。

と、労働力の販売者（労働者）との間では利害が対立する。資本家・経営者は購買者としての権利を主張し、労働者は販売者としての権利を主張する。こうした労使対立に対して、資本家・経営者はどのように対応するのか。第1に、資本家・経営者はできるだけ質の良い労働力を効率的に利用するための施策を講じる。例えば、採用と退出の管理、昇進・昇格などの管理、賃金など報酬の管理、能力開発の管理、労働時間の管理などは、すべてこれに該当する。第2に、労働力の「使用権」と「所有者」の対立（労使対立）を緩和し、「使用権」の実質的な拡大・延長を図るための施策を講ずる。団体交渉を通じた労働協約の合意などの労働組合対策、苦情処理制度や企業内福祉施策などの確立を通じた従業員対策などがそれである。

　人事労務管理全体の機能としてみた場合、前者は一般的に**人事管理**（personnel management）と呼ばれる。それに対して、後者は**労使関係管理**（industrial relations）と呼ばれる（黒田 2001：13-14）（図0-2）。

3　労働過程論（labor process theory）と人事労務管理

労働過程論

　ブレイヴァマンが指摘した労働力商品の不確定性をめぐる問題は、人事労務管理の対象や、管理と労働の関係をめぐる理論的研究を必要とする。日本では資本家による労働者の指揮の役割を論じた労務管理の対象論争が、英米ではブレイヴァマンの『労働と独占資本』以降の**労働過程論**（labor process theory）がこうした理論的研究の系譜に位置する。労働過程論の主要な議論として、エドワーズの官僚的統制、フリードマンの責任ある自律論、ブラウォイの同意の製造論が挙げられる。

官僚的統制（エドワーズ）

　エドワーズらによれば、資本家による労働者の統制は3つの類型が存在する。第1は、仕事の速度を維持するため、監督者が個人的に行う、職場の報酬や罰則の実践に焦点を当てるやり方である。これは**単純統制**（simple control）と呼ばれる。単純統制では、従業員が資本家に解雇されるという恐怖（the threat of being fired）が、労働者を統制する手段である。第2に、仕事の速度を機械

表 0-1　雇い主の統制システム（employers' system of control）

統制のシステム system of control	賃金 wages	監督 supervision
単純統制 simple control	低い。長期間の労働サービスに対する報酬はほとんどない（low, with few rewards for long service）。	経営者による直接の観察（direct observation by bosses）。
技術的統制 technical control	低い。長期間の労働サービスに対する報酬はほとんどない（low, with few rewards for long service）。	機械が統制した仕事の速度（pace-work machine-controlled）（機械が遅れる人を発見する（laggards machine-detected））／相対的に少ない直接の監視（less direct supervision）。
官僚的統制 bureaucratic control	高い。長期間の労働サービスに伴って上昇する（high, rising with longer service）。	企業内での「法の支配」に基づく昇進や解雇（promotion and firing by a "rule of law" within firm）。

出所：Bowles, Samuel, Edwards, Richard, and Roosevelt, Frank（2005）, *Understanding Capitalism: Competition, Command, and Change, third edition*, Oxford University Press, p. 323.

化と歩調を合わせる統制である。これは**技術的統制**（technical control）と呼ばれる。例えば、自動車ラインの製造工程で、仕事の速度を決めるのは生産ラインのスピードそのものであるが、技術的統制においても、監督の必要性は排除されない。第3に、労働者から働きぶりを引き出すために、仕事の階段（job ladder）や年功的な報酬（seniority rewards）など組織的なインセンティブを活用する統制がある。これは**官僚的統制**（bureaucratic control）と呼ばれる。資本家は労働者に相対的に高い賃金を支払うことで、労働者の定着を促すが、仕事の階段や職務評価を設定するだけでは、労働者が効率的に働くことを意味しない。官僚的統制においても監督者の必要性は排除されない（Bowls, Richard and Roosevelt 2005：318-322）（表 0-1）。

責任ある自律（フリードマン）

　このように、エドワーズらの議論は、人事労務管理における企業内異動や内

部労働市場の定着を歴史的・理論的に整理している。他方で、労働力商品の特殊性に依拠して、2つの統制戦略を整理するのは、フリードマンである。フリードマンによれば、労働力（労働能力）は2つの意味において特殊である。第1に、労働者はたいてい従順（malleable）である。資本家は、労働者に対して、最初の雇用契約において特定された仕事以外の何かをさせることができる。第2に、労働者は究極的には独立心や敵対的な意思（independent and often hostile will）によって統制されている。こうした相対立する労働能力の特徴と対応して、フリードマンは2つの統制戦略を挙げる。

　第1に、資本家は労働者に対して、責任、地位、比較的緩やかな監視を与える方法である。労働能力の積極的側面を加速させるこの戦略は、**責任ある自律**（responsible autonomy）である。第2に、管理者は、監視を通じて個々の労働者が保持する責任の程度を削減しようとする。また、個々の労働者がなすべき特定の仕事（the specific tasks individual workers are to do）を、あらかじめ詳細に決定する。この戦略は**直接的統制**（direct control）と呼ばれる（Friedman 1990：178-179）。

　労働過程論争を整理したトンプソンによれば、フリードマンの主張する2つの戦略のうち、責任ある自律戦略は、相対的に権限のある熟練労働者（relatively privileged skilled workers）に適用される。他方で、直接的統制戦略は、安定した生産市場と組織化されにくい労働力をもつ大企業に適用されやすい。また、責任ある自律戦略は、中心的な労働者（central workers）に、直接的統制は、周辺的な部門（peripheral sectors）の労働者に適用されることが多い。その意味で、安定して労働条件のよい第一次労働市場（primary labor market）と、不安定で労働条件の低い第二次労働市場（secondary labor market）とを区別する議論とよく似ている（Thompson 1989：134-139）。このように、フリードマンの2つの統制戦略は、独占資本主義の台頭と内部労働市場の発達にあわせて2つの統制戦略が存在することを主張している。内部労働市場の発達に伴う人事労務管理の手法の変化を念頭に置いており、**二重労働市場論**（dual labor market theory）や**分断的労働市場論**（segmented labor market theory）との関係性も深い。

同意の製造（ブラウォイ）

　ブラウォイは、労働過程をゲームと見立て、メイキングアウト（making out：やりとげる）という労働者の行為を通じて、資本家の統制への同意が生じていると主張する。ブラウォイによれば、ゲームとしての労働過程に参加することは 2 つの意味がある。第 1 は、ゲームに参加することで、そのゲームがもともと構築されていた生産関係（the relations of production in response to which the game is originally constructed）を覆い隠す。第 2 に、ゲームを行うことは、そのゲームのルールを定義づけていた生産における社会的関係への同意（consent）を生み出す。メイキングアウトという労働者の行為は、より多くの収入を得るという経済的動機（economic motivation）だけから説明することはできない。むしろ、利潤を生産する上で、管理者側の利害（manager's interest in generating profit）が反映した、工場現場における文化による支配が出現したとみることができる（Burawoy 1979：82-85）。

労働者に内在する動力要因の制御

　労働過程論では、資本家による労働者の統制の手法、内部労働市場の発達による企業内異動や外部労働者の活用方法の変化、あるいは、労働者の同意調達を通じた支配などが主要な議論の対象となってきた。日本の人事労務管理の分野でも、1980 年代以降のトヨタ生産システムにおける労働者の自律性の有無をめぐる議論や、日本型雇用における正規労働者の年功的処遇や長期安定雇用の意味などが主要な研究対象となってきた。黒田兼一は、人事労務管理は、賃労働者を企業に引きつけて、労働を強制するための、計画・組織・指揮・統制の体系と理解している。命令や指示なしでも労働者が進んで仕事をするように、労働者に内在する動力要因（行動、意志、感情）を制御する行為を分析することが人事労務管理研究に求められる（黒田 2018：12）。以上を踏まえると、人事労務管理研究は、労働者の抵抗や、労働者の同意調達などの視点を媒介に分析される必要がある（労働過程論以降の管理論の新たな展開は、第 4 章を参照）。

4　人事労務管理の概念と外的環境

人事労務管理の概念

　人事労務管理とは、企業経営の円滑な遂行のために、資本家あるいは企業経営者が労働者に働きかける管理の総体である。企業目的である利潤の達成のために、必要な労働力を調達し、その合理的な利用をはかること、そのための管理活動の総体が人事労務管理（personnel and labor management）である。歴史的にみれば、ブルーカラー労働者に対する管理を意味する**労務管理**（labor management）と、ホワイトカラー労働者に対する管理を意味する**人事管理**（personnel management）とは、区別されてきた経緯を持つ。ただし、資本家が、労働力を確保し、その人材を仕事に配置し、その労働の成果に対して報酬を支払う。また、それらを通して人材の合理的利用をはかる。こうした点が、人事労務管理に最低限含まれる要素である点は変わらない（今野 1996：16-18）。

労使関係論、人的資源管理論の関係

　人事労務管理論と近接する学問領域として、労使関係論（industrial relations）や人的資源管理論（human resource management）が挙げられる。これらの関係性を整理しよう。第 1 に、学問としての人事労務管理論は、労使関係論と密接な関係を持つ。**労使関係論**とは、「雇う側と雇われる側との間の雇用関係の集団的側面に焦点を当てて、労働問題が生じた原因とその解決を探求していく学問」である。労使関係論が学問として隆盛を迎えた時期は、米国では 1960 年代くらいまで、英国では 1980 年代くらいまでである。労働組合の影響力が弱まるに伴って、学問としての労使関係論も衰退した（平野 2018：6）。

　第 2 に、人事労務管理と人的資源管理の関係である。佐藤・藤村・八代（2019：288）によれば、米国や英国では 1960 年代までは、人事労務管理の講義や教科書のタイトルとして、personnel management（人事労務管理論）が利用されていたが、1970 年代になるとそれに代わって human resource management（人的資源管理論）が利用されるようになった。この背景には、企業経営における人事労務管理の役割や位置づけの変化がある。personnel management（人事労務管理論）は、人材を労働市場から調達可能な労働力、つ

まり代替可能なものと把握していたのに対し、human resource management（**人的資源管理論**）は、人材を人的資源と捉えなおし、マネジメントのあり方によって、人的資源の持つ企業経営への貢献度が大きく異なるものであると把握する。

　以上のように、人事労務管理論は、労働問題への対処をその課題とした労使関係論と、緊張関係を持ちながら発展してきた。人的資源管理論は、労働者を企業業績に貢献する価値ある人的資産（human asset）とみなす（岩出 2014：10）。ただし、労使関係論が衰退した後での個人としての労働者に焦点を当てているため、人事労務管理論にみられた労使関係や労働組合との緊張関係という分析視覚が欠如している。人事労務管理論は、労使関係、労働法、国家など多様なアクターとの緊張関係、あるいは対抗関係のもとで変容を遂げてきた。そのため、本書では伝統的な人事労務管理という言葉を利用して議論を進めたい。

労 働 市 場

　人事労務管理に影響を及ぼす外的環境として、労働市場、労働法、労使関係

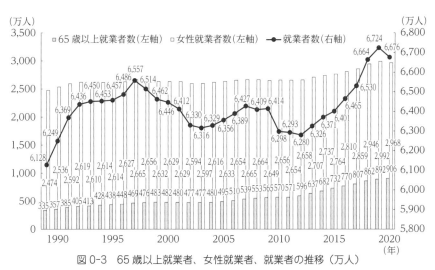

図 0-3　65 歳以上就業者、女性就業者、就業者の推移（万人）

出所：藤田実（2019）「日本経済の成長構造の変化と外国人労働者受け入れのねらい」『労働総研クォータリー』113 号、7 頁をもとに作成。2018 年以降は、筆者が加筆。

の３つを挙げることができる。労働市場 (labor market) について、企業の採用行動は労働市場の影響を受ける。労働力の再生産費としての賃金は、ある一定の国や時代においては、社会的な相場が決まっている。ただし、そのときどきの労働力に対する需要や供給の程度によって、労働力商品の値段、すなわち賃金は上下する。また、企業が支払うべき最低限度の賃金水準を定める最低賃金法など労働法による規制や、労働運動の力にも左右される。

　労働市場は、労働者が身につける技能がどのような場所や諸機関を通じて蓄積されるのか、によっても分類することができる。例えば、特定の職種に必要な技能を専門的な学校などを通じて身につけることが多い場合、**外部労働市場** (external labor market) が発達しているとみることができる。逆に、企業内でのOJTやOff-JTを通じて、労働者が技能形成をすることが一般的な場合、**内部労働市場** (internal labor market) が発達しているとみることもできる。これらはあくまで便宜的な分類であるが、各国における技能養成の仕組みや学校

コラム1　ダイバーシティ・マネジメント

　ダイバーシティ・マネジメント (diversity management) とは、人材のダイバーシティを用いて、パフォーマンスを向上させるマネジメント手法である。谷口 (2005) によれば、多様な人材を組織に組み込み、既存の組織内パワーバランスを変え、戦略的に組織を変革することを目指している (谷口 2005：257)。米国では、1960年代の公民権法 (1964年) や大統領行政命令11246号 (1965年) を背景として、アファーマティブアクションが要請された。また1990年代以降、人口構成において、白人が数的少数派になることが確実視され、環境変化に対応するため、企業は、白人男性中心に構築されたマネジメント体制を見直し、多様な労働力を有効活用する必要があると認識するようになった (橋場 2009：38-40)。

　日本では、2002年5月に、「日経連ダイバーシティ・ワーク・ルール研究会」が『原点回帰―ダイバーシティ・マネジメントの方向性』という報告書を出している。日経連は、同報告書の中で、ダイバーシティを、多様な人材をいかす戦略であると定義し、従来の企業内や社会におけるスタンダードにとらわれず、多様な属性 (性別、年齢、国籍など) や価値・発想を取り入れることで、ビジネス環境の変化に迅速かつ柔軟に対応し、企業成長と個人の幸せをつなげると主張している (荻野 2009：243) (女性労働や非正規労働者など多様な人材活用の詳細は、第6章や第7章を参照)。

教育の違いを一定程度反映する。

　労働力を保持する人々の年齢構成、性別、人種なども労働市場の要素を構成する。総務省『労働力調査』によれば、1989 年から 2020 年の間で、日本の就業者総数は 6128 万人から 6676 万人へと 548 万人増加したが、年齢別では 65 歳以上就業者（高齢就業者）数が 335 万人から 906 万人へと 551 万人増加している。男女別では、女性就業者数が 2474 万人から 2968 万人へと 494 万人も増加している。高齢就業者や女性労働者は、従来、どちらかといえば、フルタイムとして働くことが想定されていなかった階層である。2021 年で 172.7 万人いる外国人労働者も加えると、多様な属性を持つ労働力が増えている。これらの新たな労働力の活用に伴って、高齢期の生活保障、非正規労働者の所得保障、外国人労働者の均等待遇など労働政策、社会保障政策上の課題が生じている。他方で、多様な人材の存在が、伝統的なコア人材である男性正社員の働き方や処遇の在り方を見直す契機となる側面も持っている。

労　働　法

　労働法は企業経営を行う上での一定の制約になる。例えば、**労働基準法**（労基法）は、職場の労働条件の最低基準を定める。労働時間の場合、原則として 1 日 8 時間、週 40 時間を超えて労働をさせることは、労働基準法第 32 条で禁止されている。また、解雇についても、労働契約法第 16 条では、「解雇は、客観的に合理的な理由を欠き、社会通念上相当であると認められない場合は、その権利を濫用したものとして、無効とする」と定めている。企業経営者は、こうした労働法規が指定する労働時間の上限や解雇規制を前提とした上で、個別企業内での労働力の効率的利用を選択することが求められる。

　日本では 1980 年代後半から、労働法制の規制緩和が進んでいる。例えば、派遣労働では、1985 年の**労働者派遣法**（労働者派遣事業の適正な運営の確保及び派遣労働者の保護等に関する法律、2012 年正式名を変更）の成立以降、労働者派遣業務の原則自由化（1999 年労働者派遣法改正）など、法律上、派遣労働を合法化し、間接雇用を事実上、容認する動きがある。これは直接雇用を回避し、間接雇用を利用したい企業経営に対して、選択肢の幅を広げる。あるいは、労働時間規制についても、1 年単位の変形労働時間制の導入（1993 年労基法改正）や、特別

表 0-2　労働時間に関連する労働基準法の歴史

年	事　項
1947	労働基準法制定 ・通常の労働時間制（1日8時間、1週48時間） ・割増賃金は時間外労働、深夜労働、休日労働について2割5分以上 ・4週間以内の期間を単位とする変形労働時間制
1987	労働基準法改正 ・法定労働時間の短縮（週40時間労働制を本則に規定） ・変形労働時間制の導入（フレックスタイム制、1ヶ月単位・3ヶ月単位の変形労働時間制等の導入 ・事業場外および裁量労働についての労働時間の算定に関する規定の整備
1993	労働基準法改正 ・法定労働時間の短縮（週40時間労働制を1994年4月1日から実施。一部の業種について猶予措置） ・1年単位の変形労働時間制の導入 ・時間外・休日労働の法定割増賃金率（本則から政令で定めることに変更） ・裁量労働制の規定の整備（対象業務を旧労働省令で規定）
1998	労働基準法改正 ・時間外労働に関して、労働大臣（当時）は労使協定で定める労働時間の延長の限度等について基準（限度基準告示）を定め、関係労使は労使協定を定めるにあたり、これに適合したものとなるようにしなければならない等とした。 ・企画業務型裁量労働制の導入
2003	労働基準法改正 ・裁量労働制に関する改正 　1）専門業務型裁量労働制を導入する場合の労使協定の決定事項に、健康・福祉確保措置および苦情処理措置を追加 　2）企画業務型裁量労働制の対象事業場について、本社等に限定しないこととしたほか、労使委員会の決議について、委員の5分の4以上の多数によるものとするなど、導入・運用の要件・手続きについて緩和
2008	労働基準法改正 ・時間外労働に関する改正 　1）1ヶ月に60時間をを超える時間外労働について、割増賃金率を5割以上へ引き上げ（中小事業主の事業については当分の間、適用を猶予） 　2）労使協定により1）の改正による引き上げ分の割増賃金に代えて、代替休暇を与えることを定めた場合に、労働者の当該休暇取得により使用者は、当該休暇に対応する割増賃金の支払いを要しないこととした
2018	労働基準法改正 ・時間外労働の上限規制の導入（2019年4月1日施行、中小企業は2020年4月1日施行） 　時間外労働の上限について、月45時間、年360時間を原則とし、臨時的な特別な事情のある場合でも年720時間、単月100時間未満（休日労働含む）、複数月平均80時間（休日労働含む）を限度に設定 ・中小企業における月60時間超の時間外労働に対する割増賃金の見直し（2023年4月1日施行） ・フレックスタイム制の「清算期間」の上限を1ヶ月から3ヶ月に延長 ・特定高度専門業務・成果型労働制（高度プロフェッショナル制度）の創設（2019年4月1日施行） 　職務の範囲が明確で一定の年収（少なくとも1000万円以上）を有する労働者が、高度の専門的知識を必要とする等の業務に従事する場合に、年間104日の休日を確実に取得させること等の健康確保措置を講ずること、本人の同意や委員会の決議等を要件として、労働時間、休日、深夜の割増賃金等の規定を適用除外とする

出所：厚生労働省労働基準局「労働時間法制の主な改正経緯について（資料1）」(https://www.mhlw.go.jp/content/11909500/000361723.pdf) をもとに作成。

な労働時間の算定方法を認める裁量労働制の導入（1987年労基法改正で専門業務型裁量労働制導入、1998年企画業務型裁量労働制の導入）など、労働時間規制の枠を緩和する動きがみられる。こうした労働法制の規制緩和は、企業経営者による長時間労働を促進し、安定的な雇用条件を切り下げるという側面も持っている（労働時間規制については第5章、派遣労働の法規制については第7章を参照）。

労 働 組 合

　労働組合の組織化や運動方針は企業経営に影響を与える。労働組合法第2条によれば、**労働組合**とは、「労働者が主体となつて自主的に労働条件の維持改善その他経済的地位の向上を図ることを主たる目的として組織する団体」である。労働者の多くが労働組合に加入し、労働組合員となれば、当該労働組合の交渉力は高まる。例えば、**団体交渉**を通じて、産業別労働組合と経営者団体が合意した労働条件は、個別企業内の労使関係を拘束するケースが多い。また、合意された労働協約は労働組合員のみならず、非組合員にも適用されることもある。労働組合の力が強ければ、個別企業経営の労働条件を規制することができる。

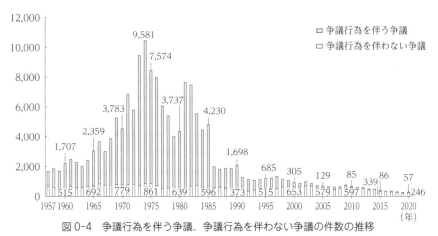

図0-4　争議行為を伴う争議、争議行為を伴わない争議の件数の推移

注1：争議行為を伴わない争議とは、解決のため労働委員会等第三者が関与したものを指す。
注2：1972年以前については沖縄県の分は含まない。
出所：厚生労働省『令和2年　労働争議統計調査の概況』附表「総争議、争議行為を伴う争議、半日以上の同盟罷業及び半日未満の同盟罷業の件数の推移」をもとに作成。

日本の労働組合の現状をみると、組織率が低迷し、争議戦術としてのストライキが回避される一方、個別労働相談は増加している。厚生労働省『令和2年労働組合基礎調査』によれば、労働組合員数は1965年の1014.7万人から、2020年の1011.5万人へと減少した。雇用者数は1980年の4012万人から2019年の6023万人へと増加しているので、雇用者に占める労働組合員数（**推定組織率**）は低迷している。推定組織率は1949年の55.8%がピークで、2020年は17.1%である。

　また、労働組合の争議戦術も変わりつつある。厚生労働省『令和2年労働争議統計調査の概況』によれば、総争議件数は1974年の1万462件から2020年の303件に大幅に減少した。また争議件数に占めるストライキなど

図 0-5　個別労働紛争制度の運用状況（相談件数、助言・指導件数、あっせん申請受理件数の推移）

注1：民事上の個別労働紛争とは、労働条件その他労働関係に関する事項についての個々の労働者と事業主の間の紛争（労働基準法等の違反に関するものを除く）を指す。
注2：助言・指導とは、民事上の個別労働紛争について、都道府県労働局長が、紛争当事者に対して解決の方向を示すことで、紛争当事者の自主的な解決を促進する制度。
注3：あっせんとは、都道府県労働局に設置されている紛争調整委員会のあっせん委員会（弁護士や大学教授など労働問題の専門家）が紛争当事者の間に入って話し合いを促進することにより、紛争の解決を図る制度。
出所：厚生労働省『令和2年度個別労働紛争解決制度の施行状況』、『平成22年度個別労使紛争解決制度施行状況』をもとに作成。

争議行為を伴う争議の割合は、1981年の91.2%から2020年の18.8%へと減少している。争議手法としてのストライキが回避されていることがわかる。

最後に、2000年代以降は**個別労働相談**が増えている。厚生労働省『個別労働紛争解決制度の実施状況』各年版によれば、労働相談などの個別相談件数は2002年の10.3万件から2020年の27.8万件へと2.7倍に増加している。内容は賃金などの基本労働条件に関わることが多く、労働者の抱える問題自体はなくなっていない。

このように、日本の労働組合の組織率は長期的に低下傾向にあるが、長時間労働や低賃金等の労働問題は減っていない。むしろ、労働相談などの個別労働相談という形で、労働問題が顕在化している。正規労働者以外の非正規労働者やフリーランスなど多様な働き方が増える中で、既存の労働組合が、彼ら・彼女らの要求を受け止め切れていないというのが現実である。職場を基礎とした労働条件の維持・改善にとって労働組合が果たす役割は大きい。多様な形態の労働者の利害が反映される形での労働者の組織化が求められている（労働組合の機能や役割の詳細は、第9章参照）。

◎ exercise

・アルバイト経験などを想定して、あなたが労働力商品を時間決めで販売する際、重視する項目と、その理由を挙げてみましょう。
・労働者が認められている労働三権とはなにか、他の章などを参考に調べてみましょう。
・最近日本で起こったストライキの事例や特徴を整理してみましょう。

【参考文献】
今野浩一郎（1996）『人事管理入門』日本経済新聞社
岩出博（2014）『従業員満足指向人的資源管理論』泉文堂
大谷禎之介（2001）『図解社会経済学』桜井書店
荻野勝彦（2009）「日本へのダイバーシティ・マネジメントの導入とその実践」武石恵美子編著『女性の働きかた（叢書：働くということ⑦）』ミネルヴァ書房
佐藤博樹・藤村博之・八代充史（2019）「人事労務管理の変遷と展望」佐藤博樹・藤村博之・八代充史『新しい人事労務管理（第6版）』有斐閣
谷口真美（2005）『ダイバシティ・マネジメント：多様性をいかす組織』白桃書房

橋場俊展（2009）「人的資源管理、日本へ」澤田幹・平澤克彦・守屋貴司編著『明日を生きる人的資源管理入門』ミネルヴァ書房

平野光俊（2018）「人事管理とは」平野光俊・江夏幾多郎『人事管理：人と企業、ともに活きるために』有斐閣

黒田兼一（2001）「企業経営と人事労務管理」黒田兼一・関口定一・青山秀雄・堀龍二『現代の人事労務管理』八千代出版

黒田兼一（2018）『戦後日本の人事労務管理：終身雇用・年功制から自己責任とフレキシブル化へ』ミネルヴァ書房

藤田実（2019）「日本経済の成長構造の変化と外国人労働者受け入れのねらい」『労働総研クォータリー』113 号

カール・マルクス（岡崎次郎訳）（1972）『資本論（1）』大月書店

Bowles, Samuel, Edwards, Richard, and Roosevelt, Frank（2005）, *Understanding Capitalism: Competition, Command, and Change, third edition*, Oxford University Press.

Braverman, Harry（1998）, *Labor and Monopoly Capital: The Degradation of Work in the Twentieth Century, 25th anniversary Edition*, Monthly Review Press.（ハリー・ブレイヴァマン（富沢賢治訳）（1978）『労働と独占資本』岩波書店）

Burawoy, Michael（1979）, *Manufacturing Consent: Changes in the Labor Process under Monopoly Capitalism*, University of Chicago Press.

Friedman, Andrew（1990）, Managerial Strategies, Activities, Techniques and Technology: Towards a Complex Theory of the Labour Process. in Knights, David and Willmott, Hugh eds., *Labour Process Theory*, Macmillan.

Thompson, Paul（1989）, *The Nature of Work, second Edition: An Introduction to Debates on the Labour Process*, Macmillan Press.（ポール・トンプソン（成瀬龍夫・青木圭介他訳）（1990）『労働と管理：現代労働過程論争』啓文社）

採用と退職

1　日本企業による採用方法

　本章では、日本企業による正社員の採用方法がどうなっているのか、そして、採用された正社員は、その後、どのように退職するのかを見ていく。特に、日本は、学校卒業後すぐに就職した企業に、定年退職まで長期に勤め続ける「終身雇用」制度が特徴だと言われている。それを成り立たせている法制度を把握するとともに、終身雇用が本当に機能しているのかを確認したい。

新卒一括採用

　日本企業による正社員の採用方法は、世界的に見て独特の方法をとっている。その採用方法は、新規学卒者の定期一括採用であり、略して**新卒一括採用**と呼ばれている。新卒一括採用とは、3月に卒業する生徒・学生を、毎年定期的に、4月に一括して採用する方式のことである（木下 2002：36）。この新卒一括採用が広く行われているのが、日本企業の特徴である[1]。

　新卒一括採用を生徒・学生側から見ると、3月に学校を卒業して4月にすぐに企業に就職するので、学校から企業への移動に切れ目がなく、一直線につながっている（図1-1）。当然、就職活動は卒業前に行うことになる。

　一方、欧米の企業は、一部を除いて新卒一括採用ではなく、**欠員補充方式**という方法で人を採用している。欠員補充方式とは、「必要な時に、必要な資格、能力、経験のある人を、必要な数だけ」採用する方法のことである（濱口 2013：40）。

図1-1　新卒一括採用の概念図

1）新卒一括採用の対象はあくまで正社員に限られる。非正社員の場合は、必要に応じてその都度、募集・採用が行われる。

つまり、ある企業のあるポストに空きができ、そのポストに必要な資格、能力、経験のある人が社内に存在しない場合、あるいは存在していても、その人がそのポストに異動することを希望しない場合に、社外に対して募集が行われる。社内でまかなうことができない欠員が出るたびに、募集・採用が行われるので、日本企業のように4月に一括して採用する方式とは異なる。また、新卒者に限定して募集・採用することもない。そのため、欧米の学生の多くは、就職活動を大学の卒業間際か、卒業後に開始していると言われている。

　例えば、日本労働研究機構（現、労働政策研究・研修機構）が2001年に発表した調査によると、日本の大学生は88.0％が卒業前に就職活動を始めているが、欧州11ヶ国の平均では卒業前に就職活動を開始した者は39.1％に留まり、卒業の頃が28.6％、卒業後が24.7％となっている（日本労働研究機構2001：59）。また、大学卒業後4ヶ月目までの状況を見ると、日本では61.5％が「期間に定めのないフルタイム」の仕事に就いているが、欧州11ヶ国平均では「期間に定めのないフルタイム」の仕事に就いている者は10.4％と少ない。最も多いのが「その他・無回答・不明」の42.7％、次いで無業が20.7％、「パートタイムまたは有期限」が11.5％となっている（日本労働研究機構2001：50）。

　欧州でも卒業後4年目となると、「期間に定めのないフルタイム」の仕事に就いている者の割合は高まり、男性では58.6％、女性では44.0％となっている（日本労働研究機構2001：73）。注目したいのは、「期間に定めのないフルタイム」の仕事に就いている者に、大学卒業以降のこれまでの経験企業数を聞くと、日本では1社が男性80.9％、女性は72.3％となっているのに、欧州11ヶ国平均では男女ともに1社が4割強、2〜3社が3割強、4社以上が2割台となっていることである（日本労働研究機構2001：74）。つまり、ヨーロッパの学生は、大学を卒業してすぐにある企業に安定するのではなく、その間、就職活動を行ったり、別の企業での就労を経験していることがわかる。

　木下武男も、欧米の就職状況について次のように述べている。「欧米の企業は、公的あるいは民間の職業紹介機関や、求人広告などを通じて採用する方式が基本である。学生・生徒の方も、卒業した後、いったん横断的労働市場に入り、若年のうちは転職をくり返しながら、やがてある企業に安定するという職業生涯をおくる」（木下2002：236-37）。

したがって、欧米の就職状況を図示すると図1-2のようになる。図1-2を見るとわかるように、欧米の特徴は、安定した企業に就職するまでには、学校と企業との間に空白期間（あるいは試行錯誤の期間）が存在する点である。この点が、学校から企業への移動に切れ目がない日本とは異なっている。

会社

学校

図1-2　欧米の就職状況の概念図

　ただし、日本においても学校と企業との間に空白期間が形成されつつあるのではないか、という指摘が2000年代からされるようになった。図1-3を見てほしい。図1-3は、学校を卒業した15〜24歳の若者のうち、非正社員と無業者の合計の割合の推移である。新卒一括採用が広く行われているのであれば、この割合は低くなるはずである。学校を卒業した若者は、新卒一括採用によって、その多くが正社員になるからだ。実際、1987年・1992年は男女計で10%台後半と低く、学卒者の多くは新卒一括採用に

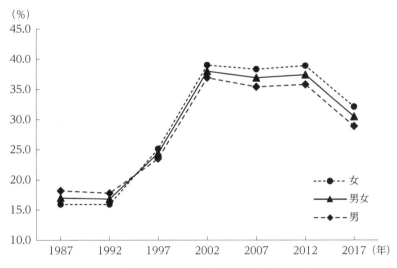

図1-3　学卒若年者（15〜24歳）のうち非正規・無業の割合
注1：分母・分子ともに卒業者である。在学者は含まれていない。
注2：無業者とは仕事・家事・通学をしていない者のこと。
注3：1987年・1992年・1997年の非正規は、「雇用者数−正規の職員・従業員数」で算出した。
出所：総務省『就業構造基本調査』より作成。

よって正社員になっていたことがうかがえる。ところが、1992年を過ぎてからこの割合は急増し、2002年には男女計で30％台後半まで高まる。2012年まで横ばい状態で、2017年には30％強まで下がるが、それでも1992年までの10％台後半と比べるとかなり高い。2017年現在、学校を卒業しても30％強は正社員の仕事に就けず、非正社員や無業者となっており、確かに日本でも空白期間が形成されつつあることが確認できる。

　とはいえ、空白期間の形成が必ずしも欧米型の欠員補充方式への移行を意味するわけではない。日本企業の正社員採用は未だに新卒一括採用が主流だからだ。つまり、正社員の採用は新卒一括採用でありつつ、以前よりも正社員の採用数を絞っていることが考えられる。こうなると、学校卒業後に正社員になることができなかった者は、その後もしかるべき正社員の仕事に就くことが難しいことが容易に想像できる。同じ空白期間であっても、日本の状況はより深刻であると言わねばならない。

日本と欧米の違いはどこから生じるのか

　それでは、こうした日本と欧米の採用方法の違いはどこから生じているのだろうか。

　欧米の企業では採用に当たって、その人の実力を評価する（木下 2002：37）。実力というのは、その人がどのような資格を持っているのか、今までどのような仕事を経験してきたのか、どのような技能を有しているのか、ということである。企業が求めている仕事内容を遂行するだけの実力がその人に備わっているのかどうかを評価して、欧米の企業は人を採用する。

　一方、日本では、仕事能力は採用に当たってそれほど評価されない。そもそも、大学を卒業したばかりの人を採用するということからして、仕事能力を評価していないことはわかるだろう。

　それでは日本企業は、大学で学んだ専門知識の高さを評価して人を採用するのだろうか。実は、そうでもない。それどころか日本の企業は、むしろ大学であまり専門知識を学ばないことをひそかに願っている様子さえある。

　岩田（1985：139-140）では、日本長期信用銀行常務取締役（当時）の竹内宏による以下の言葉を紹介している[2]。

＊今の大学、特にアドバンスト大学になると、一割ぐらいは頭がよくて勉強しなくても入っちゃうけど、八割か七割は猛勉強して入ってくる。そこで、おかしくなっちゃってるんです。大学は、猛烈に詰め込んだあとの完全な休暇の場、完全な人間性を復活してくる場なわけでしょう。そこで復活してきて企業に入ってきてくれるのが、われわれの期待なんです。知識は全く期待していない。

　＊企業がなぜ専門性を重視しないかといえば、猛烈に経済学をやったりすると、私はケインジアンだ、なんていいだす。そうすると、ケインジアンだから、今は財政を拡大しろと、それだけでしょう。これは困っちゃうんです（笑）。つまり、専門的になると、それは譲っちゃいけない価値体系だと思われてくる。ケインズとマルクスをネコにたとえて申しわけないけど、黒いネコでも白いネコでもネズミを取るのがいいネコなんです。Ph.D の人を採らないのはなぜかというと、流動的に考えてくれなくなっちゃうからです。学説としてはきれいだけれど、実際に経営したり、経済見通しをするときには、それは邪魔になる。だから、むしろないほうがいいということで、かえって専門性が嫌われちゃう。怖くて採れないのです。

　＊ところが企業では、やっぱり和をもって働くことがいちばん重要なんです。論文を書き、経済学を勉強するところではなく、儲けるところですから。その和をもてる人というのはどういう人かというと、どうも運動部にいるらしい。キャプテンになる人は、何も序列がないところでキャプテンになるのだから、これはリーダーシップがあるらしい。マネージャーは、縁の下の力持ちもやってくれるらしい。どうもこういうのが確かだということになった。

　ここで竹内が言っていることは明快である。大学で学問の専門知識を学びすぎると融通が利かなくなって、企業としては使いづらい。そのため、勉強はそれほどせずに運動部に入って頑張った学生の方が協調性が養われて、企業としては採用したい、というようなことである。

2）岩田（1985：139-140）は、『経済評論』1983 年 12 月号掲載の竹内宏の言葉を引用している。

もう 1 人、近年のものとして小島貴子の発言（小島 2006：95-96）も紹介しよう。小島は、埼玉県の職業訓練指導員として、若者の就職支援の仕事をしてきた経験がある。

　　企業が採用に当たって、運動部での活動を熱心にやってきた学生や、偏差値の高い大学の学生をややもすると優遇する傾向があるのは、そうした学生に、この我慢強さ＝耐性があると考えられるからだと私は見ています。
　　時に理不尽に感じる辛い練習にも、強くなりたい一心で耐えてきた運動部の学生や、難関大学に合格するために、なぜこんなに勉強しなくてはいけないのか、という大きな疑問をねじ伏せて受験勉強をやり抜いた学生なら、しんどくても「もう少し頑張ってみよう」という耐性があるのではないか、と採用側が考えるのはごく自然なことです。

　小島も、日本の企業が採用に当たって評価する点として、竹内と同じように運動部での活動を挙げるとともに、大学の偏差値の高さも挙げている。そして、なぜ企業はそれらの点を評価するのかというと、そうした学生は、我慢強さ（耐性）があるからだと指摘している。
　注意する必要があるのは、企業が偏差値の高さを重視するのは、受験勉強や入学後に習得した知識の内容ではなく、偏差値の高い大学に入学するために、自らを厳しく律して日々コツコツと努力する姿勢を評価しているという点である。
　企業が大学の授業内容を評価しないことは、図 1-4 からも確認できる。図 1-4 は、主な企業 100 社に、2011 年春の新卒採用に当たって何を重視するのかを『朝日新聞』が調査した結果である。採用に当たって重視する点を選択肢の中から複数選んでもらった。図 1-4 を見ると、「成績」がゼロになっている。つまり、大学の成績を採用に当たって重視すると答えた企業は皆無である。
　以上見てきたように、日本の企業は社員の採用に当たって、仕事能力や大学で学んだ専門知識をほとんど評価していない。仕事能力については、採用後、定年までの長い期間に徐々に社内教育で育成するため、専門知識などを持たない真っさらな状態で入社してくれた方がむしろいい、というのが企業の本音な

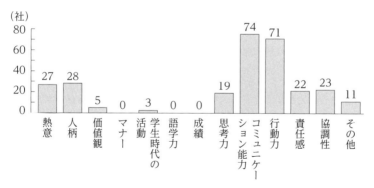

図1-4　主要100社に聞いた新卒採用で重視する点（複数回答）
出所：『朝日新聞』朝刊2010年3月28日。

のだろう。そして、長期にわたる社内教育に耐えていけるだけの我慢強さの指標として、運動部での頑張りや偏差値の高さが要求されている。

　なお、図1-4を再度見てほしい。近年の企業が採用に当たって何を重視しているのかというと、トップは、「コミュニケーション能力」（74社）である。続いて「行動力」（71社）、「人柄」（28社）、「熱意」（27社）、「協調性」（23社）、「責任感」（22社）となっている。きわめて曖昧な内容のものである。図1-4の出所である『朝日新聞』（朝刊2010年3月28日付）の記事には、これらの能力を見極める方法として、企業は面接を重視しているということが書かれている。

　この点に関して、「日本企業は運動部での頑張りや偏差値の高さを評価しているという、先の説明と違うではないか」、と思う読者がいるかもしれない。しかし、「運動部での頑張りや偏差値の高さ」は、今でも新卒者を採用する際の重要な判断基準になっている[3]。そもそも「運動部での頑張りや偏差値の高さ」は、図1-4における「コミュニケーション能力」や「行動力」等の曖昧な能力を評価する指標として、これまで使用されてきたと考えられる。しかし、図1-3で見たように、現在、正社員の採用割合は1990年代前半以前と比べ

3）先の小島貴子の言葉（小島 2006：95-96）を参照。また、『朝日新聞』（朝刊2012年2月10日付）の記事「シューカツは今　1」では、企業が学歴重視の採用を強化していることを伝えている。

コラム 2　学歴（偏差値）の高さは努力を示す客観的な指標なのか？

　日本企業による正社員の採用は新卒一括採用で行われており、その評価対象には学歴（同じ学歴ならば偏差値）の高さが重視されていることを本文で述べた。そこには、「学歴は、それまで積み重ねてきた個人の努力を表す客観的な指標である」という考えが前提にある。しかし、これは正しいのだろうか。

　図を見てほしい。図は、高校2年生の「母親の学歴別に見た、学校外での平均学習時間の変化」を表したものである。1979年と1997年の高校2年生を比較している。縦軸は、その高校生の1日当たりの「学校外での平均学習時間」を表している。「学校外」なので、塾の時間も含む。

　この図からわかることは、まず1979年も1997年も、おおむね母親の学歴が低くなると高校生の学習時間は下がるということだ。また、1979年と比較して1997年の高校生の学校外での学習時間は全体的に低下しているが、母親の学歴が低くなるにつれて、その下げ幅が大きい。母親が大学卒だと学習時間はそれほど落ちていないが、母親が中学校卒だと極端に少なくなっている。以前は1日80分を超えて勉強していたのに、それが20分ちょっとまで減っている。

　この図から、何がわかるだろうか。重要なことは、母親の学歴を調査の分析に加えていることだ。親の学歴は階層の高さを推し量る指標だと、社会科学では考えられている。子どもの学習時間は、すべて本人の自己努力の結果だと考えられがちだが、実はその子どもが属している階層の高さによって大きく規定されている。学習時間の長さは、点数の高さ→学歴（偏差値）の高さにつながるものである。

　学歴（偏差値）の高さが、その階層の高さに大きく規定されていること、さらに、日本は子どもの相対的貧困率が先進国の中で高いこと（OECD加盟国で2018年の子どもの貧困率がわかる35ヶ国中、日本（15.7％）は8番目の高さになっている。OECD.Statより）を踏まえるならば、果たして学歴の高さを重視して採用する日本的な採用方式は公平であるのか、問い直す必要がある。

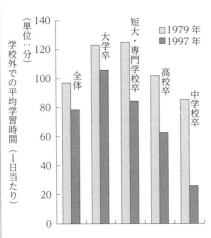

図　母親の学歴別にみた、学校外での
平均学習時間の変化（高校2年生）

出所：苅谷（1999：45）。

て低下している。正社員を厳選するためには、これまでの採用基準に加えて、面接を重視して、それらの能力を備えた人物なのかを、企業は直接見極めようとしているのだろう。これまでの日本的な採用基準がまったく別の基準に変化したのではなく、それがさらに進化しているのが現在の特徴だと考えられる[4]。

2 「終身雇用」を成り立たせる法制度

終身雇用とは

　新卒一括採用で就職した正社員には、終身雇用制度が適用されると言われている。そこで、終身雇用制度とは何か、そもそも正社員とは何かについて考えたい。

　正社員とは、**無期雇用契約**で働く労働者のことである。無期雇用契約とは、雇用契約の期間に期限がないことであり、そのため普通に働いていれば定年まで働くことができる[5]。こうして日本の正社員は、新卒一括採用によって学卒後すぐに企業に就職し、**定年**[6]まで同一の企業に長期に勤め続けることになる、この雇用制度を**終身雇用制度**と呼ぶ。

　とはいえ、正社員として採用されても解雇されることが考えられる。解雇されれば、1つの企業に定年まで勤め続けることはできない。しかし、日本の労働法は簡単には解雇が行えないように、かなりのところ解雇を制限している。この点を以下に確認していきたい。

---

4) 本田由紀は次のように述べている。「日本は『戦後日本型循環モデル』が成立した数十年前からすでに、専門領域別の個別具体的知識や技能よりも、『訓練可能性』としての一般的抽象的能力を重視する傾向が強かった。それに加え、近年は前述のような国際的動向が存在する中で、従来からの傾向を認知的な面から非認知的で人格的・情動的な面――『意欲』や『コミュニケーション能力』など――に拡張する方向で、一般的抽象的能力賛美の傾向にいっそう拍車がかかっている」（本田 2009：192）。
5) 無期雇用契約の反対は有期雇用契約である。アルバイトやパート、契約社員などの非正社員は、3ヶ月や1年など、期間を区切った雇用契約を結んで働いている。雇用契約に期限があるので有期である。非正社員とは有期雇用契約で働く労働者のことを言う。有期なので、期限がくれば労働契約は終了してしまう。その際、もし契約が更新されるならば働き続けることができるが、更新されなければ失業してしまう。そのため、非正社員は絶えず雇用不安を抱えることになる。
6) 定年については、高年齢者雇用安定法の8条によって60歳を下回る定年は禁止されている。つまり、定年を定める場合は60歳以上に設定することが使用者の義務とされている。

なお、解雇とは、雇用契約の途中で辞めさせられることを言う。非正社員も雇用契約期間の途中で辞めさせられることがあるが、これも解雇である。これから話す解雇については、非正社員についても、当然、当てはまる。

解雇の手続き

解雇をする場合、企業は、少なくとも 30 日前に**解雇予告**をするか、30 日分以上の賃金額の**解雇予告手当**を支払わなければならない、という大原則がある（労働基準法 20 条)[7]。

労働者が何の保障もないまま、いきなり解雇されてしまうと、生活に与える打撃が大きいので、こうしたルールが定められている。解雇予告手当も支給されずに、「明日から来るな」と、即日解雇されるケースは法律違反である。

なお、会社から「辞めてほしい」と言われただけでは、解雇にはならない。これは、会社が、「自分から辞めてください」とお願いしているにすぎないからだ（井上・笹山 2005：110)。「辞めてほしい」と言われて辞めてしまった場合は、自己都合退職になってしまう。

自己都合退職になると、解雇予告手当は支給されない。また、その後、失業した場合に失業手当（基本手当）を受け取ることになるが、失業手当の給付日数は、解雇された人よりも短くなる（30 歳未満で、雇用保険の被保険者であった期間が 1 年以上 5 年未満の者は同じ給付日数)。さらに、自己都合退職者は、失業手当がすぐに給付されずに、2 ヶ月間待たされる。加えて、退職金の金額についても、解雇された人よりも低くなる。

そのため、「辞めてほしい」と会社が言ってきた場合は、安易に「わかりました」と言って応じてはいけない。辞めたくなければ、はっきりと「辞めません」と会社に言うことが必要だ。そう言ったにもかかわらず、「解雇する」、「クビだ」と言われたときに、初めて解雇されたということになる（井上・笹山 2005：110-112)。

7）この原則は、日々雇い入れられる者（1 ヶ月を超えて引き続き使用される場合は除く)、2 ヶ月以内の期間を定めて使用される者（2 ヶ月を超えて引き続き使用される場合は除く)、季節的業務に 4 ヶ月以内の期間を定めて使用される者（4 ヶ月を超えて引き続き使用される場合は除く)、試用期間中の者（14 日を超えて引き続き使用される場合は除く）には適用されない（労働基準法 21 条)。

普通解雇

　解雇は、その内容によって3種類に分けることができる。普通解雇、懲戒解雇、整理解雇である。普通解雇と懲戒解雇は労働者側に責任がある場合の解雇のことであり、整理解雇は会社側に責任がある場合の解雇のことである。

　まず普通解雇から見ていこう。**普通解雇**とは、労働者個人の理由による解雇のことである。例えば、「仕事に対する能力が不足している」、「勤務態度が悪い」といったことを理由として行われる解雇のことだ。

　解雇については、労働契約法16条で、「解雇は、客観的に合理的な理由を欠き、社会通念上相当であると認められない場合は、その権利を濫用したものとして、無効とする」と明記されている。つまり、解雇には客観的合理性と社会的相当性が必要であり、それが認められないときは、会社は解雇の権利を濫用したので、その解雇は無効とされる。この規定のことを**解雇権濫用法理**と言う。ただ、ここで読者が疑問に思うのは、どのレベルまでが不合理で社会的相当性がないと判断されるのか、解雇されないですむのか、ということだろう。

　この点に関して、高知放送事件の最高裁判決（1977年1月31日判決）を見てみたい。この事件の概要は次の通りである。高知放送に勤めるアナウンサーが、朝6時から10分間放送される定時のラジオニュースを、寝過ごしてしまい全くニュースを放送できなかった。その後、2週間以内に再び寝過ごしてしまい、ニュースを約5分間放送できなかった。会社はこのアナウンサーを普通解雇したが、解雇されたアナウンサーは解雇無効を求めて裁判に訴えた。あなたが裁判官ならば、このアナウンサーの解雇を有効と判断するか、それとも無効とするだろうか。この事件に対して、最高裁はアナウンサーの解雇を無効として、アナウンサー勝訴の判決を出した。

　判決文では解雇無効の理由として、寝過ごしは悪意や故意によるものではないこと、アナウンサーを起こすはずだったファックス担当者も2回とも寝過ごしているのに、ファックス担当者は譴責処分にすぎないこと、早朝のニュース放送にもかかわらず、会社はこうした問題が起きないような対策をとっていなかったこと、2回の遅刻について自己の非を認めて謝罪していること、アナウンサーはこれまで放送事故歴がなく、平素の勤務成績も別段悪くないことなどを挙げている。

高知放送事件の最高裁判決を見ると、普通解雇されることは、普通に真面目に働いている人であれば、よほどのことでなければありえない、ということがわかるだろう。例えば、「能力や勤務成績が悪いことを理由とする解雇も、抽象的に能力がないとか勤務成績が平均以下であるというだけでは解雇は認められません」（井上・笹山 2005：114）。人事査定の結果が良くないと言われても、日本企業の多くは人事査定を相対評価で行っている。相対評価なので、必ず査定結果が低い人が出てくる。そのため、査定結果を理由に「成績が悪いから解雇だ」と言われても、解雇の理由に当たらない（佐々木 2021：135）。

　それに、仕事能力を高めるために適切に指導・教育することは、本来、会社がやるべきことだ。まさか、新卒の正社員を、いきなり高度の知識や能力を必要とする熟練業務に就かせることはないと思うが、万が一そのような仕事に就かせて「能力が低い」と言われても、それはそうした仕事に就かせた会社側に問題がある。そう考えると、「能力が劣る」という理由で新卒正社員をいきなり解雇することはできないし、あり得ない（佐々木 2021：134）。

懲戒解雇

　職場の同僚や上司に暴行を加えたり、重大な経歴の詐称、あるいは事前の届けもせず、理由などを明確にしないまま 2 週間欠勤した場合などは、普通解雇とは別に懲戒解雇されることがある。懲戒処分は、労働者が負っている企業秩序を遵守する義務違反に対して、企業が課す一種の制裁罰であり、その中で最も重い処分が**懲戒解雇**である。

　通常、懲戒解雇の場合は、即日解雇される。つまり、先ほど述べた解雇手続きが行われないので、30 日前の解雇予告や、あるいは 30 日分の解雇予告手当が支払われずに解雇される。それだけでなく、退職金も全部あるいは一部が支給されない（菅野 2019：706）。さらに、懲戒解雇の前歴があると、その後の再就職で大きなハンディキャップとなってしまう（君和田 2016：35）。前職で懲戒解雇されたことがわかれば、その労働者を採用する企業はほぼないだろう。「懲戒解雇は労働者の死刑宣告」と言われる所以である。懲戒処分をする場合は、会社はあらかじめ就業規則に懲戒の種別や事由を定めて周知しておくことが必要である（西谷 2020：230）。就職したら、まずは就業規則を見て、どのよ

うなことで懲戒処分されるのかを確認した方がいいだろう。

整理解雇

　整理解雇とは、会社の業績悪化や経営難のために行われる解雇のことで、一般に「リストラ」と呼ばれる解雇のことである。

　会社の業績悪化や経営難は、労働者の責任ではなくて、会社の責任である。労働者は悪くないにもかかわらず、解雇されて職を失い、収入源を絶たれてしまう。そのため、整理解雇については、次に見る4つの要件が満たされなければ解雇できないというように、より厳しく制限されている。これを**整理解雇の4要件**と言う。なお、この整理解雇の4要件のルールは、法律によって明記されているものではなく、整理解雇についての裁判所の判決が積み重ねられて確立したものである（**判例法**と呼ばれる）。

　1番目の要件は、「人員削減の必要性があること」（井上・笹山 2005：112）である。これについては、会社の経営状態が、倒産必至とまではいかないけれども、赤字状態が数年にわたって続いているといった客観的な状態が存在していることを指している（菅野 2004：71）。そのため、「このところ景気が悪いから、あなたを解雇する」といった抽象的な理由での整理解雇はできない。また、整理解雇を行っている一方で、大量に新規採用を行っていたり、株主に高い配当を出し続けている場合は、人員削減の必要性はないと判断される（浜村他 2020：211-212、菅野 2019：796）。

　2番目の要件は、「希望退職募集や配転など解雇回避努力を行ったこと」（井上・笹山 2005：112）である。これは1番目の要件である人員削減の必要性がたしかに会社にあったとしても、解雇は最後の手段であり、できるだけ回避するべきだという考えが前提にある。

　解雇回避の措置として、例えば、業績不振の部門・支店を閉鎖するときは、そこで働いていた労働者をいきなり解雇するのではなく、別の部門・支店に配置転換するように努力したり、あるいは関連会社に出向させたりして、できるだけ労働者の雇用が続くように努力する義務が会社にはある。また、解雇を行う前に退職金を上積みして希望退職を募集することも、求められている。

　3番目の要件は、「合理的な人選基準を定めて公平に適用したこと」（井上・

笹山 2005：112) である。整理解雇は、普通解雇や懲戒解雇のように特定の個人の行為を問題として行う解雇ではない。そのため、多くの労働者のうち誰を整理解雇するのか、その人選基準が重要になってくる。もちろん、会社の独断と偏見で解雇する人々を選ぶことがあってはいけない（浜村他 2020：212)。例えば、「あの労働者は労働組合員だから整理解雇の対象者にしよう」といった、違法な方法によって解雇対象者を決めることは論外である。また、「協調性があるか、ないか」といった抽象的で、経営者の主観が入りやすい不明確な基準も合理的とはいえない（浜村他 2020：212-213)。

　それでは、どういった人選基準が合理的なのか。菅野（2019：797）によると、「客観的で合理的な人選基準として認められるものとしては、欠勤日数、遅刻回数、規律（命令）違反歴などの勤務成績や、勤続年数などの企業貢献度、さらには「30 歳以下の者」などの経済的打撃の低さなどがある」。ただし、一義的で共通の人選基準はこれまで確立しておらず、「実際に採用された人選基準が合理的であるか否かは、事案の具体的な事情に応じて個別に判断するしかなく、その判断が困難である場合も少なくない」（君和田 2016：69）のが実態である [8]。

　ただし、パートタイムなどの非正社員を辞めさせるよりも前に、正社員を整理解雇に選ぶことは合理性が認められないという裁判例は多い（君和田 2016：71)。つまり、正社員よりも先に非正社員をリストラするのは合理的だとされている。これは、非正社員は「企業との結びつきも弱く、解雇による生計への打撃が小さいためである」（君和田 2016：71)。しかし、長期に働き、重要な仕事を担っている非正社員もいる。また、これまでのような家計補助型ではなく、非正社員の仕事で衣食住を稼がなければならない生活自立型の非正社員が増大しているとの指摘もある（木下 2007：66-67)。そうであれば、「非正社員だから」という理由で、いつでも正社員より先に辞めさせることを合理的だと判断するわけにはいかない。

---

8) なお、野村正實は、ドイツ、アメリカ、スウェーデンの 3 国の人選基準を調べて、「人員整理のさいの人選基準として、勤続年数が大きな役割をはたしている。勤続年数が長い従業員ほど雇用が守られている」（野村 1994：179）と述べている。対照的に、こうした人選基準が確立していない日本では、整理解雇の標的は主に中高年労働者となっている。

とはいえ、ここで強調したいことは、違法な理由や抽象的な理由では合理的な人選基準とは言えず、そうした基準で整理解雇は行えないということである。

　4番目の要件は、「労働者や労働組合に説明し協議したこと」（井上・笹山 2005：112）である。今まで話した3つの要件をすべて満たしていても、労働組合や、整理解雇される労働者に対して説明や協議を行い、納得を得るような努力を会社はしているかどうかということだ。こうした協議をまったく行わないで整理解雇をした場合は、適正な手続きを欠いていると評価されて、4番目の要件を満たしていないことになる。

　以上、整理解雇の場合でも、整理解雇の4要件を満たさなければならず、そう簡単に解雇は行えないことがわかっただろう。結局、無期雇用契約の正社員に採用されれば、労働法上、容易には解雇されず、正社員自らが会社を退職（辞職）しなければ、定年退職までの長期雇用が可能になるような仕組みとなっている。判例法を中心として形成されたこうした労働法のルールが、現在の終身雇用制度を支えている[9]。

辞　　　職

　いま辞職のことに触れたので、正社員の辞職について、ここで述べておきたい。というのも、「正社員になったら会社を簡単に辞められないのではないか」という誤解がかなり見受けられる。また、近年では、会社を辞めたいと考えているのに、会社からは、「代わりの人が見つかるまで働いてほしい」と引き留められて、辞められないという正社員のトラブルも報道される。

　辞職することを会社が認めていなくても、正社員であれば自由に会社を辞めることができる。ただし、辞職する2週間前に、会社に辞職することを通告しておく必要がある（民法627条1項）。通告の方法は口頭でも可能だが、後に

9）できるだけ雇用を維持しようとする労働法のルールは、元をたどれば、1949年から1954年にかけて、トヨタや東芝といった企業で、労働組合が解雇撤回を求めて大きな労働争議を相次ぎ起こしたことが影響している。争議の結果は労働者側の敗北で終わったが、「これ以後、日本の企業は、経済的状況から労働力の削減を余儀なくされるときでも、一方的な解雇はできるだけ避け、希望退職を募集することが原則となりました。そして、裁判所もこの企業の行動様式を社会的に確立した慣行だと認識し、正当な理由のない解雇は権利の濫用として無効とするという判例が確立することになります。これにより、法的なレベルにおいても長期雇用慣行が確立したといっていいでしょう」（濱口 2011：34）。

言った言わないのトラブルを避けるために退職届を提出した方が安全だろう。会社が退職届を受け取らない場合は、内容証明郵便で提出する方法がある（雪竹 2008）。

　なお、有期雇用の非正社員の場合は、雇用契約期間の途中で辞職すると、会社から損害賠償を請求されるおそれがある（ただし、1 年を超える有期雇用契約の場合は、1 年を過ぎればいつでも辞めることができる。労働基準法 137 条）。このことを考えても、非正社員は、雇用が不安定であるだけでなく、自由に辞めることができないという大きな問題がある働き方だということがわかる。

3　「終身雇用」の実態

　労働法の上では正社員の解雇はかなり制限されていることを見たが、それでは、定年まで希望者全員が働き続けることができるのかというと、そんなことはない。現実には、多くの正社員は企業から解雇を告げられる前に、自らその企業を希望退職するという、一見、奇妙な現象が起きている。つまり、日本企業は、正社員を解雇せずにリストラを完了することができている。

　『毎日新聞』（朝刊 2001 年 7 月 20 日付）には、「希望退職　各社で応募が殺到」との小見出しのついた記事が掲載されている。2001 年とは、アメリカでのIT バブル崩壊の影響で、日本でも景気が後退していた時期である。この記事には次のことが書かれてある。

　　雇用構造の変化は、ここ数年に各社が実施した希望退職の応募状況にも顕著に表れている。1 週間程度の期間を限って希望退職を募った会社でも、わずか数時間で募集枠がいっぱいになるケースが続出している。
　　今年 2 月に事務・販売など約 1 万人を対象に 1800 人の希望退職を募集した自動車メーカーのマツダでは、受け付け開始 2 時間で全社員の 1割に当たる 2213 人が応募。流通業界でもダイエーやマイカルなどで希望者が殺到、即日締め切った。最近では、いすゞ自動車が 17 日に募集し、2 時間で、予定を 40 人上回る応募を集めた。

　このように、希望退職を募集すると、だいたい予定通り、あるいは予定以上

の応募者が殺到するという現実がある。それはなぜか。同記事の中で鶴岡武（三和総合研究所副主任研究員、当時）は、退職金や年金が確実にもらえるうちに退職しようと考える人が多いからだろうと述べている。しかし、その他の理由として、一般的に**執拗な退職勧奨**の存在が知られている。

　例えば、同記事には松下電器（現、パナソニック）が労働組合に希望退職の募集を提案したことも記されている。

> 　松下電器が組合（松下電器産業労働組合）側に希望退職の募集を提案したのは今月（2001 年 7 月―戸室注）上旬だった。特別早期退職優遇制度（特別ライフプラン）で割増退職金として例えば 35 歳から 39 歳は基準内賃金の 12 カ月分、50 歳から 54 歳は 40 カ月分などを示した。また「目標人員は設定せず、強制も絶対しない」と組合側への配慮をみせた。

　目標人員は設定しないと記事には書かれているが、熊沢（2003：66-67）によると、実は非公式に目標人員が 8000 名と設定されていた。さらに、2002 年 3 月までに、この目標人員をはるかに超える 1 万 3000 人が松下電器を退職したという。多くの社員が希望退職に応じた背景として、熊沢は、「この予想以上の応募の裏にはやはり退職のつよい勧奨と強要があったように思われる」と述べる。具体的には、入社 10 年以上で 58 歳以下の社員を対象に何回にも及ぶ 2 時間の面談を行う、退職を拒否する社員には草むしりをやらせる、「我が社の綱領・七精神の暗記」などをさせる、といったことが行われていた。

　日本企業における社員の退職勧奨は、いま述べた松下電器のように、しつこく面談を行って退職を促す。「ここで働きたい」という社員に対しては、「あなたにふさわしい仕事はありません」、「あなたの能力は我が社ではもう使えません。新天地を求めて下さい」などと言ったりする。それでも辞めないと、夜、家に電話をかけてくる。また、自分の部下に、「この人と一緒に働くのは嫌だ」と言わせたりする（熊沢 2007：178）。

　さらには、**隔離部屋**に閉じ込めることも実行されている。かつて、ゲーム機メーカーのセガエンタープライゼス（現、セガ）では、「パソナ・ルーム」と呼ばれる隔離部屋が存在していた。その様子を『朝日新聞』（朝刊 1999 年 6 月 28

日付）は次のように伝えている。

　　ゲームソフトの品質検査を担当していた男性（三五）は昨年十二月十日、
　本社三階の小部屋に入った。
　　十六畳ほどの広さで、窓がない。長机が二つ並べられ、イスが三、四脚
　置かれていた。電話は、外部には掛けられない内線専用だった。
　　その日、人事部から渡された書面には、次のように記されていた。
　　・勤務時間は午前八時半から午後五時十五分
　　・所属は現在のところ、決定されていません
　　・パソナ・ルームへは、私物を持ち込まないこと
　　・みだりに職場を離れないこと
　　仕事の指示は一行もない。「閉じ込められる」と思った。

　同記事によると、これまでこの隔離部屋に異動となった 10 人のうち 7 人は
会社を辞めたと記されている。これはセガの一事例であるが、退職させたい社
員に、これまでのキャリアとは無関係の部署に配属させて単純労働などを行わ
せるといったセガと類似の手法は、近年でも**追い出し部屋**として朝日新聞経済
部（2014）が報じている通り、広く日本企業で採用されている。あるいは、「島
流し」と言われるように、遠隔の事業所に異動を命じられる場合もある。
　これでは、いくら「愛社精神」がある社員でも、働く気力が減退するのは当
然であろう。こうした時に、会社の労働組合が助けてくれると思いきや、労働
組合も会社の方針に理解を示して頼りにならないケースが多々ある。松下電器
による希望退職の募集の提案について報じた先の新聞記事は、続けて次のよう
に記している。

　　提案について組合はメディアの取材に対し沈黙を守るが、組合員の中から
　は「会社の状況を考えると（導入も）やむを得ないのではないか」という
　声が強まっている。組合側も家電製品の価格破壊と競争の激化、利益の低
　迷といった最近の状況について、会社幹部と同様に「打開すべき課題」と
　認識している（『毎日新聞』朝刊 2001 年 7 月 20 日付）。

松下電器の組合も、会社が示した提案に理解を示している状況がわかる。朝日新聞経済部（2014：49-50）では、精密機器メーカーのセイコーインスツルの追い出し部屋に配属された 50 代男性社員の様子が書かれており、そこで命じられた仕事は、朝から退社までパソコンに向かって中途採用の求人を探すことであった。「労働組合に相談しても、『経営側に伝えておきます』と言うばかりで、事態が変わる気配はない」という状況であった（闘わない現在の労働組合については第 9 章第 2 節を参照）。

解雇の金銭解決制度

会社の労働組合が頼りにならない中、それでも会社に留まっていると、会社から正式に解雇を告げられる。弁護士の笹山尚人によると、解雇されて、元の職場に戻りたいという要求を述べる労働者は、現実には「そう多くない」。なぜなら、人間関係がこじれており、「あんな職場はもうこりごりだ」という心境になっているからだ（笹山 2008：102）。それでも解雇撤回を求めて裁判に訴えると、裁判で会社は、「原告には仕事能力がない」ことを主張する。かつての上司なども会社側の証人として、やはり「原告には仕事能力がない」ことを証言する。そこで、さらに働く気力は減退する。会社から和解金を受け取り、職場復帰をあきらめるケースが出てくる。『朝日新聞』（朝刊 2022 年 7 月 4 日付）によると、2020 年度に全国の地方裁判所で出された解雇関連の判決は 242 件（原告勝訴が 124 件、原告敗訴が 118 件）だったが、和解件数はそれを大きく上回る 406 件となっている（和解の場合、その大部分は金銭解決である（濱口 2021：129））。さらに、たとえ裁判所が不当解雇を認めて、解雇無効の判決を勝ち取ったとしても、感情面での対立や、それまでの仕事に戻れる保障がないこと等により、会社から金銭の支払いを受けて退職するケースが多いという [10]。

これに乗じて、経済界は**解雇の金銭解決制度**の導入をずっと求めている。解雇の金銭解決制度とは、裁判所が「解雇は無効」と判断しても、使用者がお金

10）「日本では、裁判で不当解雇が認められると、会社と働き手の雇用関係は維持されるが、元の職場に復帰するかは会社の裁量に任されているため、会社が職場復帰を拒み続ければ、働き手側は金銭での解決に応じざるを得なくなるケースが多い。希望する職場への復帰は難しいのが現状だ」（『朝日新聞』朝刊 2015 年 3 月 28 日付）。

を支払えば、労働者を退職させることができる制度のことである。実際に2007年の通常国会に、この制度などが盛り込まれた法案が提出されようとしたが、「使用者は裁判を気にせず、労働者を解雇できる。解雇権の濫用を招きかねない」という労働組合等の批判にあって、当該制度は法案には盛り込まれなかった。しかし、この制度の導入は2003年の労働基準法改定の際にも検討され、さらに2013年から2022年現在においても政府で3度目の検討が続けられている。

幻想としての終身雇用？

　このように、労働法の上では解雇に対する規制はあるが、実際には退職を強要するような職場の雰囲気が存在する。なお、度が過ぎる退職勧奨、すなわち**退職強要**は違法である。例えば、「労働者が退職を拒否しているにもかかわらず何回も呼び出し、数人で取り囲んで勧奨するなど、労働者の自由な意思決定を妨げるような場合」（君和田 2016：137）のことである。しかし、労働者にとって、そうしたことを訴えでもしたならば、さらに職場の雰囲気が悪化して次は何をされるかわからないという不安・恐怖がある。

　この時、職場の仲間同士に、「誰1人も解雇させない」といった強い連帯意識が根づいていれば良いのだが、職場のメンバーも退職勧奨されている人をかばえば、今度は自分が退職勧奨の対象者にされてしまう。それを恐れて、見て見ぬ振りをする。あるいは、会社と一緒に退職勧奨を行う。まさに大人版のいじめが繰り広げられる[11]。

　その結果、日本の雇用制度は終身雇用制度と言われているが、実際には表1-1のような状況になっている。表1-1は、50〜54歳の男性正社員のうち「標準労働者」の割合を、企業規模別学歴別に表したものである。「標準労働者」とは、「学校卒業後直ちに企業に就職し、同一企業に継続勤務しているとみなされる労働者」のことである。すなわち、表1-1は、学校を卒業してすぐに就職した男性正社員が、50〜54歳という定年が近づいてきた時期に、同じ会社にどのくらいの割合で留まっているのかを示したものである。終身雇用制度がしっかりと機能していれば、この割合は高いはずである。

　なお、なぜ表1-1が男性に限定しているのかというと、多くの女性労働者

表 1-1　企業規模別学歴別に見た 50 ～ 54 歳の男性正社員の標準労働者の割合

（%）

企業規模	中学	高校	専門学校	高専・短大	大学	大学院
1000 人以上	5.7	33.5	17.2	19.4	54.3	45.6
100 ～ 999 人	0.3	18.8	20.1	23.4	36.3	25.6
10 ～ 99 人	2.2	5.9	8.9	8.1	12.5	8.7

注 1：分母は「一般労働者」の「正社員・正職員」、分子は「一般労働者」の「標準労働者」である。「一般労働者」とは、「常用労働者」のうち「短時間労働者」以外の者である。「常用労働者」とは、「期間を定めずに雇われている労働者」と「1か月以上の期間を定めて雇われている労働者」のいずれかに該当する者のことである。「標準労働者」とは、「学校卒業後直ちに企業に就職し、同一企業に継続勤務しているとみなされる労働者」のことである。

注 2：伍賀［2014：165-171］は、同調査を使って、「一般労働者」に占める「標準労働者」の割合を分析している。しかし、注 1 の定義を見るとわかるように、一般労働者にはフルタイムの非正社員も含まれる。そのため、伍賀の方法だと、標準労働者の割合が低くても、それはフルタイム非正社員の増大の可能性もある。なるべく正社員の標準労働者の割合を把握するために、ここでは分母を「正社員・正職員」とした。

出所：厚生労働省『賃金構造基本統計調査』2020 年より作成。

は結婚や出産を機に会社を辞める。それは本人が自発的に退社する場合もあるが、会社の暗黙のルールで半ば強制的に退社させられる場合もある（詳しくは本書第 6 章を参照）。終身雇用制度は、あくまでも男性だけを対象にした制度と理解されている。

　表 1-1 を見ると、男性正社員すべてに終身雇用制度が適用されているわけ

11）なお、2019 年に改正労働施策総合推進法（パワーハラスメント防止法）が成立し、それに基づき 2020 年の 6 月 1 日から、大企業は、パワーハラスメントをした者への厳正な対処方針を示すことなどが義務づけられた（中小企業は 2022 年 4 月 1 日から義務化）。しかし、厚生労働省は 2020 年 1 月 15 日に公表した指針で、どのような言動がパワーハラスメントに該当するかを示したが、それを見ると、「気に入らない労働者に対して嫌がらせのために仕事を与えない」はパワーハラスメントだが、「労働者の能力に応じて、一定程度業務内容や業務量を軽減する」はパワーハラスメントに該当しないとか、「自身の意に沿わない労働者に対して、仕事を外し、長期間にわたり、別室に隔離したり、自宅研修させたりする」はパワーハラスメントだが、「懲戒規定に基づき処分を受けた労働者に対し、通常の業務に復帰させるために、その前に一時的に別室で研修を受けさせる」は該当しないなどと記されている。この厚労省が示したパワーハラスメントに該当しない事例が、企業側の弁解に使用され、かえってパワーハラスメントを助長するのではないかという指摘も出ている（『朝日新聞』朝刊 2020 年 5 月 31 日付）。

ではないことがわかる。一番割合が高いのは、「1000人以上」規模の大企業に勤めている大学卒の正社員である（54.3％）。傾向としては、企業規模が大きいほど、学歴が高いほど割合が高くなっている。それでも最高が54.3％である。大学・大学院卒以外の学歴や、中小企業に勤める男性正社員のほとんどは継続勤務をしていない。つまり、終身雇用制度とは、大企業に勤める大卒・大学院卒の男性正社員にのみ適用される制度であり、しかも、それでさえ半分程度しか適用されない[12]。「日本は終身雇用制度だ」と言われる割には、現実は流動的な雇用制度になっているのである。

◎ exercise
・新卒一括採用の是非について、欧米企業の採用方法との比較も交えて議論してみましょう。
・整理解雇がやむを得ない事態になったとき、どのような基準で解雇対象者を選べば合理的なのか、みんなで話し合ってみましょう。
・近年のリストラはどのような手法で行われているのか、事例を色々と調べてみましょう。

【参考文献】
朝日新聞経済部（2014）『限界にっぽん：悲鳴をあげる雇用と経済』岩波書店
井上幸夫・笹山尚人（2005）『フリーターの法律相談室』平凡社
岩田龍子（1985）『日本の経営組織』講談社
苅谷剛彦（1999）「学力の危機と教育改革」『中央公論』8月号
木下武男（2002）「日本型雇用の転換と若者の大失業」竹内常一・高生研編『揺らぐ〈学校から仕事へ〉』青木書店
木下武男（2007）『格差社会にいどむユニオン』花伝社
君和田伸仁（2016）『労働法実務解説5　解雇・退職』旬報社
熊沢誠（2003）『リストラとワークシェアリング』岩波書店
熊沢誠（2007）『格差社会ニッポンで働くということ』岩波書店
伍賀一道（2014）『「非正規大国」日本の雇用と労働』新日本出版社
小島貴子（2006）『就職迷子の若者たち』集英社
佐々木亮（2021）『会社に人生を振り回されない武器としての労働法』KADOKAWA
笹山尚人（2008）『人が壊れてゆく職場』光文社

12）この点は、すでに野村（1994：39-40）が同様の指摘を行っている。

菅野和夫（2019）『労働法　第 12 版』弘文堂
菅野和夫（2004）『新・雇用社会の法（補訂版）』有斐閣
西谷敏（2020）『労働法　第 3 版』日本評論社
日本労働研究機構（2001）『日欧の大学と職業』日本労働研究機構
野村正實（1994）『終身雇用』岩波書店
濱口桂一郎（2011）『日本の雇用と労働法』日本経済新聞出版社
濱口桂一郎（2013）『若者と労働』中央公論新社
濱口桂一郎（2021）『ジョブ型雇用社会とは何か』岩波書店
浜村彰・唐津博・青野覚・奥田香子（2020）『ベーシック労働法　第 8 版』有斐
　閣
本田由紀（2009）『教育の職業的意義』筑摩書房
雪竹奈緒（2008）「働く人の法律相談　退職　辞めたければ自由に辞められる」
　『朝日新聞』夕刊 3 月 17 日付

第2章

職能資格制度と人事査定

1 配置、異動と遠隔地転勤

配置と異動

　企業は雇い入れた従業員に対し、職務を割り当て、ある職場への配置（staffing）を行う。時間の経過とともに、企業は、従業員をある職務についての担当から外し、別の職務へ割り当てる。この場合は、**配置転換**と呼ぶ。より一般的には異動（transfer）である。なぜ配置転換が必要とされるのであろうか。企業が配置転換を行う理由として、1）業務上の必要性、2）従業員の能力開発、3）社内の活性化などが挙げられる。ある職場への従業員の配置あるいは配置転換は、企業の**人事権**の一部をなしている。そのため、配置や異動は往々にして企業主導で行われる（江夏 2018b：109）。

遠隔地転勤

　遠隔地転勤とは、同一企業内で行われる配置転換のうち勤務地の変更を伴うものもある。実務的には通勤時間の許容範囲として2時間を1つの目安としている。1986年7月14日最高裁判決の**東亜ペイント事件**では、神戸営業所に勤務する営業担当の労働者に対する名古屋営業所への転勤命令が争点となった。当該労働者が、母親、妻、長女との別居を余儀なくされ、家庭の事情を理由に転勤命令を拒否した。それに対して会社は懲戒解雇を行ったが、裁判では当該転勤命令は、権利濫用にあたらないと判示された（神内 2020：52-55）。このように、企業が労働者に対して、転勤を命ずる権限は、過去の判例から、労働者によほどの不利益を生じさせないものである限り、企業側にあると理解されている（江夏 2018b：109）。

転勤免除配慮を求める労働者

　子育てや介護などを行うために、居住地を変更して仕事をすることが難しい労働者が増えている。労働政策研究・研修機構『転勤に関する個人 web 調査』（2017 年）によれば、転勤免除配慮を求めたことが「ある」とする割合は 20.5％である。性別では、男性が 20.2％、女性が 24.2％である。転勤免除配慮を求めた事情（複数回答）は、「親等の介護」30.7％、「子の就学・受験」19.6％、「本人の病気」19.1％、「持ち家の購入」14.5％である。介護、子育てなどの理由で転勤免除配慮を求める労働者が多い。遠隔地転勤の実施を、企業の人事権の一部として自明視せず、労働者の個別事情に配慮した形での運用が求められる（労働時間については第 5 章、女性労働については第 6 章を参照）。

大丸松坂屋のエリア限定社員

　大松松坂屋では 2017 年度に雇用区分を見直した。1 年単位の有期契約社員

表 2-1　制度改定後の雇用区分編成

	社員	社員（エリア限定）	専任社員	パートナー
担当業務	基幹業務中心	基幹業務中心	基幹業務中心	基幹業務中心
			社員と同様の業務	社員と同様の業務
役割の範囲	限定なし	限定なし（一定等級以上の部長を除く）	契約により限定的	契約により限定的
雇用契約期間	無期契約	無期契約	無期契約	1 年単位の有期契約
労務時間	フルタイム	フルタイム	フルタイム／パートタイム	フルタイム／パートタイム
勤務地	限定なし（全国転勤が前提）	エリア限定	エリア限定	エリア限定
給与体系	全国共通の体系	全国共通の体系	エリア別体系が基本	エリア別体系が基本
その他労働条件	社員基準	社員基準	社員基準へ見直し	現状維持

注：網掛け部分を 2017 年に新設。
出所：「大丸松坂屋百貨店　働き方の選択肢の一つとして、勤務エリアを限定した雇用区分を新設。半期に一度、雇用区分の変更が可能」『労政時報』3968 号（2019 年 3 月 8 日）、37 頁。

（パートナー）とは異なる、無期雇用区分（専任社員）を新設するとともに、地域を限定して勤務する正社員の雇用区分（社員・エリア限定）を導入した（表2-1）。エリア限定社員は、社員であれば誰でも選択可能であるが、一定等級以上の部長職は、経営を担う責任の大きさなどから全国転勤を必須とする。エリア限定社員は札幌、首都圏、静岡、中部、関西の5つの中のどこかで勤務する。

コラム3　ジョブ型とメンバーシップ型

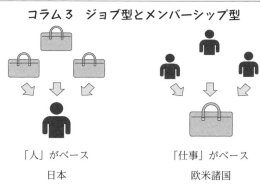

「人」がベース　　　　　　「仕事」がベース

日本　　　　　　　　　　欧米諸国

図　「人」と「仕事」の結びつけ方

出所：濱口桂一郎（2013）『若者と労働』中央公論新社、31頁をもとに作成。

　濱口桂一郎によれば、人と仕事の結びつけ方は2つある。第1は、仕事のやり方を厳格に決めておいて、それに最もうまく合致する人を選定するというやり方である。第2は、まず人を決めておいて、仕事の方はできるだけ緩やかに、それを担当する人の持ち味をできる限り発揮できるように決めるというやり方である。前者がジョブ型、後者がメンバーシップ型である（濱口 2013：31）。濱口の**ジョブ型**と**メンバーシップ型**の概念的な区別は、日本の企業社会の特徴を端的に示したものとして、学術的にも広く受け入れられた。しかし、より正確に表現するのであれば、欧米であっても産業別労働組合や職業組合が機能しているために、当該職業内でのメンバーシップが存在するという指摘が存在する。

　金子良事によれば、欧米には近世来の職業（トレード trade あるいはクラフト craft）の概念があり、それが企業社会の中にも取り込まれている。トレード型は、社会的に認知されたトレード（職種）に対するメンバーシップが原則である。日本と欧米を理念型で比較した場合、両者の違いは企業へのメンバーシップか、トレード（職種）へのメンバーシップかということになる（金子 2013：118-121）。金子の指摘を前提とすれば、各国の経済社会を特徴づけるのは、労働者を包摂する仕組みが職業・産業なのか、それとも企業なのかにある、と理解することができる（ジョブ型については、第3章も参照）。

エリア限定社員は、異動範囲は限定されるが、担当する職務や期待する役割、評価制度は社員と変わらない。昇給や昇格も社員と同じ処遇を適用している。また雇用区分は半年ごとに変更可能で、社員、エリア社員相互の転換は自由に行える。回数制限はない。月例給与水準は社員の95%、賞与も社員の合計金額の95%である。

2　職能資格制度

能力主義管理

　日本企業の多くは公的な資格と区別された社内資格制度を整備している。とりわけ、従業員の職務遂行能力を格付けする職能資格制度が普及している。職能資格制度においては、どのようにして、従業員の能力を評価しているのであろうか。

　日本経営者団体連盟（日経連）の1969年の『能力主義管理』報告書によれば、**能力主義管理**とは労働力不足・賃金水準の大幅上昇・技術革新・開放経済・労働者の意識変化など、経済発展の段階に伴うわが国企業経営をめぐる厳しい環境変化に積極的に対応するために生み出された。従業員の職務遂行能力を発見し、より一層開発し、より一層有効活用することで、労働効率を高めることが可能になる。こうした、少数精鋭主義を追求する人事労務管理の手法の総称が、能力主義管理である。また、能力主義管理は、「能力に応じた配置と処遇」にその原則がある。

　ここで日経連が指摘する「能力」とは何か。スポーツができるとか、勉強ができるとか一般的な能力ではない。日経連によれば、能力とは、企業における構成員として、企業目的達成のために貢献する職務遂行能力であり、業績として顕在化するものでなければならない。**職務遂行能力**は、行動の結果生み出される具体的業績を手掛かりとして把握されるものであるが、単純に目標に対する達成度だけから判断されるべきではない。そして、全プロセスにわたる総合的な判断が必要であり、そのためには潜在能力も含めた評価が必要である（乾1990：121-134）。このように、日経連が考える能力とは、単なる成果・業績のみならず、成果・業績に至るプロセスもカバーする企業への貢献をはかるものさしであるといえる。

職能資格制度の運用

　職能資格制度とは、従業員が保持する職務遂行能力に対して、資格を付与する制度である。言い換えれば、日本企業における主たる格付け基準である職務遂行能力を用いて、企業内の従業員を格付けする仕組みである。職能資格制度は実際にどのように運用されるのか。職能資格制度を用いて、従業員の職務遂行能力を格付けするのであるから、企業が求める職務内容に応じた能力の一覧がラインナップされなければならない。各企業で独自に定められた職務遂行能力に必要な能力の一覧が、職能資格要件表である（表2-2）。

表2-2　職能資格要件表の例

層	資格	呼称	期待される能力	上位資格昇格のための必要年数
管理専門職能	9	参与	会社の方針に基づき、部の運営を統括しつつ、会社の方針の策定に参画し、トップを補佐できる。	なし
	8	副参与	会社の方針に基づき、部の運営を統括しつつ、会社の方針についての上申と上司の補佐が行える。	なし
	7	参事	会社の方針に基づき、部の業務について企画・運営しつつ、部下の管理と上司の補佐が行える。	3年
指導監督職能	6	副参事	会社の方針に基づき、課の業務について企画・実行しつつ、責任を持って部下を管理できる。	3年
	5	主事	一般的な監督のもと、業務内容について企画・実行しつつ、部下を指導できる。	3年
	4	副主事	定められた手順によって計画的に業務を遂行しつつ、自らの判断によって部下を指導できる。	3年
一般職能	3	社員1級	定型的業務については主導的な役割を果たし、必要によっては下級者を指導できる。	2年
	2	社員2級	具体的な指示や手順に従い、定型的業務を単独で行える。	2年
	1	社員3級	具体的な指示や手順に従い、特別な経験を必要としない単純で定型的な業務を行える。	なし

注：元資料では等級となっている表記を資格に変更した。
出所：江夏幾多郎（2018）「社員格付け制度」平野光俊・江夏幾多郎『人事管理：人と企業、ともに活きるために』有斐閣、78頁。

表 2-2 によれば、労働者は、管理専門職能、指導監督職能、一般職能の 3 つの階層に分類されている。その上で、各職能にそれぞれ 3 つの資格が設けられ、合計 9 つの資格が整備されている。この職能資格要件表では、資格が上がるにつれて、求められる能力が高度化されている。例えば、資格 3 の社員 1 級の場合、定型的業務については主導的な役割を果たし、必要に応じて下級者を指導できるとされている。すなわち、資格 3 では、仕事を覚えることが重視されている。それに対して、資格 6 の副参事の場合、会社の方針に基づき、課の業務について企画・実行しつつ、責任を持って部下を管理できることが求められている。こうして、上位資格では、企画・立案業務に加えて、部下の指導・育成を行うことが職務遂行能力として求められていることがわかる。

　各人は、当該資格に定められた要件を満たすと、上位の資格に昇格することができる。職能資格要件はジョブローテーションや OJT、Off-JT と連動することで、従業員の能力開発を促進することが期待されている（江夏 2018a：78-79）。

資格と役職の分離

　職能資格が上位資格へと上がるにつれて、賃金は上昇する。各職能資格の範囲内で賃金水準の上限と下限を設けているケースもある。労働者の能力は、勤続期間が長くなるとともに、向上すると想定されており、上司による人事査定を通じて、上位資格に上がっていく。それゆえ、職能資格制度がその趣旨どおりに運用されれば、賃金カーブは年齢や勤続に応じて上昇する形、すなわち**年功賃金**形態をとる（賃金水準や賃金形態の詳細は第 3 章を参照）。

　ところで、職能資格と役職の関係はどうなっているのだろうか。個別企業によって運用方法は異なるが、特定の職能資格に対し、役職はプラスαで賃金を引き上げる役割を果たす。つまり、各資格で基本給が決められ、役職に応じて役職手当というかたちで、賃金が上積みされる。通常、職能資格と役職は必ずしも一致しない。緩やかな対応関係はあるが、事実上、切り離されている（八代 2002：25-27）。例えば、表 2-3 のように資格 8 の副参与の場合、部長という役職の副参与もいるが、課長という役職の副参与もいる。この場合は、同じ

表 2-3　資格と役職の対応関係

層	資格	呼称	対応する役職					
管理専門職能	9	参与	部長					
	8	副参与		課長				
	7	参事						
指導監督職能	6	副参事			課長補佐			
	5	主事				係長		
	4	副主事					主任	
一般職能	3	社員1級						一般
	2	社員2級						
	1	社員3級						

注：元資料では等級となっている表記を資格に変更した。
出所：江夏幾多郎（2018）「社員格付け制度」平野光俊・江夏幾多郎『人事管理：人と企業、ともに活きるために』有斐閣、79頁。

職能資格でも部長と課長では、役職手当が異なるため、賃金格差が生まれる。

　このように、職能資格制度のもとでは、役職手当の上積み部分を除けば、資格が変わらない限り、基本給は変わらない。労働者は、自らが保持する職務遂行能力が向上したと認められれば、上位資格に昇格することができる。昇格とはあくまで上位の「職務 job」への異動を意味する欧米企業の**ジョブ・グレイド**（job grade）と大きく異なる。また、より上位の職能資格へ異動する昇格と、より上位の役職へ配置される昇進とが概念的に分離されていることで、処遇は安定的に、配置は機能的・柔軟的に運用することが可能となる（黒田 2018：125）。

卒業方式と入学方式

　職能資格制度を運用すると勤続期間の長い従業員が上位の資格に集まるようになる。従業員の高齢化によって管理職ポストが不足する状況が生まれる。職能資格と役職の分離を維持することは、有資格者の滞留という問題を新たに引き起こす。そのため、企業は職能資格制度上位資格への移動の方法を変更する

ことがある。それは一言でいうと、卒業方式から入学方式への移行である。**卒業方式**は、現在、ランクづけられている資格に求められる能力の要件を満たしたと判断される場合に、一つ上の資格に昇格させる方式である。それに対して、**入学方式**とは、上位資格の要件を満たした者が昇格する方式である。卒業方式では安易な昇格に歯止めをかけることができない。そのため、上位資格の要件を満たすことを昇格の要件とすることで、従業員の高齢化による管理職ポスト不足を防いでいる（八代 2002：30）。

3　人 事 査 定

人事査定の役割と項目

　人事査定とは、従業員の日常の勤務や実績に着目して、その能力や仕事ぶりを評価し、報酬・配置・能力開発の判定に結びつける手続きである（江夏2018c：127）。人事査定と類似の言葉として、人事評価、人事考課などがあるが、いずれも従業員の働きぶりを評価する点では同じ意味として用いられている。人事査定は、直接的には職場の上司が部下の働きぶりを評価することが多い。その際には、評価基準がどのように設定されているかが、運用上の大きなポイントになる。

　日本企業による人事査定の項目は大きく分けて、能力考課、情意考課、業績考課の 3 つから構成される。この 3 つの組み合わせは、企業規模や業界によって違いがある。また、同じ企業でも、社内資格制度の上下によって異なる組み合わせで運用される。第 1 に、**能力考課**とは、本人が有する業務に関する潜在能力を計測する。第 2 に、**情意考課**は、業務遂行における従業員の態度や行動を見る。情熱や意欲を測定するので、情意考課である。ここでは規律性、積極性、責任感といった側面が評価に組み込まれる。第 3 に、**業績考課**は、業務遂行の結果として生み出された成果の質と量が評価される。このように、能力考課、情意考課、業績考課が日本の人事査定の主要な 3 つの要素であるが、上位資格の等級になるほど、業績評価が重視される傾向にある（鹿島 2018：117）。

> **コラム4　業績考課と目標管理制度（management by objectives：MBO）**
>
> 　企業内では、定量的に業績測定することが向いている職種と、定性的な業績測定をする方が向いている職種とが混在している。例えば、営業職の場合、個々の業績を数値化することは比較的容易であるが、人事部の場合、個々の業績を数値化することが難しい。こうした場合、労働者1人ひとりの仕事内容に即した評価を行う必要がある。そのために行われるのが、**目標管理制度**（management by objectives：MBO）である。目標管理制度とは、評価者と被評価者本人との間で、業績目標について、あらかじめ合意を取り、達成度を可視化することである。評価項目が従業員個別に、その都度設けられる点が、あらかじめ全社単位で定められた項目で運用する能力考課と異なっている（江夏2018c：135）。
>
> 　目標管理制度のプロセスとして、三輪（2018：93）は4つ挙げている。第1に、期初において上司と本人が相談の上、1年あるいは半年の仕事目標を定める。第2に、その目標を基準として期中の仕事の進捗を管理する。第3に、期末において、本人、上司の双方で目標の達成度を評価する。第4に、その結果を人事考課に利用する。
>
> 　目標管理制度は、担当する職務が多様であっても、目標達成度という表面的には共通した一つの評価基準を設定することができる。配置転換が多い、日本の企業においては、全社的に共通した業績目標ができる点に利便性がある。他方で、目標管理制度は、目標の設定、目標への取り組み、評価といったサイクルが半年から1年程度の期間で行われるため、時間を要する点がデメリットであるとされる（加藤2020：85）。

人事査定が機能する条件

　人事査定はどのような条件があれば有効に機能するのであろうか。言い換えれば、労働者の納得性を得る形で人事査定を運用するためにはいかなる要素を組み込む必要があるのだろうか。人事査定が機能する条件として、客観性・公平性、透明性・公正性、結果の納得性の3つを挙げることができる。第1に、上司が部下を評価する際に、当事者を好き・嫌いなどで判断されたのでは部下はたまらない。主観性のある人事査定では部下の納得は得られない。企業目的を達成するために、各評価項目は細分化され、企業目標に合致する形で運用されることが望ましい。これは制度の客観性・公平性を担保する。

　第2に、明白な手続きに基づいて公正な査定が行われていることである。制度の透明性や公正性を担保することが、人事査定の信頼性を向上させる。産

労総合研究所の2016年の調査によれば、制度の仕組みについて従業員に公開している企業は85.0％である。評価結果を公開している企業の割合は65.5％にとどまる。評価結果を公開し、従業員にフィードバックを行うことは能力開発に役立ち、労働者の納得性を高める。

第3に、客観性・公平性のある評価項目を作り、従業員に評価結果を公開しても、その結果に労働者が納得しないケースもある。その場合には、従業員が異議申し立てなどをできる仕組を整える必要がある。すなわち、結果の納得性である。先に見た産労総合研究所の2016年の調査によれば、「異議申し立て制度がある」とした企業の割合は39.8％である（鹿島2018：119）。

人事査定の曖昧性

日本企業の人事査定の特徴として、これまでの研究では、1）査定項目が広範囲に及ぶこと、2）相対評価であること、3）考課結果が非公開であることが多いことなどが指摘されてきた（黒田2001：82-84）。とくに日本的な能力評価は、今は顕在化していないが、将来発揮されるであろう能力、すなわち潜在的な能力を評価対象としてきた（木下2003：63）。そのため、日本企業が労働者に要請する能力は、仕事の質や量が確定しない曖昧なものとなる。熊沢誠が指摘するように、日々の仕事の質と量の変化に対応できる「フレキシビリティ」、すなわち柔軟な働き方が求められる（熊沢2007：88-89）。こうした、労働者に対する柔軟な働き方の要請は、長時間労働や時間外労働までも人事査定の評価基準に組み込むものとして、その問題点が指摘されてきた（日本の長時間労働の実態については、第5章を参照）。

2000年代以降の日本企業では、少子高齢化で人手不足が進み、長時間労働や時間外労働を前提とする働き方の見直しを進めている。人事査定制度も多様な人材活用の実態に合わせた制度改変が求められる。すなわち、フルタイム型の正社員と、短時間型の社員や育児休業を経た社員とをどのような軸で評価していくのか。あるいは、労働者の定着率を高めるための評価制度は何か、などといった点である。また、上司が部下を評価する際、制度の客観性が存在したとしても、最終的な結果の曖昧さは残る。端的に言って、人事査定が有効に機能するか否かは、上司が日常的に部下と信頼関係を築くことができるかどうか

に関わっている（江夏 2014：141）。人事査定の曖昧性をなるべく客観性のある
ものにすると同時に、多様な人材を評価することが可能な座標軸を構築し、職
場で安心できる人間関係を構築することが、人事査定が有効に機能するための
条件であるといえよう。

4　役割等級制度（mission grade system）

役割等級制度

　日本企業の伝統的な能力主義管理を維持しつつ、運用上の困難さといった職
能資格制度の弱点を修正する動きが加速している。背景にあるのは日本企業の
グローバル展開と国内競争力の強化の必要性である。社内資格制度の点でいえ
ば、能力考課、情意考課、業績考課を軸とする人事査定は、従業員の能力が長
期的に向上していることを前提としていた。能力主義管理の理念が貫徹しつつ
も、その運用状況によっては、年功的な処遇に傾くことも否定できない。企業
経営者はグローバル競争のもとで、こうした職能資格制度の年功的運用に危機
意識を持った。

　模索された実践には、例えば、従業員の格付け基準を「従業員が保持する能
力」から「高業績につながる行動（コンピテンシー competency）」へと変えるも
のがある。また、「発揮能力＝行動」を経営戦略上期待される行動＝役割と定
義し、従業員の格付け・評価基準とする新たな等級制度の活用もみられる（江
夏 2018b：85）。後者は、従業員の職務遂行能力に代えて、会社が期待する役
割を格付けの基準に変更するものであるので、**役割等級制度**（mission grade
system）と呼ばれる。

役割等級制度の導入状況

　労務行政研究所「昇進・昇格、降格に関する実態調査（2014 年調査）」では、
一般社員、管理職別に資格等級制度の導入状況を調査している。それによれば、
一般社員の職能資格制度導入率は 65.0％、職務・役割等級制度は 12.0％であ
る。それに対して、管理職の職能資格制度導入率は 38.5％と低下し、職務・
役割等級制度導入率は 27.4％に上昇している（表 2-4）。このように、調査対
象を見る限り、日本企業は一般社員に対しては人材育成・能力開発の観点から、

表 2-4　一般社員・管理職別に見た資格（等級）制度の導入状況

区分		全産業								製造業		非製造業	
		規模計		1000人以上		300～999人		300人未満					
		実数	割合	実数	割合	実数	割合	実数	割合	実数	割合	実数	割合
合計		117	100.0%	43	100.0%	46	100.0%	28	100.0%	49	100.0%	68	100.0%
一般社員	職能資格制度	76	65.0%	25	58.1%	36	78.3%	15	53.6%	34	69.4%	42	61.8%
	職務・役割等級制度	14	12.0%	6	14.0%	5	10.9%	3	10.7%	7	14.3%	7	10.3%
	職能資格制度と職務・役割等級制度の併用	22	18.8%	12	27.9%	5	10.9%	5	17.9%	6	12.2%	16	23.5%
	資格（等級）制度はない	5	4.3%					5	17.9%	2	4.1%	3	4.4%
管理職	職能資格制度	45	38.5%	9	20.9%	25	54.3%	11	39.3%	21	42.9%	24	35.3%
	職務・役割等級制度	32	27.4%	16	37.2%	11	23.9%	5	17.9%	16	32.7%	16	23.5%
	職能資格制度と職務・役割等級制度の併用	35	29.9%	18	41.9%	10	21.7%	7	25.0%	10	20.4%	25	36.8%
	資格（等級）制度はない	5	4.3%					5	17.9%	2	4.1%	3	4.4%

出所：労務行政研究所「昇進・昇格、降格に関する実態調査（2014 年調査）」『労政時報』第 3885 号（2015 年 3 月 27 日）。

職能資格制度を適用し、管理職になると、会社の業績や経営戦略を踏まえた役割等級制度を適用する傾向にある。

役割等級制度の事例

　役割等級制度の事例を見よう。大手製薬会社 J 社は、1997 年に従来の職能資格制度で給与が決められる賃金制度を改め、新たに人事測定研究所が開発した JOES（Job Evaluation System）に基づく役割等級制度を導入した。同制度では、5 等級以上の管理職を、300 種類の職務に分類し、9 つの役割等級制度に分ける。J 社が役割等級制度を導入したのは、過去の実績の積み上げである資格等級から、現在価値を反映した仕事価値を重視せざるをえなくなった、製薬業界の環境要因があると指摘されている（八代 2002：206）。

　キヤノンの事例を見る。キヤノンでは職能資格制度を廃止し、2001 年に管理職を対象に役割と成果で決まる新賃金制度を導入した。職能と年齢という「人基準」を、役割や成果という「仕事基準」に転換することが目的である。

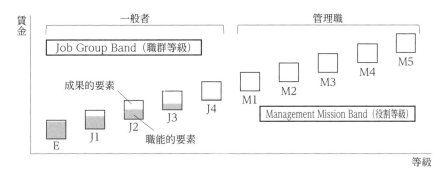

図 2-1　キヤノンの一般職・管理職の等級

出所：伊藤晃（2005）『キヤノンの人事革新がすごい！』あさ出版、31 頁。

図 2-1 では管理職の役割等級は M1 から M5 までの 5 段階に区分されている。賃金は役割等級ごとの一定のレンジ幅を持ち、役割等級が上位のポジションに移らない限り、レンジ内の賃金にとどまる。役割等級制度、すなわち**ミッションバンド**でいう役割は、職務と職責から構成されている。役割等級制度は、各ポジション（職位）が持つ役割の大きさで決まる（伊藤 2006：135）。こうして、キヤノンでは、固定した職務をこなすだけではなく、組織における期待に応えるという意識をもたせるため、職責（果たすべき責任）を加えて、「役割」という概念を導入している（伊藤 2005：29）。

役割等級制度の歴史的位置

　役割等級制度は、伝統的な職能資格制度とどのような関係にあるのだろうか。石田光男・樋口純平の研究によれば、役割等級制度は、組織から人事を発想するのではなく、市場から人事を発想するというパラダイムチェンジが起こっている。1980 年代までの能力主義管理は年齢・勤続・学歴、あるいは能力といった労働者の属性を重視していた。その意味で処遇の決定基準は、属人基準である。それに対して、2000 年代以降の成果主義の模索を経て定着した役割等級制度は、完全な仕事基準とは言えない。労働市場、製品市場、資本市場などの外部環境を意識しながら、その都度求められる役割を変更していく。その意味で市場ベースの処遇決定基準である点に特徴があるとされる。こうして、2000 年代以降の人事管理は、業績管理との整合性を確保できる「役割」とい

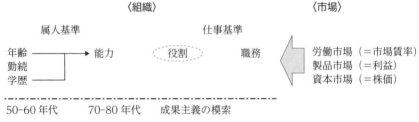

図 2-2　処遇の決定基準

出所：石田光男・樋口純平（2009）『人事制度の日米比較：成果主義とアメリカの現実』ミネルヴァ書房、14 頁。

う概念を発見した（図 2-2）（石田・樋口 2009：45）。かくして、役割等級制度は、能力主義管理の基本理念を維持しつつも、中高年齢層の賃金カーブを緩やかにし、グローバル競争で変化する従業員への期待（＝役割）を新たな評価軸に組み込んだ社内資格制度である、と評価することができるだろう（役割等級制度と賃金の関係については、第 3 章を参照）。

5　コンピテンシー（competency）

コンピテンシーの概念と導入手続き

　職能資格制度における能力評価基準は、労働者がこれまで蓄積してきた能力を評価することが重視された。いわば労働者の能力における積み上げ部分を評価する、ストック型の資格制度である。それに対して、役割等級制度においては、会社が期待する役割は、企業の経営戦略とともに見直しが行われる。こうした社内資格制度の変化に伴い、人事制度はどのような制度改変を迫られているのか。ここでは、人事査定における新たな評価システムとして、コンピテンシーの導入に着目する。

　人事査定における能力考課で測られるのはあくまで潜在能力である。その能力が実際の職場で発揮されることなく眠った状態では、企業への貢献度は小さい。そこで、社内の高業績者に注目する。彼ら・彼女らが実際に取っている行動を**コンピテンシー**（competency）として把握し、リスト化する。その行動がとられているか否かを評価に追加するのがコンピテンシーである（鹿島 2018：120）。

コンピテンシーはもともと米国で開発された。田中（2006）によれば、コンピテンシーの普及・成立は1990年代である。1980年代から顕著になった細分化された職務の崩壊と大きな関係がある。**テイラーシステム**に始まる職務分析、職務記述書、職務明細書、職務評価などの従来の人事管理のもとでは、細分化された職務のもとで配置転換は困難であった。米国企業は従業員の能力開発に限界を抱えていた。そこで、類似する職務を大括りにするブロードバンドを導入した。また、職務のかわりに属人的要素であるコンピテンシーを導入した（田中 2006：102-103）。

　コンピテンシーは人を氷山にたとえたものとして例示される（図2-3）。氷山の8割以上は水面下にある。水面下の目に見えていない部分は、もって生まれた才能である。それに対して水面上に現れている部分は、後天的に取得可能である。氷山でいえば水面のすれすれの部分が、コンピテンシーである。継続的に高い業績を上げる人に特徴的にみられるものの考え方、仕事に対する姿勢、こだわり、行動特性など、明確に定義でき、測定できるものを確認する（相原 2002：52）。

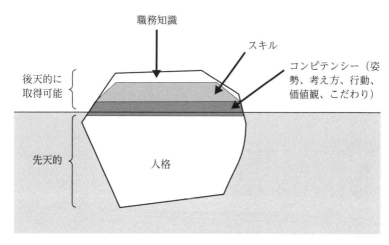

図2-3　コンピテンシーの概念

注：元資料ではコンピタンシーと表記されているが、コンピテンシーに改めた。
出所：ウイリアム・マーサー社（1999）『図解　戦略人材マネジメント』東洋経済新報社、127頁をもとに作成。

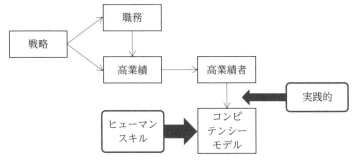

図2-4　コンピテンシー導入の手続き
出所：ウイリアム・マーサー社（1999）『図解　戦略人材マネジメント』
東洋経済新報社、135頁をもとに作成。

　コンピテンシーは、まず職務が定義され、その職務に求められる能力の中身が検討される。職務が定義されると、次に高業績が定義され、高業績者が特定される。最後に高業績者を分析することで、コンピテンシーおよび行動様式が抽出される（図2-4）。ウイリアム・マーサー社によれば、コンピテンシーがこのプロセスを経ることで、3つの特徴が浮かび上がる。第1に、コンピテンシーは戦略を反映している。第2に、高業績者を分析して、ヒューマンなスキルに着目し、抽出している。第3に、実在の高業績者を分析し、コンピテンシーおよび行動様式を抽出するアプローチをとるので、作られたコンピテンシーモデルは、現場感、臨場感のある実践的なものとなる（ウイリアム・マーサー社 1999：134-135）。

職能資格制度とコンピテンシー

　恒常的に高い業績を上げる人の行動特性に着目するコンピテンシーは、労働者の能力を重視するため、職能資格制度や、職能資格制度のもとでの人事査定と似ている。職能資格制度のもとで、人事査定とコンピテンシーは、どのように区別すればいいのだろうか。

　第1に、ウイリアム・マーサー社によれば、職能資格制度における職能（職務遂行能力）は、もともと組織内の階層をベースに各階層に求められる能力をまとめたもので、**ゼネラリスト**育成に効力を発揮するファクターである。その

表2-5　職能資格制度における人事査定とコンピテンシー

		対象とする労働者	
		ゼネラリスト	スペシャリスト
評価・格付け基準	保有能力	職能資格制度における人事査定	
	行動		コンピテンシー

出所：ウイリアム・マーサー社（1999）『図解　戦略人材マネジメント』東洋経済新報社、加藤恭子（2011）「日米におけるコンピテンシー概念の生成と混乱」日本大学経済学部産業経営研究所編『産業経営プロジェクト報告書』34-2号、をもとに作成。

ため、評価項目は、責任感・積極性・協調性や、判断力・交渉力・調整力といった、ビジネスマンであれば、当然持っておいた方が良い、ゼネラルな要素となる。他方で、コンピテンシーは、特定の職務において強く求められるファクターで、職務と密接に関係している。こうして、ウイリアム・マーサー社の整理によれば、職能がゼネラリスト育成のためのファクターであるのに対し、コンピテンシーは、**スペシャリスト**あるいはプロフェッショナル育成のためのファクターである（ウイリアム・マーサー社 1999：134）。

　第2に、加藤（2011）によれば、コンピテンシーと職務遂行能力の共通点は、人基準である点にある。逆に、コンピテンシーと職務遂行能力の違いは、前者が「一定期間における行動」を指すのに対し、職務遂行能力は「保有能力」を指す点にある。すなわち、コンピテンシーは動的であるのに対し、職務遂行能力は静的である（加藤 2011：17）。

　以上の議論を踏まえると、職能資格制度や職能資格制度をもとにした人事査定は、ゼネラリストの保有能力を評価する制度である。他方で、コンピテンシーはスペシャリスト（プロフェショナル）の行動を評価する制度である（人的資源管理とタレントマネジメントの関係については、第4章を参照）。

◎ exercise

・遠隔地転勤のメリット、デメリットを労使双方の観点から考えてみましょう。
・日本ではなぜ、職務ではなく労働者の能力に注目する職能資格制度が定着したのか。日経連の『能力主義管理』の議論などを参考に、経営者の立場からの合理性を考えてみましょう。
・キヤノン以外に役割等級制度を導入している企業を調べ、人材育成機能をどのように担保しているのか、整理してみましょう。

【参考文献】

相原孝夫（2002）『コンピテンシー活用の実際』日本経済新聞社

石田光男・樋口純平（2009）『人事制度の日米比較：成果主義とアメリカの現実』ミネルヴァ書房

乾彰夫（1990）『日本の教育と企業社会』大月書店

伊藤晃（2005）『キヤノンの人事革新がすごい！』あさ出版

伊藤健市（2006）『よくわかる現代の労務管理』ミネルヴァ書房

ウイリアム・マーサー社（1999）『図解　戦略人材マネジメント』東洋経済新報社

江夏幾多郎（2014）『人事評価の「曖昧」と「納得」』NHK出版

江夏幾多郎（2018a）「社員格付け制度」平野光俊・江夏幾多郎『人事管理：人と企業、ともに活きるために』有斐閣

江夏幾多郎（2018b）「配置」平野光俊・江夏幾多郎『人事管理：人と企業、ともに活きるために』有斐閣

江夏幾多郎（2018c）「評価と報酬」平野光俊・江夏幾多郎『人事管理：人と企業、ともに活きるために』有斐閣

鹿嶋秀晃（2018）「人事考課制度とコンピテンシー」守屋貴司・中村艶子・橋場俊展編著『価値創発（EVP）時代の人的資源管理：Industry4.0の新しい働き方・働かせ方』ミネルヴァ書房

加藤恭子（2011）「日米におけるコンピテンシー概念の生成と混乱」日本大学経済学部産業経営研究所編『産業経営プロジェクト報告書』34-2号

加藤恭子（2020）「人事評価」岩出博編『従業員満足のための人的資源管理』中央経済社

金子良事（2013）『日本の賃金を歴史から考える』旬報社

神内伸浩（2020）「新しい働き方のための労働法解説Q&A（第5回）転勤」産労総合研究所編『人事実務』1213号

木下武男（2003）「職能資格制度の年功的性格と性差別構造について（下）」『賃金と社会保障』1337・1338号

黒田兼一（2001）「配置と昇進・昇格」黒田兼一・関口定一・青山秀雄・堀龍二『現代の人事労務管理』八千代出版

黒田兼一（2018）『戦後日本の人事労務管理：終身雇用・年功制から自己責任とフレキシブル化へ』ミネルヴァ書房

熊沢誠（2007）『格差社会ニッポンで働くということ』岩波書店

田中和雄（2006）「コンピテンシー概念と人的資源管理」伊藤健市・田中和雄・中川誠士編著『現代アメリカ企業の人的資源管理』税務経理協会

濱口桂一郎（2013）『若者と労働』中央公論新社

三輪卓己（2018）「人事考課制度」原田順子・平野光俊編著『新訂人的資源管理』放送大学教育振興会

八代充史（2002）『管理職層の人的資源管理：労働市場論的アプローチ』有斐閣

第3章

賃　　金

1　賃金とは

賃金の構成

　賃金は労働者の生活を支え、働いた分の対価という意味がある。使用者からすれば、長期的な視野に立って労働者の能力や貢献度に報いるとともに、社内の秩序を保つという意味がある。労働者には結婚、出産、育児、子どもの進学、介護といったライフステージに合わせた費用が必要になる。使用者は総額人件費をコントロールしつつ、必要な人材を確保する必要がある。そうであるならば、賃金制度は誰にもわかりやすく明確なものなのか。実際は必ずしもそうではない。

　賃金には、毎月支払われる分と賞与として支払われる分、退職時や退職後に支払われる分とがある。それらが賃金規定や賃金表としてあらわれる。背景には、年功、職能、職務、成果、役割といった賃金制度にまつわる概念がある。ここが労働者と使用者双方の利害の接点となっている。だからこそ、経営環境や時代背景の影響を受けやすい。民間企業であれば株価や企業の将来価値、公的機関であれば予算や議会の力関係も関わってくる。つまり単純に働いた分の対価という意味を超えているのである。

　最初に人件費の内訳を確認しておこう。

　図3-1に掲げたように、企業が負担する**労働費用**は**現金給与**と**現金給与以外**の2つに分かれる。現金給与は毎月の**給与**と**賞与**の2つがあり、毎月の給与は**所定内給与**と**所定外給与**の2つある。所定内給与とは労働基準法第32条で定められた1日8時間、1週40時間を上限とする法定労働時間内で設定された所定内労働時間に対して支払われるものであり、所定外給与とは法定労働時間を超えた時間に支払われるものである。賞与は夏季、冬季、年度末といっ

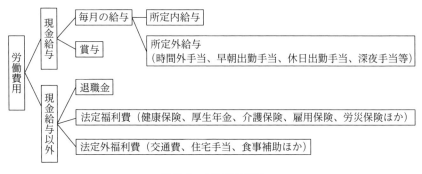

図 3-1　人件費の内訳

た時期に労働者に対する評価や企業業績を加味して支払われるものである。

　現金給与以外としては、**退職金、法定福利費、法定外福利費**がある。退職金は老後の生活を支えるととともに、給与の後払いとして長期雇用を促すという意味がある。法定福利費は、健康保険、厚生年金、介護保険、雇用保険、労災保険など、法定外福利費は交通費や住宅手当、食事補助のほか各種手当が該当する。

賃金制度の曖昧さ

　賃金制度といえばまぎれのないものだと考えられるかもしれない。けれども、労働者の生活を支える、序列をつけることで社内の秩序の安定を保つ、企業競争力を高める、総額人件費を抑制する、人材獲得競争が激化する、高齢労働者の雇用延長などの政策要請に応える、といった事柄にこれまで対応して変化してきたことで多義性を持つようになった。これが賃金制度の曖昧さの１つ目である。

　２つ目は、そもそもしっかりとした賃金制度を持っていない企業が日本にはかなりあるということである。東京都産業労働局が発行している『中小企業の賃金事情（令和３年版）』調査結果を紐解いてみよう。この調査は賃金表・賃金規定の有無を聞いている。調査対象企業のうち、「賃金規定はあるが賃金表なし」が 49.5％、「賃金規定なし」が 7％だった。つまり、両方を合計して過半数を超える中小企業にしっかりした賃金制度が整っていなかったのである。総

表 3-1　賃金表・賃金規定の有無

(単位：社、%)

	集計企業数	賃金表あり	賃金規定はあるが賃金表なし	賃金規定なし	その他	無回答
調査産業計	852	360	422	60	5	5
	100.0	42.3	49.5	7.0	0.6	0.6

出所：『中小企業の賃金事情（令和 3 年版）』東京都産業労働局。

務省『事業所・企業統計調査』（2006 年）によれば、日本の企業のうち 99.7％が中小企業である。ここから類推すると、かなり多くの企業の賃金制度は曖昧だということになる。どういうことかというと、労働者の能力や貢献度に応じるための合理的で公正な制度がない、つまりは経営者や管理者が恣意的に運用できるということである。

　3 つ目は賞与の存在である。厚生労働省は毎月勤労統計調査の特別集計で夏季と年末の支給状況を従業員規模別に明らかにしている。2021 年の数値は、従業員 30 人以上 99 人以下で夏季が 88.0％、年末が 90.2％であり、それよりも従業員規模が大きくなるごとに 100％に近づいていく。従業員規模が小さい 5 ～ 29 人だと夏季が 61.6％、年末が 67.2％と、支給される労働者の割合は低くなっていくものの、日本の労働者の大半が賞与を支給されていることになる。賞与の支給額は、賃金規定がある場合であっても、企業業績によって柔軟に変更されうる。そもそも、賃金規定がなければ支給基準が存在しない。つまり、賞与は使用者にとっては景気の調整弁として活用されうるし、労働者にとっては安定的な収入源として頼ることができないという曖昧さを持っているのである。

2　賃 金 制 度

職能資格制度と職務遂行能力（顕在・潜在能力と基幹産業）

　労務行政研究所が 2022 年に行った調査によれば、**職能資格制度**を導入している企業が最も多く、一般社員で 53.6％、管理職で 39.3％だった。

　職能資格制度の最大の特徴は**職務遂行能力**で組織に所属する労働者の序列をつけることである。職務遂行能力には、現状で発揮しているものである顕在能

力と、将来的に活用することが期待される潜在能力の2つがある。顕在能力は現在の職務と結びついているが、潜在能力は必ずしも現在の職務と結びついているわけではない。この職務遂行能力に基づいて、例えば1級から5級というような資格が設定される。同一の級の中には号俸といったような段階が存在する。年度ごとの評価で号俸があがり、それが**昇給**と結びついている。このことを**定期昇給**という。同一級には必要な滞留年数が設定されており、その条件と評価に基づき上位級へと移動することができる。これを**昇格**という。昇格も昇給と結びついている。こうした仕組みにより、新規学卒採用時から年齢を重ねるごとに賃金が上昇していく。このように勤続年数に応じて賃金が上昇することを**賃金カーブ**と呼ぶ。物価上昇や経営環境から賃金カーブは上下することがあるが、賃金カーブが上昇することを**ベースアップ（ベア）**と呼ぶ。春の時期に労働組合が一斉に賃上げを要求する春闘がベアの相場を形成している。

　職能資格制度のもう1つの特徴は課長、部長といった管理職ポストと結びついているということである。例えば部長になるためには1級、課長には2級、課長補佐には3級といった資格が必要になる。管理職ポストには役職手当がつく。ポストの数が限られていることから1級でも課長に留まるといったことも珍しくない。

　職務遂行能力に現に発揮しているわけではない潜在能力がなぜ含まれているのだろうか。その理由は日本が基幹とする産業が製造業であったことと深い関係がある。例えば自動車産業を例にとれば、1台の車を市場に送り出すには、

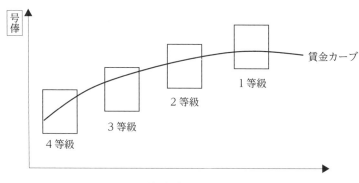

図3-2　職能資格制度と賃金カーブ

複数年にわたる研究開発期間や組織内外の複数の部門との調整、製造品質を向上させるための熟練技能が求められる。こうした能力は短期間で結びつけることが難しいだけでなく、現在関わっていない職務であっても将来的に異動する可能性が高い。職能資格制度はそうした製造業の特性に合っていたといえる。

電産型賃金

　中小零細企業を含む多くの日本企業の中で確固とした賃金表・賃金規定を持っているのは、従業員規模が 1000 人以上の大企業に限られる。そうした大企業であっても第二次世界大戦以前の状況は現在と大きく異なる。その当時の日本の産業の中心は製造業だった。労働者の多くは雇用ではなく仕事単位の請負で工員として働いていたのである。現在のように雇われて働いているのは一握りの大卒のホワイトカラーに限られていた。ホワイトカラーと工員の間に存在していた莫大な処遇格差は第二次世界大戦後にホワイトカラーが工員側に歩み寄る労働組合の工職一体の運動により縮まるとともに、工員はホワイトカラーと同様に雇われて働くことになった。その時期に大企業を中心に賃金制度ができ上がっていったのである。

　端緒は、電機産業を組織する労働組合、日本電気産業労働組合協議会が 1946 年に経営側に生活保障に基づく賃金制度、いわゆる**電産型賃金**を経営側に要求したことである。これは、生活保障給、能力給、勤続給からなる基本賃金が特徴となっている。生活保障給には本人給に加えて家族給が含まれており、基本賃金の大半を占める形になっていた。

　生活の安定という第二次世界大戦後の流れは、1955 年から始まる高度経済成長の中で企業競争力向上のための賃金制度へと変化していく。1960 年代になると鉄鋼、電機産業で職務給の導入が試みられた。経済先進国であったアメリカの生産現場労働者の制度を参考にしたものであった。しかしながら、企業競争力向上という目的を達成することはなく、日本への職務給導入は頓挫することになった。その理由は、そもそもアメリカの職務給が企業競争力向上を目的としたものではなかったことにある。アメリカは 1929 年の世界大恐慌からの復興のために行ったニューディール政策において、労働組合の交渉力によってミドルクラスの賃金が上昇することを期待した。製造業の現場では、分割し

た職務に賃金を貼りつけることで、労働組合が職務内容と労働条件の交渉力を握った。ベルトコンベアーを活用した大量生産を行うフォードシステムのもとでは、労働者が分割した職務を担うということが効率を高めたことも事実である。だが、連携や労働者の参加によって組織効率を高めるという働かせ方と比べれば劣っていたのである。つまり、1960年代の職務給は、アメリカ企業と同等の大量生産が可能ではない日本企業にとって、企業競争力向上の目的にかなわなかったのである。このことは、日本企業が現在取り組もうとしているジョブ型にも同じことがいえる。

成果主義と「新時代の日本的経営」の背景

　日本経営者団体連盟（日経連）が1969年に発表した**能力主義管理**が次に登場する。これは、電産型賃金と従業員の職務遂行能力を組み合わせたもので、**職能資格制度**として形作られた。

　ついであらわれたのが、1990年代の成果主義的人事制度と日経連が提唱した「新時代の日本的経営」に基づく3つの制度である。成果主義的人事制度は、潜在能力よりも顕在能力としての成果を重視するものである。「新時代の日本的経営」は、人材を「長期蓄積能力活用型グループ」「高度専門能力活用型グループ」「雇用柔軟型グループ」の3つに分類した上で、「長期蓄積能力活用型グループ」が企業の中核を担う従業員に対する職能資格制度、「高度専門能力活用型グループ」が短期的に必要となる能力を有する契約社員に対する年俸賃金制度、「雇用柔軟型グループ」が単純業務を担う契約社員もしくは派遣労働者に対する職務給、時間給といったものがふさわしいとしたものである（第7章の表7-1参照）。

　成果主義賃金も「新時代の日本的経営」も、企業競争力の向上のための積極的な施策というよりも、1991年のバブル崩壊後の景気低迷に対応するためのリストラ策としての傾向が強い。職能資格制度ではいったん上昇した職能資格を下げることが難しい。そのために企業が総額人件費を引き下げる手立ては、賞与の支給月数を削減することしかできない。そこで、成果主義に基づく賃金制度を導入することにより、職能資格に縛られずに総額人件費を圧縮することを目指したのである。もとより企業競争力は、長期に蓄積された能力に加えて、

従業員間の連携に基づく組織力によって培われている。だからこそ、「新時代の日本的経営」では「長期蓄積能力活用型」と称して従来の制度を残したのである。景気低迷が一段落すると、成果主義賃金は表舞台から姿を消していったが、「高度専門能力活用型」はジョブ型雇用やジョブ型採用として、定着しつつある。これは、短期的に必要となる能力を有する従業員に対する年俸制度を主体としたものである。

ジョブ型雇用と役割等級制度

　1990 年代の変化の背景が長期間にわたる景気低迷であるとすれば、現在の変化は 2021 年から施行されている改正高年齢者雇用安定法による 65 歳までの雇用確保義務化と 70 歳までの努力義務化によるところが大きい。企業からすれば従来の賃金制度を続ければ総額人件費の増額が避けられない。

　これが、多くの企業でジョブ型雇用への転換の必要性の最大の要因である。ジョブ型雇用は個々の従業員の職務分析に基づいて賃金を決定するものであり、そのことが日本企業の生産性向上や働く側のワークファミリーバランスの実現に役立つと考える向きがある。しかし、かつて 1960 年代に導入が試みられた職務給は、企業競争力向上の役に立たなかった。それではどうして職務給を前提しているかにみえるジョブ型雇用を導入するのか。なぜならジョブ型雇用の実態が職務給ではなく役割給だからである。職務分析を行うものの、その内容はフォードシステムのもとで働く生産現場労働者のものとはまったく異なり、従業員間の連携が加味されたものである。すでにジョブ型雇用を導入した企業をみると**役割等級制度**が実態である[1]。いったん管理職に昇格したら降格が難しく、管理職手当の金額を柔軟に動かすことが難しい。これが職能資格制度の特徴である。一方で役割等級制度は、プロジェクト期間が終了すれば管理職の任を解くことが可能となるだけでなく、担う役割の重さごとに課長や部長といった同等の職位の中で手当の金額に差をつけることができる。同時に賃金

---

1) 2022 年 4 月にリコーで導入された「リコー式ジョブ型人事制度」は、実態が役割等級制度となっている（ダイヤモンドオンライン「リコー『追い出し部屋炎上』で進化した狡猾リストラ、内部資料ににじむジョブ型人事の問題点」2022 年 4 月 18 日）。日立製作所や日本電信電話（NTT）、富士通、KDDI、ブリヂストン等が導入するジョブ型雇用も同様。

カーブを引き下げて、若年層でも上位の職位に就くことを可能にすることでモチベーションの維持を試みているのである。

　企業競争力向上のための本当の賃金制度改革はどのようなものなのだろうか。

3　世界標準ではない日本の賃金制度

ボーナスで人件費の柔軟性を確保

　日本の姿が当たり前なわけではない。

　米国の人材ビジネス企業 ZIPPIA 社が 2022 年 10 月に発表した調査によれば、2022 年にボーナスが支給されている労働者は一般労働者で 5.6％、時間管理をされていないいわゆる管理職層でさえ 11％しかボーナス支給の対象となっていない。つまり、ほとんどの労働者にはボーナスが支給されておらず、年収は月収を単純に 12 倍しただけである。ボーナスの内容は年末ボーナス、休暇ボーナス、利益分配ボーナスの順となっている。これは米国だけのことではなく、ヨーロッパでも同じだ。労働組合がある企業の場合、労働協約を結び直す際や年間契約を更新する際のボーナスがあることもあるが、業績に連動したものではない。

　日本では**人件費の下方硬直性**が高いと言われることがある。労働組合の反対や降格させることが難しい法制度や賃金制度から、一度賃金が上昇すると下げることが難しいという意味だ。欧米企業は日本よりも柔軟に解雇が可能であるために人件費を柔軟に下げることができるとの考え方の対比となっている。本当のところは必ずしもそうではない。欧米の場合、労働組合がある企業では解雇が簡単ではない。その意味では人件費の下方硬直性が高いといえる。一方で日本の場合、賞与の支給額を動かすことで人件費を下げることは簡単だし、労働組合がある企業でも柔軟に対応することができる。つまり、日本では人件費の下方硬直性が高いとは言えないのだ。これは日本の特殊性である。退職金制度も同様に日本に独特の制度となっている。日本では先に述べたように、改正高年齢者雇用安定法が 2021 年 4 月から施行され、65 歳までの雇用確保と 70 歳までの就業確保が努力義務とされた。ところで、日本以外の国では定年制は年齢による解雇、つまりは年齢差別となるところがほとんどである。退職金は長期雇用を促すために給与の後払いという意味を持つが、年齢による解雇が認

められていない多くの国では、給与の後払いという発想が存在しない。

　一方で職務内容が同じであれば賃金が同じであるとする**同一労働同一賃金**は、男女間の賃金格差を解消する方策として欧米諸国で取り組まれているものの、実態はあまり進んでいないことから[2]、日本だけが特別に遅れているわけではない。

衛生要因、動機づけ要因と日本の賃金制度

　1959 年、フレデリック・ハーズバーグは著作 *The Motivation to Work* で**動機づけ衛生理論**を発表した。ハーズバーグは、満足の反対は不満足ではなく満足していない、不満足の反対は満足ではなく不満ではない、として、満足を促すものを**動機づけ要因**、不満足を解消するものを**衛生要因**と呼んだ。動機づけ要因は自己実現につながるものである一方で、衛生要因だけでは満足を得ることができない。ところで賃金は動機づけ要因なのか、それとも衛生要因なのか。多くは衛生要因であるが、動機づけ要因となりうるときもある。

　賃金が十分な生活を送る水準に達していない場合、労働者の不満足を解消することはできない。ハーズバーグの衛生要因として賃金を捉えると、様々なライフスタイルとの関係を考慮する必要がある。新卒で採用されたばかりの時から、結婚、子育て、子どもの教育、住宅や車の購入というように家族が増えた時に合わせて必要となる生活費は増えていく。何歳で結婚するのかということも関係する。子どもの進学と親の介護の時期が重なれば経費負担が大きくなるからだ。

　厚生労働省は『人口動態調査』で都道府県別にみた夫・妻の平均初婚年齢の年次推移を公表しているが、1975 年に夫が 27.0 歳、妻が 24.7 歳だった初婚年齢は 2021 年にはそれぞれ 30.4 歳と 28.6 歳に上昇している。それに伴って、

2）労働政策研究・研修機構『資料シリーズ No. 208　諸外国における女性活躍・雇用均等にかかる情報公開等について―フランス、ドイツ、イギリス、カナダ―』は、調査対象となっているフランス、ドイツ、イギリス、カナダにおいて同様の職種において男女間の賃金格差が存在していることを明らかにしている。カナダの事例では職務比較による賃金格差是正について取り上げられているが、労働組合組織率の高い公的セクターで格差是正が進む一方で、労働組合組織率の低い民間企業では進んでおらず、労使間の力関係の影響が大きいことが指摘されている。

母の第一子の出生時平均年齢も 30.9 歳となった。教育費で最も家計に大きな負担となるのは大学進学時である。日本政策金融金庫が実施した 2021 年度『教育費負担の実態調査』によれば、子ども 1 人当たりの大学の年間在学費用は 149 万円で自宅外通学者への年間仕送り額の平均は 95.8 万円だった。大学進学年齢は 18 歳前後だから父母が 50 歳前後の数年間が家計にとって最も大きな負担が強いられることになる。また、生命保険文化センターによれば、介護に必要な平均月額は 8.3 万円となっている。こうしたことを含んだ様々なライフスタイルに関連した状況が賃金における衛生要因となる。その場合、どの程度の賃金であれば衛生要因を満たすのかということがポイントになる。マイナビが実施した 2022 年の夏のボーナスの使い道についてのアンケート調査によれば、4 分の 1 弱が生活費の補填を挙げる。ボーナスは経営環境によって支給額が上下する。その額によっては生活費の補填もままならないことが起きることも想像に難くない。つまり、多くの労働者にとって賃金は衛生要因を満たしていない可能性があるのだ。そうした状況で職務遂行能力と賃金制度を結びつけたところで不満足の解消にすら至らない。

目標管理制度

　動機づけ要因と関連した賃金制度には**目標管理制度**（Management by Objectives：MBO）がある。MBO は上司と部下が相談しながら目標を設定して、四半期（3 ヶ月）ごとや 1 年ごとに達成度合いを評価するものである。評価結果は賃金や賞与の査定に反映されることになる。目標は同僚や後輩などを含めたプロジェクトへの貢献度、個人の能力やスキルの伸び、そして個人の成果に紐づけられる。個人のやりがいと組織目標を結びつけるという意味で動機づけ要因となり得る可能性がある。ただし、評価が細かすぎたり、プラスの評価がつきにくいということになれば仕事を通じた満足感が得られなくなる。目標管理制度の評価の結果、得られる賃金が衛生要因を満たさないということであれば、動機づけ要因となるはずもない。

　これらの課題を解決するため、アメリカのグローバル企業では格付けを行わない MBO である**ノーレイティング**を実施するところが増えている。衛生要因を満たす賃金水準であることはもちろんのこととして、動機づけを促すこと

が目的である。レイティング（格付け）によって誰かと比べたり、細かく評価を行うのではなく、組織としての期待や本人の自己実現欲求を上司とのコミュニケーションを通じてすり合わせていく。この場合、何よりもプロジェクトの成果が求められているからこそ、プロジェクトに参加するメンバー一人ひとりの能力の伸びや発想力を上司がどのように引き出すのかが重要になる。

アメリカではどうなのか

　大河内一男は著書『これからの労使関係』（講談社、1966）の中で次のように述べる。

> 　年功賃金は、年功や勤続年数によって賃銀が上昇し、辛抱して働いているうちに、徐々に誰もの世帯が食っていけるようになることを意味しているが、これは、けっして、日本の賃銀を「高賃銀」たらしめているのではなく、むしろ逆に、日本の賃銀が依然として「低賃銀」であることが、賃銀を年功的なものにしている理由だと考えた方が正しいのではないか。

　大河内が指摘した 1960 年代と現代にどれほどの違いがあるのだろうか。学卒で採用された時の賃金は一人がようやく暮らしていける水準であり、ライフステージにあわせて徐々に上昇していくものの、衛生要因を満たすことが少ない。厚生労働省が実施する『賃金構造基本統計調査』によれば、2021 年の大卒初任給は男女計で 22 万 5400 円だった。一方でアメリカの場合はどうなのだろうか。全米大学雇用者協会（NACE）が行った調査によれば、2020 年の大卒初任給の平均は年収 5 万 5260 ドルだった。

　アメリカでボーナス支給の対象となる労働者は一握りであり、新卒にはほとんどいないことから年収を 12 ヶ月で割った数字がそのまま月収と考えてよい。月収だと大卒初任給は 4605 ドルとなる。2020 年はおよそ 1 ドル 105 円程度だったので、換算すれば 48 万 3525 円となる。この月収は、日本であれば 2021 年の課長の平均月収 47 万 6300 円に相当する。日本の課長の年収はボーナスが加算されることや物価の違いなどから単純な比較はできない。そうだとしても、アメリカでは新卒で採用した労働者が単身で暮らすことを前提とした

賃金という考え方から切り離されているということがわかる。日本の賃金がライフステージにあわせて衛生要因を満たすか満たさないかのぎりぎりという状況と比べればその違いは一目瞭然である。そうしたところで、評価制度を導入したとしても、到底、賃金は動機づけ要因になりようがない。そうなると細かく賃金制度改革をしたところで意味がないということになる。

動機づけ要因と賃金

だからといって不満足ぎりぎりとなる賃金が企業競争力向上にとってまるで無意味かというとそういうわけでもない。不満足を解消しようとして労働者は頑張るからだ。そうした企業競争力の作り方もあるだろう。工場などで定型的な仕事をこなすというときには役に立つ可能性がある。しかし、企業競争力向上に動機づけ要因が必要な場合、衛生要因だけでは意味がない。動機づけ要因は人間の心理的成長（自己実現）の積極的欲求に結びつくからだ。

1961 年、レンシス・リッカートは**システム理論**を提唱し、最も高次なものとして「集団参加型管理システム」を挙げた。これは、組織目標と個人のやりがいを結びつけ、集団的意思決定とトップダウンを組み合わせながら高い業績を達成することを目指すものである。だからこそ、動機づけ要因としての自己実現が重要になる。

その場合、賃金はどのような役割をするのか。賃金が不満足を解消しているとしても、賃金のみでは動機づけ要因を満たすことはできない。なぜなら動機づけ要因は自己実現の欲求に結びついているからだ。その場合、賃金は自己実現を達成する上での副次的なものということになる。リッカートのいう「集団参加型管理システム」では、組織目標と個人のやりがいの達成が動機づけ要因となり、賃金は副次的なものとなる。グローバル企業ではノーレイティングという手法が拡大している。評価しない制度と捉えられているが実際はそういう意味ではない。動機づけ要因により「集団参加型管理システム」の円滑な運用を行うとした場合、評価はあくまでも組織目標と個人のやりがいの中で測られるものであるべきだ。だからこそ不満足を解消する賃金を提供した上で、自己実現欲求を満たすような動機づけを行うのである。もし動機づけのための方法が賃金上昇のみであるとすれば、目標と結果がずれてしまうことになる。動機

づけ要因を重視することでグローバル企業は競争力を生み出しているのである。そのためには、賃金上昇は自己実現や組織への貢献度を測るための指標としての意味づけが必要となる。これは、スポーツ選手の優秀さを年俸の高さによって相対化することに似ている。賃金制度には動機づけ衛生理論が欠かせない。

4　非正規労働者の賃金

非正規労働者とは誰か

　非正規労働の賃金制度は、いわゆる正社員とはまったく異なっている。現に発揮している能力（顕在能力）や将来的に発揮する能力（潜在能力）によって評価されるのが正社員であるとすれば、与えられた職務をこなすのが非正規労働者である。顕在能力と潜在能力は、個人だけではなくて組織の中で測られる。だから連携といったことが重視されたり、異動によって従事する仕事が変わることも想定した仕組みとなっている。このため正社員はヒト基準の賃金制度と言われる。

　一方で、非正規労働者が個人の能力について問われるのは、担当する職務をこなせるかどうかという場面だけだ。与えられた職務を大幅に超える潜在能力をもっていたとしても、それが評価されることはない。対応する賃金制度は仕事基準ということになる。ジョブ型の働かせ方は、厳密にはこうした働かせ方のことをいう。その賃金はどのようになっているのだろうか。

　企業や公的セクターが労働力を使うときには、「雇用」するという方法に加えて、仕事単位で「委託」するということや、事業単位で下請けに出すということが行われる。

　1つずつみていこう。「雇用」は**期間の定めのない**ものと**有期**に分けられる。正社員という場合は、「期間の定めのない」契約で職能資格制度や役割等級制度の対象となる労働者のことをいう。「有期」とは、1年や3年という期間で契約している労働者のことを指すが、1年単位での契約更新の場合は5年後、3年単位の契約の場合は1回目の契約更新から無期契約に転換する権利が労働者に与えられている。無期転換して正社員と同じヒト規準の賃金制度になることがあるが、たいていは仕事基準の賃金制度として区別されている。

　仕事単位で「委託」する場合は、有期契約として直接雇用する場合と派遣労

働者を受け入れる場合、個人の労働者との間で請負契約を結ぶ場合の3つに分けられる。派遣労働は派遣元の企業から賃金を支払われる。派遣労働者にとって派遣先の企業が毎日働く職場になるが、そこから賃金が支払われるわけではない。派遣先企業は派遣元企業に業務費を支払うことになる。これを間接雇用という。派遣労働者にも無期転換権があるが、その対象は派遣先ではなく派遣元企業である。

　個人の労働者と請負契約を結ぶ個人請負の場合、雇われている労働者の保護を目的とする労働基準法の対象とはならない。最低賃金や最長労働時間などの規制から使用者は除外される。事業単位で仕事を請負う下請け企業で働く労働者もいる。働き方は、正社員の場合もあれば有期雇用の場合も、派遣労働者、個人請負労働者の場合もある。賃金制度は元請け企業のときと同様だが、下請け企業が請け負った委託金の範囲という上限が設けられることになる。

　これらの労働者のうち、正社員を除いて、無期雇用であっても正社員と同様の賃金制度ではない労働者も含めて、有期雇用、派遣労働者が非正規雇用となり、個人請負労働者までが非正規労働者となるが、下請け企業で働く労働者も非正規労働者といってよい。アメリカではこうした労働者のことを **TVCs** と呼ぶようになっている。これは Temporary（臨時雇い）、Vendors（下請企業）、Contract Workers（請負労働者）のことを指す。こうした働き方をする労働者は低い労働条件に固定化される可能性が高まっており、日本の非正規労働者と同様の状況となっている。

時間単位、仕事単位

　こうした非正規労働者の賃金制度はどうなっているのだろう。有期契約および有期から無期転換した労働者の多くは、時間単位で給与が計算される。賞与はないか、あったとしても大きな金額ではない。派遣労働者の賃金も同様に時間単位で計算される。その金額は国税庁による『民間給与実態統計調査』でみることができる（表3-2）。2021年の結果では正規の年収が495万7000円のところ、非正規が176万2000円となっている。月収で換算すれば14万7000円弱となる。

　非正規雇用で働く場合、短時間勤務の労働者も含まれているので、正社員と

同等の時間数を働くフルタイ
ムを対象としないと、正確な
時間単位の給与を把握するこ
とは難しい。日本労働組合総
連合会が2022年に実施した
『非正規雇用で働く女性に関
する調査』の結果をみると、

表 3-2　平均給与

単位（千円）

区分	平均給与	内正規	内非正規
男	5,322	5,501	2,276
女	2,926	3,837	1,532
計	4,331	4,957	1,762

出所：国税庁『令和2年分　民間給与実態統計調査』。

フルタイム勤務の非正規雇用で働く女性の平均年収は250.6万円にすぎなかっ
た。月収で換算すると20.8万円、1ヶ月に20日間、1日8時間の労働時間
だと仮定すると時給は1300円ほどとなる。この額は2022年度の最低賃金の
全国平均961円、東京都の最低賃金1072円と大きく変わらない。つまり、
非正規雇用労働者の賃金は正社員と異なり、最低賃金が基準となっていること
がわかる。その上で、職務ごとに賃金額が設定され、そこに人をはりつけると
いう仕事基準の賃金制度になっている。したがって、最低賃金が時間額で
1300円を超えれば自動的に非正規雇用労働者の年収が引き上げられることに
なる。

　総務省による『就業構造基本調査』の結果からは、派遣労働者と有期契約労
働者の年間所得の分布が似たような状況となっており、年間所得200万円を
少し超えたあたりにピークがあって400万円以上がほとんどおらず、短時間
勤務の非正規雇用労働者の場合は大半が200万円未満となっていることがわ
かる。個人請負については、日本フリーランス協会による「フリーランス白書
2020」で年収200万円未満が22.5％、年収200万円から400万円未満が
22.9％となっており、派遣労働者と有期契約労働者と似たような分布になっ
ている。

最低賃金制度

　非正規労働者の年収の基準となっている最低賃金は法律によって定められて
いる。中央は厚生労働省、地方が都道府県別の労働局で最低賃金審議会が開催
され、毎年更新されている。それぞれの審議会委員は労働組合と使用者代表、
および学識経験者であり、それぞれ同数で構成されている。厚生労働大臣と都

道府県労働局長の諮問に委員が応じるというかたちをとっている。中央最低賃金審議会は、毎年、地域別最低賃金額改定の「目安」を作成して地方最低賃金審議会へ提示しているが、地方最低賃金審議会を拘束するものではない。その基準は、労働者の生計費、類似の労働者の賃金、通常の事業の賃金支払能力の3つに加えて、生活保護との整合性に配慮することになっている。また、最低賃金制度は労働組合と使用者が労働協約という形をとって地域別と産業別で定めることがあるが、その基準ともなっている。

　最低賃金には、産業に関わりなく地域内のすべての労働者に適用される都道府県別の**地域別最低賃金**と、電気機械器具製造業、自動車小売業など特定の産業に働く労働者に適用される**特定最低賃金**の2種類がある。

　これまでみてきたように、日本の正社員の賃金制度は年齢上昇と貢献度によって賃金を高めていくものである。そのために初任給の金額を一人世帯の若年層に合わせていた。そのことが最低賃金にもつながっているだけでなく、年齢上昇と貢献度によって賃金が上がる仕組みを持たない非正規労働者の賃金を低位に固定するものとなっているのである。正規と非正規の処遇格差を改善するとすれば、何をもって標準生計費を算出するのかということを検討する必要がある。

同一労働同一賃金

　正規雇用労働者と非正規雇用労働者との間の不合理な処遇差を解消する目的に、政府はパートタイム・有期雇用労働法と労働者派遣法を改正し、それぞれ2020年4月1日から施行した[3]。

　基本給、賞与、各種手当、福利厚生・教育訓練が具体的な対象となる。同一労働であれば同一の賃金を払わなければいけないという原則を示したものではあるものの、賃金について「決定基準・ルールの相違は、職務内容、職務内容・配置の変更範囲、その他の事情の客観的・具体的な実態に照らして、不合理なものであってはならない」とするなど、正規雇用と非正規雇用の賃金に格差がある場合、その合理的理由が説明できればよいことになっている。賞与に

---

3) パートタイム・有期雇用労働法が、中小企業も含めてすべての企業が対象となったのは2021年4月1日からである。

ついては、同一の貢献には同一であることを求めるが、違いがあるときには違いに応じた支給を行わなければならないとするなど、格差の存在を認めている。

コラム5　ジョブ型雇用の混乱とHPWS

　本章の「非正規労働の賃金」で、正規雇用労働者と非正規雇用労働者との間の不合理な処遇差を解消する手法としての同一労働同一賃金について取り上げた。ここでは、正規雇用と非正規雇用の賃金制度に違いがある場合、どのような違いなのかを合理的に示すことが企業に求められている。そうできない場合は、同一の労働を行う労働者には同一の賃金を支払うことが求められる。これをジョブ型雇用ということがあり、法律の前提となっている。したがって、ここでは「同一労働同一賃金のジョブ型」と呼ぶことにしよう。正規と非正規の間の処遇格差に合理的な理由を示すことができれば格差が許容されることから、合理的な理由を示すことが難しいときにのみ「同一労働同一賃金のジョブ型」は存在できることになる。したがって、限定的ではあるものの、男女の賃金格差の改善やワークファミリーバランスの実現を目指すことにつながるといえよう。

　一方で多くの日本企業ではいわゆるジョブ型雇用が進んでいる。これは「同一労働同一賃金」とはニュアンスが異なり、役割等級制度の導入と等しいものである。職務記述書を厳格に規定するという名目のもと、実質的には基本給と役職、役割の運用を切り離して時限的に運用することで柔軟に給与の上げ下げを行えるようにしている。言い換えれば、いったんある役職についたら下がることがなかった役職を柔軟に運用することで、管理職手当を下げることを可能にしたものである。基本給については職務遂行能力が加味されたままである。つまり潜在能力も考慮されている。ここには曖昧さを含む。そのために「同一労働同一賃金」を可能とするような比較が難しくなる。背景には生産性向上と65歳までの雇用義務化に対応するという企業側の思惑がある。

　生産性向上という観点で捉えた場合、グローバル企業では高業績ワークシステム（High Performance Work System：HPWS）の導入が進んでいる。HPWSについて橋場（2005）は、「HPWSとは雇用、作業慣行、報酬、教育・訓練、労使関係などHRMの基幹的領域においてそれぞれ『革新的』と称される諸慣行を体系的に導入し、諸慣行間の補完性やシナジーが生み出すインセンティブとサンクションを通じ、従業員の技能・能力水準の向上とコミットメント増大を迎出することで高業績の達成を図る極めてプラグマティックなHRM政策である」とする。換言すれば、個人の能力を組織効率に結びつけるための具体的な諸政策のことと言えるだろう。役割等級制度の導入は必要条件となり得るかもしれないが十分条件ではない。つまりは賃金制度だけで高業績ワークシステムが実施できていると言えないところを理解する必要があるだろう。

役職手当も同様である。

　一方で、特殊作業、特殊勤務、時間外労働手当、深夜・休日労働手当の割増率、通勤手当・出張旅費、食事手当、単身赴任手当、地域手当などは同一の支給をしなければならないとしている。福利厚生も同様である。これらは職務内容などとは異なり、正規雇用と非正規雇用との違いを合理的に説明することができないからである。

　これら政府の施策においても、正規雇用と非正規雇用の賃金制度に違いがあることが容認されているのである。

◎ exercise
・企業規模別、学歴別、男女別で賃金カーブ（初任給から退職までの賃金の状況）がどのようになっているか調べてみましょう。
・世帯人数別に最低限必要となる生計費について調べてみましょう。
・職務遂行能力における潜在能力と顕在能力の具体例について考えてみましょう。
・役割等級制度を採用している企業事例を調べてみましょう。
・非正規労働といわゆる正社員とで生涯年収がどれくらい変わるか調べてみましょう。

【付記】本章は、『賃金事情』産労総合研究所 2022 年 9 月号から 12 月号までの連載「働く世界の虚像と実情」に加筆修正したものである。

【参考文献】
遠藤公嗣（2014）『これからの賃金』旬報社
大河内一男（1966）『これからの労使関係』講談社
金子良事（2013）『日本の賃金を歴史から考える』旬報社
楠田丘（2004）『賃金とは何か：戦後日本の人事・賃金制度史』中央経済社
楠田丘（2010）『賃金テキスト』産労総合研究所
笹島芳雄（1995）『賃金決定の手引』日本経済新聞出版
笹島芳雄（2001）『アメリカの賃金・評価システム』日本経団連出版部
橋場俊展（2005）「高業績作業システム（HPWS）の概念規定に関する一試論」『北見大学論集』第 28 巻第 1 号
橋場俊展（2009）「『高業績パラダイム』の批判的検討：Godard & Delaney の所論を中心に」『三重大学法経論叢』26 巻 2 号
山崎憲（2018）「戦略的人的資源管理の変化：水平的・垂直的提携関係と中核的人

材の管理」『価値創発（EVP）時代の人的資源管理：Industry4.0 の新しい働き方・働かせ方』ミネルヴァ書房

第4章

能力開発・人材育成

1　能力開発と人材育成

能力開発・人材育成の意味

　企業は、採用した労働者を配置し、異動させ、複数の職務を割り当てる。労働者の職務遂行能力を格付けし、評価し、新たな人材育成を行う（第2章）。労働者の職務遂行能力の違いを基準として、労働者間の賃金に格差をつける（第3章）。労働者が高い技能を身につけ、創造的な仕事を続けることは、新製品開発など新たな技術革新の苗床となる。それゆえ、企業は労働者の技能を高める人材育成に努力する。

　労働者が保持する能力や、特定の職務をこなす職務遂行能力は、職場における労働者の貢献度を高める。労働者が、特定職務を遂行する上での独自な能力を保持している場合、当該作業における企画・立案、計画、構想を自ら行うことができる。労働者が保持する独自な能力を、さしあたり熟練と呼ぶとすれば、熟練を習得するためには一定の訓練費用や修業費用が必要となる。結果として、熟練を保持する労働者の賃金は上昇する。こうして、労働者が保持する職務遂行能力の高さは、労働力の時間決めでの販売価格（＝賃金）を規定する（堀2001：169）。

　このように、利潤の最大化を目的とする企業経営にとって、労働者の人材育成は、他社との競争に打ち勝ち、財・サービスのシェア拡大を生み出すための条件となる。すなわち、労働者の人材育成は企業の競争力を左右する。労働者にとって、自身の能力開発を行うことは、熟練的な技能を高め、職場の自律性を担保するとともに、経営側との交渉において、自らの労働条件を引き上げる武器となる。以下、本章では、企業による労働者の能力向上の場合には**人材育成**、労働者自身による能力向上を意味する場合は、**能力開発**という言葉を用い

る。

社会通用性と技能の陳腐化

　労働者の能力開発は、社会的通用性と、機械化による技能の陳腐化の2点を踏まえる必要がある。第1に、労働者の能力開発における社会的通用性と企業特殊性である。労働者が身につけた能力はどのような領域や産業で発揮することができるのか。言い換えれば、労働者の能力の社会的通用性を考える。労働者の能力は、企業の枠を超えて一般的・社会的に通用する場合と、ある特定の企業だけで通用する場合がある。労働者の能力形成において、基礎的汎用的な部分は、主として学校教育を通じて習得される。それに対して、特定の職業・職種・職務に共通する専門的能力や社会的評価は、公共職業訓練機関、職業団体、民間専門事業者、公的資格制度を通じて行われる。日本の場合、公共職業訓練機関などを通じた能力開発の比重は、企業内での能力開発に比べて小さい。仕事で必要な様々な技能の大部分は、企業に就職して、実際の仕事を経験する中で形成される。それゆえ、労働者が保持する能力の多くは、**企業特殊的性格**を持つ。

　第2に、仕事の変化と能力の関係である。製造現場で、手作業で行っていた仕事が新機械の導入で機械に置き換えられることがある。従来の手作業の仕事がなくなり、新しい機械の操作・運転という仕事に代わる。特定の技能は、社会のニーズの変化に伴い**陳腐化**する。技術革新や仕事の変化が激しいときは、仕事内容そのものや仕事のやり方の変化に対応するため、新たな教育訓練投資・再教育再訓練、能力開発が必要とされる（堀 2001：169-170）。

教育訓練の方法

　日本企業による人材育成の手法として、1）上司や先輩の指導のもと現場で行われる **OJT**（On the Job Training）、2）仕事から離れて行われる訓練としての **Off-JT**（Off the Job Training：座学）、3）自分で勉強する**自己啓発**、の3つが挙げられる。このうち、人材育成の基本となるのが OJT と自己啓発である。補完する方法として Off-JT がある。日本企業は一般的に OJT を重視してきたのに対し、欧米企業は Off-JT を重視してきた。

OJT の利点として、仕事を通じて訓練が行われるため、時間的にもコスト的にも効率的である点が挙げられる。また仕事に直接役立つ実践的な知識や技能を習得できるため、上司も部下も張り合いが出る。文書などで客観的に表現できない知識や技能を教育できるとともに、部下一人ひとりに対して行われる方法なので、能力・特性や仕事の必要性に合わせて個別的に教育できる点も利点である。

OJT の欠点は、教育訓練の効果が上司による部下の育成能力や熱心さに左右される点である。上司が日常業務に追われると、部下を育成する余裕をなくす。訓練効果が部下の態度や意欲に左右される。これらは OJT の欠点である。

Off-JT の体系として、1）組織を横割りにした経営者から新入社員に至るまでの**階層別研修**、2）組織を縦割りにした営業、生産、研究開発など各職能に必要な専門的な知識・スキルを教育する「専門別研修」、3）部門や職種を超えて組織横断的に行われる**課題別研修**などが挙げられる。Off-JT は、異なる階層、職種、部門に共通する知識や技能を多くの人に同時に教育することが可能である。また、社内外の専門家から日常業務の中では取得できない知識や情報を共有することができる。これらは Off-JT の利点である（今野・佐藤 2020：128-132）。

教育訓練費、Off-JT、OJT の状況

厚生労働省『就労条件総合調査』によれば、常用労働者１人当たりの１ヶ月平均労働費用に占める教育訓練費の割合（**教育訓練投資比率**）は、1985 年 0.34％から 2016 年の 0.27％へ、0.07 ポイント減少した（図 4-1）。バブル経済崩壊前後を見た場合、それほど大きな変化は見られない。日本企業が教育訓練投資に一定の費用をかけていることがわかる。

厚生労働省『能力開発基本調査』によれば、Off-JT を実施した事業所の割合は、2006 年は正社員が 72.2％、正社員以外が 37.9％であるのに対し、2020 年は正社員が 68.2％、正社員以外が 29.0％である（図 4-2）。正社員と正社員以外、双方への Off-JT 実施事業所の割合が減少傾向にあるが、雇用形態別の格差は、34.3 ポイントから 39.2 ポイントへ拡大している。

Off-JT の教育訓練機関をみると、2020 年は、自社が正社員 78.8％、正社

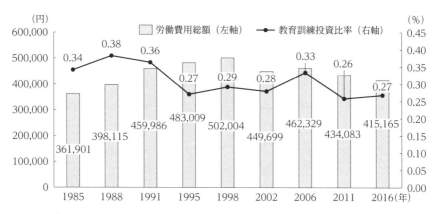

図 4-1　常用労働者 1 人 1 ヶ月平均労働費用および教育訓練投資比率の推移（1985 ～ 2016 年）

注 1：教育訓練投資比率とは、常用労働者 1 人 1 ヶ月平均労働費用総額に占める教育訓練費の割合。

注 2：2007 年以前は、調査対象を「本社の常用労働者が 30 人以上の民営企業」としており、2008 年から「常用労働者が 30 人以上の民営企業」に範囲を拡大した。

注 3：2014 年調査以前は、「会社組織以外の法人（医療法人、社会福祉法人、各種の協同組合等）」及び「複合サービス業事業」を調査対象としていない。そのため、2016 年の数字は 2011 年以前と比較するために再集計されたものである。

出所：厚生労働省『平成 28 年就労条件総合調査の概況』、『平成 23 年就労条件総合調査の概況』、『平成 18 年就労条件総合調査結果の概況』、『平成 7 年賃金労働時間制度等総合調査結果速報』をもとに作成。

員以外 86.7％である。また、民間教育機関が正社員 45.3％、正社員以外 21.0％、親会社グループ会社が正社員 24.7％、正社員以外が 18.2％となっている。それに対し、職業能力開発協会などは正社員が 20.8％、正社員以外が 8.5％、公共職業訓練機関は正社員が 5.7％、正社員以外が 1.7％である（図 4-3）。正社員と正社員以外で自社の実施割合などに違いがあるが、企業外部の公共職業訓練機関を通じた教育訓練の機会が少ない点は共通している。

　計画的な OJT を実施した事業所の割合は、2006 年は正社員が 53.9％、正社員以外が 32.2％であったのに対し、2020 年は正社員が 56.5％、正社員以外が 22.3％である（図 4-4）。正社員への計画的な OJT 実施事業所の割合が上昇し、正社員以外への計画的な OJT 実施の割合が減少した結果、正社員と正社員以外の OJT 事業所の格差は、21.7 ポイントから 34.2 ポイントに拡大し

図 4-2　雇用形態別 Off-JT を実施した事業所の割合の推移（2006 〜 2020 年）

出所：厚生労働省『令和 2 年度能力開発基本調査』および『令和元年度能力開発基本調査』
　　　をもとに作成。

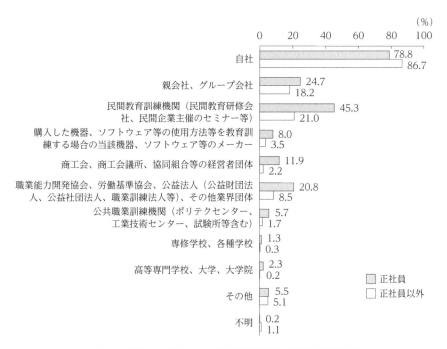

図 4-3　実施した OFF-JT の教育訓練機関の種類（複数回答）

出所：厚生労働省『令和 2 年能力開発基本調査』第 3 章統計表、第 2 節事業所調査「第 3
　　　表 産業・事業所規模・企業規模、実施した OFF-JT の教育訓練機関の種類別事業所
　　　割合：基本属性別集計」をもとに作成。

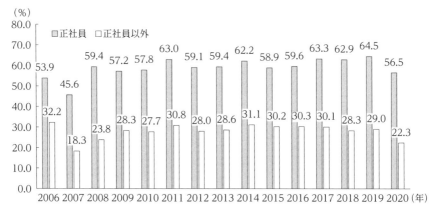

図 4-4　雇用形態別 OJT を実施した事業所の割合の推移（2006 ～ 2020 年）

出所：厚生労働省『令和 2 年度能力開発基本調査』および『令和元年度能力開発基本調査』をもとに作成。

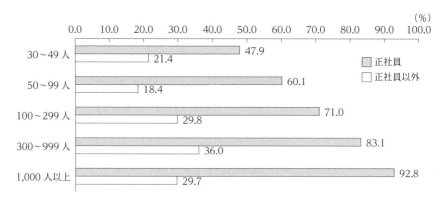

図 4-5　事業所規模別・正社員・正社員以外に対して計画的な OJT を実施した事業所

出所：厚生労働省『令和 2 年能力開発基本調査』第 3 章統計表、第 2 節事業所調査「第 1 表　産業・事業所規模・企業規模・正社員率階級・離職率階級、OFF-JT 及び計画的な OJT 実施の有無別事業所割合」「第 2 表　産業・事業所規模・企業規模・正社員率階級・離職率階級、OFF-JT 及び計画的な OJT の実施状況別事業所割合」をもとに作成。

ている。

　事業所規模別にみると、事業所規模が大きいほど、計画的な OJT を実施する割合が高まっている（図 4-5）。計画的 OJT を実施した割合を 2020 年の数

字でみると、正社員以外の場合は企業規模にかかわらず低い（20 ～ 30%前後）が、正社員の場合、事業所規模 30 ～ 49 人では、47.9％であるのに対して、事業所規模 1000 人以上の場合、92.8％に達している。すなわち、事業所規模別にみた計画的 OJT の格差が生じている。

このように、Off-JT、OJT いずれにおいても正社員と正社員以外では 3 割～ 4 割程度の格差がある。また OJT においては、事業所規模別格差が生じている。かくして、日本企業の人材育成は、個別企業内で行われることが多く、その対象は大企業の正社員中心である（女性労働者や非正規労働者の能力開発や人材育成については、第 6 章や第 7 章を参照）。

2　日本企業の人材育成

能力開発の方法

OJT で仕事の幅を広げたり、上位の仕事ができたりするように能力開発を行うためには、自分が現在行っている職務以外の仕事を経験する必要がある。これは主として、企業内での異動（移動）や企業間の異動（移動）を通じて達成される。企業内移動の場合は、企業内労働市場の議論となり、企業間移動の場合は、転社や企業外労働市場の議論となる。これらは総じてキャリア形成の手法といえる。

個人の能力開発は、深さと幅の 2 側面に分けることができる。久本（2008）によれば、1 つの職務に専念することで深まる仕事は多い。他方で、一定の幅はいろいろな仕事ができるという側面のみならず、そうした知識や技能が統合されることも、より優れた職務遂行能力を身につけるための重要な要件である（久本 2008：112）。では、どのようにして労働者は能力開発を行うのか。以下では、日本企業による職場での人材育成という視点から、代表的議論である知的熟練論を紹介する。その上で、日本の代表的産業である自動車産業と鉄鋼産業の事例の特徴を見る。

分離方式・統合方式

現代日本の大企業の生産職場では、労働者が優れた技能形成を行っている。このことを 1990 年代に一連の著作で主張したのは小池和男である。小池

(1993) によれば、一見なんの技能も要しないように見える繰り返しの量産職場においても、2・3 時間観察していると、おどろくほど変化や異常が生じている。変化とは、製品構成の変化、人員構成の変化、生産方法の変化である。異常とは、不良品の出現である。不良の発見、原因推理力、機械の構造の知識、機械トラブルを直せる能力などは、技術者のノウハウにも近い側面がある。これらを**知的熟練**（intellectual skills）と呼ぶ（小池 1993 : 159-161）。

　小池（2005）によれば、問題の処理と定型化が難しいのであれば、生産労働者に知的熟練の習得を期待せず、資格の高い技術者に任せる。生産労働者がふだんの作業に専念し、ふだんと違った作業を技術者などの資格の高い人間に頼む。これは**分離方式**（separated systems）である。それに対して、生産労働者がふだんと違った作業の一部を担当する。面倒な部分は修理専門の保全工や技術者に任す。これは**統合方式**（integrated systems）である（小池 2005 : 21）。小池によれば、日本企業の生産職場は統合方式に近い。生産現場で、問題の発見を行い、不良品の排出を回避することができるため、日本企業の競争力の源泉となる。

自動車産業の機械加工

　自動車産業の機械加工の技能形成については数多くの研究がある。その中から久本憲夫と藤村博之の研究を取り上げる。久本・藤村（1997）によれば、A社のエンジン機械加工の職場では、機械操作に従事するオペレーター（operator）はシリンダーブロックとシリンダーヘッドの加工を担当している。3 つの製造ラインは、部品をセットすると自動的に流れるようになっている。工程は 20 台前後の工作機械がつなぎあわさっている。機械が正常に動いている限り、ワークセットや刃物交換を除いて作業者の出番はない。与えられた職務は監視作業で、機械が正常に動いているのか否かをチェックしながら、機械の間を巡回する。異常発生の兆候を捉え、機械が完全停止する前に手を打つことができれば理想的である。簡単な異常は、作業者ひとりで十分に対応するのに対し、異常の原因がこみいったものであれば、職長や保全工の応援を仰ぐ（久本・藤村 1997 : 250）。これが機械加工に関わる労働者の技能形成上の特徴である。

鍛造工程

　素材加工の鍛造工程の場合はどうか。太田聰一による鍛造職場の研究では、熱間鍛造によって、サスペンション部品とエンジン部品を生産している。職場の正規メンバーは、切断機担当、プレス機担当、ライン外者のいずれかである。切断機の場合、その職務は材料供給、品質チェック、段取り替えである。経験を要するのは棒材の品質の判断である。材料について、棒材の肌を見て、満足するべきものか判断する。プレス機は切断機よりも高度な技能を必要とされる。シャットハイト（shut height）と呼ばれる型を打ち下ろす高さを示す指標がある。これは圧力を規定する。シャットハイトをいくら調整しても、型の隅々まで材料がいきわたらないことで不具合が生ずることがある。調べると、切断機が材料の規定よりも少し短いことがわかる。早い段階で、切断機が原因であることがわかれば、生産コストは最小限に抑えられる。高い生産性実現のための迅速な不具合の原因追究と、長年の経験に裏打ちされた的確な微調整が必要である。また高度な知的熟練が要求される（太田 2001：265-269）。

自動車産業の保全労働

　木村（2005）によれば、自動車産業の保全労働は、定期的保全、不定期的保全、予防保全の3つがある。定期的保全は、部品の交換や修理・整備である。不定期的保全は、突発的なトラブルの処理である。前者よりも後者の方が変化に対応する度合いが強い。予防保全は改善作業が中心である。設備診断や保全情報のデータベース化も含まれる。予防保全は従来の保全工になかった仕事で、情報技術化の進展とともに比重を高めている（木村 2005：17）。

　このように、自動車産業の職場では、機械操作を行うオペレーターと機械修理などを専門的に行う保全工が存在する。両者は、基本的には分業関係が明確であるが、変化や異常が生じた際、オペレーターは、保全工を呼ぶ前に緊急避難的な対応を行う。これは、日本企業の生産職場において、オペレーターが、本来行うべき中心的な職務を超えて、保全工の仕事の一部を担っていることを意味する。

鉄鋼産業の高炉職場

　鉄鋼産業では、伝統的に、高炉作業に従事する熟練労働者が、温度などを確かめながら、作業を遂行してきた。こうした**経験的熟練**に基づく作業は、機械化・コンピューター化によって後退している。それに対して、機械設備に関する新たな技能の蓄積が指摘されている。永田（2008）によれば、鉄鋼産業は、高度に機械化された高炉操業管理システムが存在する。AI による高炉操業管理システムは、熟練工のノウハウをルール化しているが、新たな環境変化に対応できるように、絶えず AI の見直しを行う。オペレーターは、計測室において監視・確認作業を行っているが、すべての業務が監視労働に基づく自動運転とはいえない。例えば製鉄所で使用される銑鉄を運ぶための混銑車（こんせんしゃ）（トーピードカー：torpedo car）内の出銑量が一定のレベルに達すると、傾注桶を切り替え、他方の混銑車へ溶銑を入れなければならない。この切り替えは、自動ではなく、オペレーターの判断による（永田 2008：83-88）。すなわち、高度に機械化された現場においても、オペレーターが判断を行う余地は残されているのである。

鉄鋼産業の保全労働

　鉄鋼業の保全労働は、他業種やライン労働者と比較した場合、組織的な独立性や労働内容、能力開発の在り方に大きな特徴がある。上原（2008）によれば、本工部門の保全工の養成は、要員政策上、意識的に早期化している。保全工は新入社員の時点から長期の Off-JT を行う。保全工の技能は、五感点検のように、OJT を通じて伝達される経験的な要素を含む。ただし、図面の学習や技能検定の重視に見られるように、自己啓発や Off-JT に依存する程度も高い。トラブル経験、設備に関する知識も技能形成上、きわめて重要である（上原 2008：182）。

　ライン労働者と保全工の作業分担関係についてはどうか。ライントラブルが生じた場合、ライン労働者は、経験を活かして対応できる範囲で対応する。それに対して、設備トラブルの場合、ライン労働者が担当しうる範囲は著しく制約される。ライン労働者にとって設備トラブルは「対応し得ない作業」である（上原 2008：183）。

このように、鉄鋼産業においては急速な機械化が進む状況で、労働者が行う作業範囲は機械の監視作業などにシフトしている。その作業の習熟は、Off-JT による基本知識の習得を前提としつつも、最終的には現場での OJT に基づいて定着する。その意味で、鉄鋼産業においても OJT が技能形成を規定している。他方で、ライン労働者と保全工との間の分業関係は、ライン労働者はライントラブルに対して対応できる範囲で対応する一方、設備トラブルは事実上、対応できる範囲が限られている。ライン労働者と保全工とは明確な分業関係を前提としている、と判断できるだろう。

職務範囲の拡大と労働負担

　以上要するに、日本の自動車産業の生産職場で、オペレーターが従事する職務範囲は広い。繰り返し性の強い機械操作に加えて、本来の職務を超えた定型的な機械トラブルへの対応等を行っている。知的熟練論が想定する変化と異常への対応が存在することは認められるものの、オペレーターが行っている職務が、保全工が行っている職務内容と全く同じかというと留保が必要である。知的熟練論はまた、オペレーターの高い知的熟練形成が、日本企業の生産性の向上、高い競争力の源泉であると主張しているが、労働者への作業負担そのものが増大しているという事実には目を向けない。自動車産業の労働現場では、生産労働者が変化や異常に対応することは、大きな負担となっている。このことは、自動車生産の作業スピード（標準作業時間の設定）に関わる職場の自律性が皆無である点に起因する。こうした労働負担の視点から、知的熟練論を捉え直す研究は、伊原（2003）、大野（2003）など自動車産業におけるいくつかの参与観察で確認されている。

　鉄鋼産業におけるライン労働者と保全労働者との間の分業関係、および旧型熟練の解体と新たな熟練形成の可能性についてはどうか。第 1 に、鉄鋼産業では、高炉作業の機械化による点検業務の拡大に伴って、経験的熟練は後退する一方、設備点検に要する新たな能力が求められている。とはいえ、鉄鋼産業の現場では、雇用リストラと並行して新たな能力形成が求められており、労働者 1 人当たりの受け持ち範囲の広がりや業務量の増大などが生じている。山垣（2009）は、労働者の技能形成が図られている側面があることを否定はしな

いが、労働負担の増加で処理されている側面も無視できないと指摘している。第2に、鉄鋼業におけるライン労働者と保全労働者との間の分業関係については、ライン労働者がライントラブルに対して一定の範囲内で対応している点は自動車産業と同じであるが、逆に設備トラブルについては、ライン労働者は事実上対応不可能である点は、自動車産業と異なる。

3　エンプロイヤビリティと労働者の能力開発

米国のエンプロイヤビリティ

　エンプロイヤビリティ（employability）とは、米国で1990年代にホワイトカラーのリストラが行われたときに提唱された言葉で、「雇用されうる能力」と理解されている。日本語では、エンプロイアビリティと表現されることが多いが、以下で紹介する日経連の表現方法にならって、本章では、エンプロイヤビリティに統一する。**エンプロイヤビリティ**は、直接的には、企業は従業員に対して、他社でも雇用されうる職業能力を身につけられるだけの教育訓練の機会を提供するという社会的責任を果たすべき、という考え方である（堀 2001：187）。澤田（2016）によれば、米国では**随意雇用原則**（employment at will doctrine）が判例として確立している。正規労働者の雇用は絶対的に保障されているわけではない。雇用を保証しない代わりに、現在の所属組織を離れても他の組織で現在と同等以上の条件で雇用されるような能力を身につける。そのための能力開発に関する支援を行うのが、エンプロイヤビリティ保障である（澤田 2016：114）。

日経連のエンプロイヤビリティ

　日本では日本経営者団体連盟（日経連）のエンプロイヤビリティが議論の出発点となる。日経連『エンプロイヤビリティの確立をめざして』（1999年）において、日経連は、円A「労働移動を可能にする能力（狭義のエンプロイヤビリティ）」と、円B「当該企業の中で発揮され、継続的に雇用されることを可能にする能力」を示している（図4-6）。そして、A＋Bを「広義のエンプロイヤビリティ」＝「雇用されうる能力」とし、AとBが重なるC部分を「当該企業の中と外の両方で発揮される能力」としている。図表の点線部分は、どのよ

従来型のエンプロイヤビリティ　　　　　変化対応型のエンプロイヤビリティ

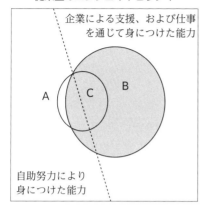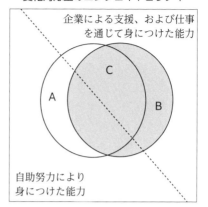

図 4-6　日経連のエンプロイヤビリティ

出所：堀龍二（2001）「人的資源の能力開発」黒田兼一・関口定一・青山秀雄・堀龍二
　　　『現代の人事労務管理』八千代出版、188 頁。
元資料：日本経営者団体連盟教育特別委員会編（1999）『エンプロイヤビリティの確立
　　　をめざして』日本経営者団体連盟教育研修部、15 頁。

うにしてエンプロイヤビリティを身につけたのか、という領域である。「企業
による支援、および仕事を通じて身につけた能力」「自助努力により身につけ
た能力」から構成される。

　従来型のエンプロイヤビリティは、円 A「労働移動を可能にする能力」に
比べて、円 B「当該企業の中で発揮され、継続的に雇用されることを可能にす
る能力」がかなり大きい。そして「企業による支援、および仕事を通じて身に
つけた能力」部分が圧倒的な比率を占める。企業への依存度が高く、企業外へ
通じる能力が少ない。一方、変化対応型のエンプロイヤビリティは、円 A「労
働移動を可能にする能力」が大幅に増大し、円 B「当該企業の中で発揮され、
継続的に雇用されることを可能にする能力」と同じくらいの大きさになる。そ
して、「自助努力により身につけた能力」の領域が大きく増大している。この
ように、日経連は、「企業・従業員相互依存」を特徴とする従来型から、「従業
員自律・企業支援」を特徴とする変化対応型への移行を求めている（堀 2001：
187-189）。

企業主導の能力開発と雇用形態

　日経連のエンプロイヤビリティはどの程度浸透したのか。澤田（2018）によれば、厚生労働省『能力開発基本調査』など各種調査を見ても、企業主導型の能力開発からの顕著な変化は確認されない。職場単位・チーム単位での職務遂行が重視される日本企業では、どの企業でも通用する一般的能力よりも、当該企業での職務遂行パターンに合致する企業特殊的熟練への信頼が厚い。これは、将来の中核的人材としての正規雇用労働者への期待が依然として強いことに起因している（澤田 2018：94）。すなわち、従来型の日本型雇用システムやそれを基盤にした正規労働者のキャリア形成を念頭に置いているため、労働者の自律・自立を促すという大きな役割を果たすことができていない（澤田 2016：117）（非正規労働者の人事管理について詳しくは、第7章を参照）。

　雇用形態別に見た場合、労働者の能力開発は、正規労働者と非正規労働者との間で大きな違いがある。それは日本企業の人材育成の基本が、新規採用者を、OJT を通じて企業内で教育するメンバーシップ型であるからである。非正規労働者など企業の中核業務を担わないと想定されている周辺労働者は、職務が固定されたジョブ型である。そのため、能力開発に大きな違いが生ずる。

　櫻井（2009）によれば、企業定着をベースにしたキャリアと企業定着を前提としないキャリアでは、その内実は異なる。労働環境が整備された大企業に定着して職業人生を送る人の場合、企業内でいくつかの職務を経験し、その過程で職業能力開発を実現する。自分自身で職務を選ぶ自由は制限されているが、職業能力に関わる費用、情報入手、時間捻出などの点では恵まれた環境にある。それに対して、企業に定着しない、あるいは定着できないキャリア形成の場合、職業能力開発の機会は限定される。あったとしても、体系的なものにはなっていない（櫻井 2009：164）。

　非正規労働者の多くは、正規労働者の職務と重なりながら、基幹業務の一部を担うようになっている。サービス産業などでは量的にも非正規労働者が職場労働者に占める割合は高い。こうした非正規労働者の量的・質的基幹労働力化は、企業内人材育成の見直しを引き起こさざるを得ない。企業は、基幹労働力化した非正規労働者に対して、正規労働者と同等の教育訓練を行ったり、処遇改善を行ったりすることで、労働者の職場へのコミットメントを高めている。

4 タレントマネジメント（Talent Management）と人材育成

人的資源管理とタレントマネジメント

米国や英国では、1960年代後半から1970年代ごろにかけて、人事労務管理を人的資源管理（Human Resource Management：HRM）へと変更する動きが加速している。**人的資源管理**とは、企業の経営戦略の達成や持続的な成長に必要な資源を確保し、有効活用することを指す。人的資源管理は、内部資源のひとつである労働者の資源価値を最大限引き出して、高いパフォーマンスを促し、経営戦略の実現に貢献する活動である（島貫 2022：4）。すなわち、人的資源管理は、人事労務管理の対象となる労働者を、企業業績に貢献する価値ある人的資産とみなしている点に特徴がある（序章を参照）。

人的資源管理は、戦略的人的資源管理へも発展している。**戦略的人的資源管理**（Strategic Human Resource Management：SHRM）は、企業の経営戦略との関係で人的資源を位置づけている。戦略的人的資源管理などの分野では、組織の中核的業務を担うコア人材を強化し、育成し、定着させる試みが注目されている。そのひとつがタレントマネジメント（Talent Management：TM）である。**タレントマネジメント**とは、組織の中核的業務を担う高度人材を、内部労働市場や外部労働市場を通じて確保、育成し、定着させる人事管理を指す。以下、1) タレントマネジメントが注目される背景、2) タレントマネジメントと人的資源管理の共通点と相違点、3) タレント人材と労働市場との関係を紹介する。

雇用の内部化と雇用の外部化

第1に、タレントマネジメントが必要とされる背景である。リパークとスネルによれば、多くの企業は内部のフルタイム労働者を利用することに加えて、外部の臨時従業員、契約労働者などにますます依存している。他の資本投資と同じように、人的資源のマネジメントは、**育成か購入か**（make or buy）の意思決定に落とし込まれる。

企業は雇用を**内部化**（internalization employment）させ、訓練や人材育成のイニシアティブを通じて、従業員の技能を高めようとする。企業はまた、市場

ベースの企業に外注することで、雇用の**外部化**（externalization employment）を促進している。こうして、戦略的人的資源管理の視点から、いかなる種類の雇用様式の組み合わせが適当なのか、あるいは、雇用の内部化と外部化がどのような**競争優位**（competitive advantages）をもたらすのかなどが研究されている。また、雇用様式の内部に組み込まれた人的資源の種類に対する、適切な配置、訓練、評価や報酬制度（staffing, training, appraisal and reward practice）の存在は何か、検証が進められている（Lepark and Snell 1999：31-32）。

タレントマネジメントと人的資源管理の共通点・異なる点

　第2に、タレントマネジメントと人的資源管理の関係である。チュアイらによれば、タレントマネジメントと人的資源管理の共通点として、適切な人々を適切な役割へと配置する（placing the right people into right roles）ことが挙げられる。また、人々の実践を組織目標へと統合する（integrating people to practices with organization goals）役割も共通している。さらに、個人の能力開発も重視されている。

　他方で、人的資源管理は、従業員すべての管理に関連しているが、タレントマネジメントは、組織における最も価値のある人（the most valuable people in the organization）に焦点を当てている。すなわち、伝統的な人的資源管理は、すべての人が等しく潜在的に能力のあるものとして扱うのに対し、タレントマネジメントは、従業員は、個々のパフォーマンス、潜在能力、中核的なコンピテンシーなどの観点から、お互いが区別されるべきとの立場に立つ。このように、人的資源管理は、すべての従業員に関連するという点で、平等主義（egalitarianism）の立場に立つのに対し、タレントマネジメントは、価値ある人に焦点を当てるという点で、従業員の分断化（segmentation）を強調している（Chuai, Preece, and Iles 2008：902-906）。

戦略的タレントマネジメント（Strategic Talent Management）

　第3に、タレント人材と労働市場の関係である。タレント人材は、いかなる形で調達、確保、育成されるのであろうか。コーリングスとメラヒーは、組織的なタレントマネジメント戦略の必要性を主張している。組織的なタレント

マネジメント戦略は、主要なポジション（役職）における制度的な存在意義に関連する一連のプロセスに着目する。そして、1）組織の持続可能な競争優位への貢献、2）高い潜在能力、高い遂行する力を持つ人々（high potential and high performing incumbents）のタレントプールの発達、3）競争力ある従業員が継続的に組織に関与することが重要であると主張する。

　コーリングスとメラヒーによれば、**戦略的あるいは中核的な職務**（strategic or pivotal jobs）は、組織のパフォーマンスに重要なインパクトを与えるため、そうした職務は、高いパフォーマンスを持つあるいは高い潜在能力をもつ従業員で埋められる必要がある。こうして、戦略的タレントマネジメントは、組織における中核的職務の確定と、中核的職務を担うタレント人材を、内部労働市場、外部労働市場の双方から獲得することが、企業の業績向上につながると主張している（Collings and Mellahi 2009：305-306）（図4-7）。

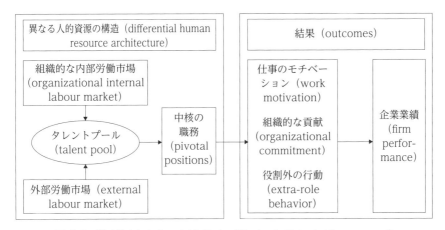

図 4-7　戦略的タレントマネジメント（Strategic Talent Management）
出所：Collings, David G. and Mellahi, Kamel（2009）, Strategic Talent Management：A review and research agenda, *Human Resource Management Review*, 19, p. 306.

企業主導の度合いを強めた中核業務の人材育成

　このように、人的資源を経営戦略との関係で位置づける戦略的人的資源管理が台頭する中で、**タレントマネジメント**は、組織における中核的業務を確定し、それらを担う高度人材を、主として、内部労働市場を通じた育成、外部労働市

コラム6　企業主導型キャリアと個人主導型キャリア

　企業経営をめぐる先行きが不透明な状況では、企業経営者が、大枠での経営指針を示しつつ、個々の職場で各労働者が自律的に働き方を決められることが望ましい。これは企業主導型キャリアと個人主導型キャリアの関係性に関わる。

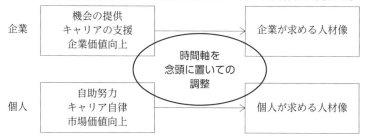

図　企業と個人の協調的関係

出所：佐藤厚（2016）『組織のなかで人を育てる：企業内人材育成とキャリア形成の方法』有斐閣、73頁。

　佐藤（2016）によれば、キャリア自律を強調しながら、個人のキャリアを開発するという方向性を強調すればするほど、組織の側からのニーズとの調整という課題を抱える。個人がキャリアを通じて獲得していくスキルや知識、能力は、所属している組織の求める方向と一致しているとは限らないからである。個人は主体的にキャリアを考えながら能力形成を図る一方で、企業が訓練機会を提供し、個人のキャリアを支援する。また個人に市場価値向上を要求すれば、企業も個人から企業価値向上を求められる。

　能力形成は一時点では形成されず、時間軸の中でなされる。キャリアという時間軸は、企業主導のキャリア管理ではなく、個人の主体的意志でなされる必要がある。個人の「なりたい自分」、「高めたい能力」と、企業側の「なってほしい人材」、「高めてほしい能力」とを整合させる交渉が必要であり、佐藤（2016）は、こうした調整を具体化する制度として、自己申告制度や目標管理制度などの人事制度を挙げている（佐藤 2016：72-74）（目標管理制度については、第2章を参照）。

場を通じた調達の2つのルートから確保し、定着させることを目指している。柿沼（2022）は、タレントマネジメントを、企業主導の度合いを強めた人材育成やキャリア開発のひとつと位置づけている（柿沼 2022：114-115）。人材育成や能力開発における企業主導と従業員自律のバランスをどのようにとるのかが課題となっている中で、組織の中核業務の人材育成を重視するのがタレントマネジメントであるといえる。

　こうした人事管理の新たな動向は、はたして、組織目標を共有した自律的な従業員の集団を不断に生み出すことにつながるのだろうか。それとも、一部の有能な人材と、それ以外の人材との間での価値観の相違や、意識の不一致という事態を招くのだろうか。個々の事例研究も含めた検討がなされる必要がある。

◎ exercise
・知的熟練論に関する様々な論文などを収集し、過去の研究などではどのような点が論点（対立点）となっていたのか、整理してみましょう。
・1999年に日経連はなぜエンプロイヤビリティを提起したのか。企業経営者の立場に立ってその背景を考えてみましょう。
・厚生労働省『能力開発基本調査』を用いて、過去から現在に至るまで企業は、どのような人材育成上の課題があると認識してきたのか。その特徴などを整理してみましょう。

【参考文献】
伊原亮司（2003）『トヨタの労働現場：ダイナミズムとコンテクスト』桜井書店
今野浩一郎・佐藤博樹（2020）『人事管理入門（第3版）』日本経済新聞出版
上原慎一（2008）「保全工の労働と能力開発」木村保茂・藤澤建二・永田萬享・上原慎一『鉄鋼業の労働編成と能力開発』御茶の水書房
太田聰一（2001）「鋳造・鍛造職場」小池和男・中馬宏之・太田聰一『もの造りの技能：自動車産業の職場で』東洋経済新報社
大野威（2003）『リーン生産方式の労働：自動車工場の参与観察にもとづいて』御茶の水書房
柿沼英樹（2022）「人材育成とキャリア」西村孝史・島貫智行・西岡由美編著『1からの人的資源管理』碩学舎
木村保茂（2005）「変容する人材育成システム」木村保茂・永田萬享『転換期の人材育成システム』学文社
小池和男（1993）『アメリカのホワイトカラー』東洋経済新報社

小池和男（2005）『仕事の経済学（第 3 版）』東洋経済新報社

櫻井純理（2009）「キャリア形成と職業能力開発：キャリア形成の『自律』化と社会的支援」黒田兼一・守屋貴司・今村寛治編著『人間らしい「働き方」・「働かせ方」』ミネルヴァ書房

佐藤厚（2016）『組織のなかで人を育てる：企業内人材育成とキャリア形成の方法』有斐閣

澤田幹（2016）「企業内教育訓練・能力開発の課題」澤田幹・谷本啓・橋場俊展・山本大造『ヒト・仕事・職場のマネジメント』ミネルヴァ書房

澤田幹（2018）「雇用管理の機能とその変容」守屋貴司・中村艶子・橋場俊展編著『価値創発（EVP）時代の人的資源管理：Industry4.0 の新しい働き方・働かせ方』ミネルヴァ書房

島貫智行（2022）「人的資源管理とは何か」西村孝史・島貫智行・西岡由美編著『1 からの人的資源管理』中央経済社

永田萬享（2008）「本工の労働と能力開発」木村保茂・藤澤健二・永田萬享・上原慎一『鉄鋼業の労働編成と能力開発』御茶の水書房

久本憲夫（2008）「能力開発」仁田道夫・久本憲夫編『日本的雇用システム』ナカニシヤ出版

久本憲夫・藤村博之（1997）「教育訓練と技能形成」石田光男・久本憲夫・藤村博之・村松文人『日本のリーン生産方式：自動車企業の事例』中央経済社

堀龍二（2001）「人的資源の能力開発」黒田兼一・関口定一・青山秀雄・堀龍二『現代の人事労務管理』八千代出版

山垣真浩（2009）「書評と紹介 木村保茂・藤澤建二・永田萬享・上原慎一著『鉄鋼業の労働編成と能力開発』」『大原社会問題研究所雑誌』606 号

Chuai, Xin, Preece, David and Iles, Paul (2008), Is talent management just "old wine in new bottles"? The case of multinational companies in Beijing, *Management Research News*, 31 (12).

Collings, David G. and Mellahi, Kamel (2009), Strategic Talent Management：A review and research agenda, *Human Resource Management Review*, 19.

Lepak, David P. and Snell, Scott A. (1999), The Human Resource Architecture：Toward a Theory of Human Capital Allocation and Development, *Academy of Management Review*, 24 (1).

労働時間管理

1　日本の労働時間の実態

過労死・過労自殺が問いかける日本の長時間労働の問題

　日本では死に至るまでの長時間労働が問題となっている。**過労死**とは、仕事による過労・ストレスが原因の 1 つとなって、脳・心臓疾患、呼吸器疾患、精神疾患等を発病し、死亡に至ることを意味する。また、**過労自殺**は、過労により大きなストレスを受け、疲労がたまり、場合によっては「うつ病」など精神疾患を発症し、自殺してしまうことを意味する（過労死 110 番全国ネットワークホームページ）。厚生労働省の「脳・心臓疾患の労災認定基準」によると、発症前 1 ヶ月間に 100 時間または 2 ～ 6 ヶ月平均で月 80 時間を超える**時間外労働**は発症との関連性は強いとされている。月 80 時間を超える時間外労働（残業）が続く状態は、脳・心臓疾患や精神障害を発症するリスクが大きいという意味で**過労死ライン**とされている。過労死ラインとは、週 40 時間という**法定労働時間**を基準とした場合、週 60 時間以上の実労働時間を意味する。

　厚生労働省（2021）『過労死等防止対策白書』によると、月末 1 週間の就業時間が 60 時間以上である者の割合は、2003 年、2004 年に 12.2％とピークを迎え、2015 年には 8.2％となっている。同白書では、30 代・40 代男性の月末 1 週間の就業時間が 60 時間以上である者の割合が高いことを指摘しており、働き盛りと呼ばれる層が、過労死・過労自殺と隣り合わせの「働き方」・「働かせ方」をさせられていることがうかがえる（厚生労働省 2021：5-6）。長時間労働は、働き盛りの男性正社員だけの問題ではない。若年労働者や、女性労働者を含めた広範かつ深刻な問題となっている。懸命に働いた労働者が、その疲れを癒すことなく死に至る過労死や、最期の最期まで自分自身を責めて自死する過労自殺という行為は、現代の日本に何を訴えているのだろうか。先進国

である日本において、なぜ長時間労働が発生するのか。以下、本章は、日本の労働時間の実態、労働時間管理をめぐる議論に触れながら、日本における労働時間の問題点、労働時間管理の課題について考察する。

労働時間の構成と労働基準法

　時間外労働（**所定外労働**）とは、**所定内労働時間**を超えて労働した時間のことである。各企業や事務所では、**法定労働時間**とは別に、就業規則などで独自に実労働時間を定めており、これを**所定内労働時間**という（黒田 2009：83）。労働基準法は、1週の法定労働時間を40時間とし、1週の労働時間を各日に割り振る場合の1日の法定労働時間の上限を8時間としている。また、1週間に少なくとも1回の休日を与えなくてはならないとしている（**法定休日**）。では、なぜ、法定労働時間の上限を超える時間外労働が発生するのだろうか。労働基準法第36条に基づき、**36協定**を結ぶことによって、その規制がなくなるためである（第9章）。36協定を締結すると、使用者は、労働者に法定労働時間を超えた労働（**法定時間外労働**）や、法定休日に労働させることができるようになる。36協定を締結するためには、労働者の代表と時間外労働協約あるいは休日労働協約を結び、それを労働基準監督署に届ける必要がある。労働者の代表は、労働者の過半数を代表する労働組合が組織されている場合はその労働組合が、それ以外は労働者の過半数を代表とする者となる（佐藤 2022：134-136）。

　このほか、管理監督者の労働時間をめぐっては、**名ばかり管理職**の問題がある。労働基準法第41条2号では、「監督若しくは管理の地位にある者」は労働時間や休息・休日に関する規定を適用しないとし、管理・監督者の時間規制適用除外について定められている。しかし、ここでいう管理・監督者の地位の具体的な内容が不明瞭であるために、職場において拡大解釈されてしまい、法が予定した範囲と実態とが極端に乖離してしまっている。その結果、管理・監督者とされている労働者たちに、管理・監督者に相応する権限や報酬が与えられないのみならず、長時間労働や過重労働が問題となっている。

　また、官庁統計には現れない**賃金不払残業**（**サービス残業**）についても忘れてはならない。この賃金不払残業に関し、厚生労働省では、労働基準監督署が是正を行った結果を公表している。賃金不払残業とは、所定労働時間外に労働時

間の一部または全部に対して所定の賃金または**割増賃金**を支払うことなく労働を行わせることであり、労働基準法に違反するものである。法定時間外労働に対する割増賃金の支払は労働基準法第37条で決められており、その割増率は25％以上、休日労働は35％以上、深夜労働は25％以上である。不払残業の推計を行った労働政策研究・研修機構（2005）によると、「不払残業が0時間」を除く回答者のひと月の不払残業時間は、平均35.4時間（男性は38.1時間、女性は29.4時間）であった（労働政策研究・研修機構 2005：71）。2003年以降、厚生労働省が不払残業の是正へ向けた取り組みをしているが、2021年においても不払残業の問題は解決されていない。厚生労働省（2022a）によると、2021年度に不払だった割増賃金が支払われたもののうち、支払額が1企業で合計100万円以上となった事案は、是正企業数が1069企業（うち1000万円以上の割増賃金を支払ったのは115企業）、対象労働者は6万4968人であった。労働基準監督署が監督指導を行える範囲も限られていることを勘案すると、日本にはまだ解消されていない不払残業の実態が多々あることが推測される。

日本の労働時間の推移

　ここでは、厚生労働省（2021）『過労死等防止対策白書』をもとに、日本の労働時間の実態について、年間総実労働時間、1週間の就業時間が49時間以上である者の割合、年次休暇取得率についてみていく。『過労死等防止対策白書』とは、**過労死等防止対策推進法**（2014年法律第100号）第6条に基づき、国会に毎年報告を行う年次報告書で、過労死等の概要や政府が過労死等の防止のために講じた施策の状況を取りまとめたものである。

　まず、日本の労働者1人当たりの年間総実労働時間についてみていこう。日本の労働者1人当たりの年間総実労働時間は、緩やかに減少傾向にある。2020年は、前年比48時間減の1621時間であり、日本の労働者1人当たりの年間総実労働時間が8年連続で減少していることが確認できる。なお、所定内労働時間は長期的に減少が続いている一方、所定外労働時間は増減を繰り返しており、2020年は前年度比17時間減少の110時間となっている。この所定外労働の減少の背景には、2020年以降の新型コロナウイルス感染症拡大の影響が考えられる（図5-1）。

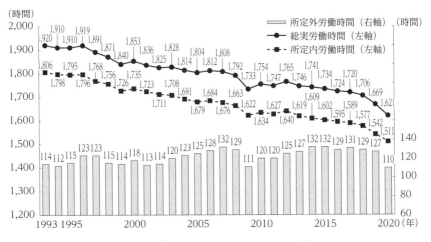

図 5-1　年間総実労働時間の推移（パートタイム労働者を含む）

注1：事業所規模5人以上、調査産業計。
注2：総実労働時間及び所定内労働時間の年換算値については、各月間平均値を12倍し、小数点以下第1位を四捨五入したもの。所定外労働時間については、総実労働時間の年換算値から所定内労働時間の年換算値を引いて算出。
注3：2004年から2011年の数値は「時系列比較のための推計値」を用いている。
出所：厚生労働省（2021）『令和3年版　過労死等防止対策白書』2頁より。
資料出所：厚生労働省『毎月勤労統計調査』をもとに作成。

　日本の労働者1人当たりの年間総実労働時間の減少の背景には、1990年代以降、日本では雇用の多様化と称した雇用の非正規化、つまり労働時間が短い労働者が増加していることを忘れてはならない。この点に留意しながら、一般労働者とパートタイム労働者の総実労働時間についても見る必要がある。2020年の一般労働者の総実労働時間は1925時間であり、2009年以来、10年ぶりに2000時間を下回った前の年よりもさらに減少したことが確認できる。また、パートタイム労働者の総実労働時間は953時間であり、前年に引き続き1000時間を下回った。一般労働者、パートタイム労働者ともに、年間総実労働時間の減少が確認できるが、1990年代以降の年間総実労働時間の減少は、パートタイム労働者の割合が増加したことによるところが大きいと考えられる（図5-2）。

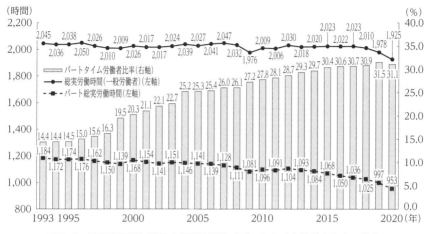

図 5-2　就業形態別年間総実労働時間及びパートタイム労働者比率の推移

注 1：事業所規模 5 人以上、調査産業計。
注 2：就業形態別総実労働時間の年換算値については、各月間平均値を 12 倍し、小数点以下第 1 位を四捨五入したもの。
注 3：一般労働者：「常用労働者」のうち、「パートタイム労働者」以外の者。なお、「常用労働者」とは、事業所に使用され給与を支払われる労働者（船員法の船員を除く）のうち、①期間を定めずに雇われている者、②1 ヶ月以上の期間を定めて雇われている者のいずれかに該当する者のことをいう。2018 年 1 月分調査から定義が変更になっていることに留意が必要。
注 4：パートタイム労働者：「常用労働者」のうち、①1 日の所定労働時間が一般の労働者より短い者、②1 日の所定労働時間が一般の労働者と同じで 1 週の所定労働日数が一般の労働者よりも少ない者のいずれかに該当する者のことをいう。
注 5：2004 年から 2011 年の数値は「時系列比較のための推計値」を用いている。
出所：厚生労働省（2021）『令和 3 年版　過労死等防止対策白書』3 頁より。
資料出所：厚生労働省『毎月勤労統計調査』をもとに作成。

国際比較から考える日本の長時間労働

　労働時間の国際比較をする際に、週 49 時間以上働く人を長時間労働者とすることが多い。図 5-3 をもとに、長時間労働者の国際比較をすると、日本の長時間労働者比率は、日本 15.0 ％（男性：21.5 ％、女性：6.9 ％）、アメリカ 14.2 ％（男性：18.3 ％、女性：9.5 ％）、イギリス 11.4 ％（男性：16.1 ％、女性 6.1 ％）、フランス 9.1 ％（男性：12.3 ％、女性 5.7 ％）、ドイツ 5.9 ％（男性：8.9 ％、女性：2.6 ％）、韓国 19.5 ％（男性：24.1 ％、女性：13.5 ％）となっている（厚生労働省 2021：18）。上記でも指摘したように、2020 年以降のデータについては、新

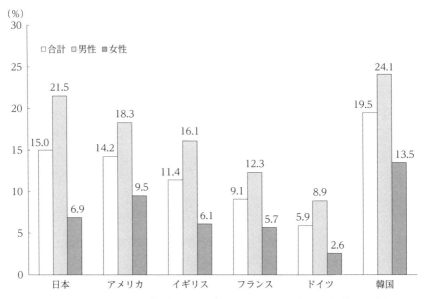

図 5-3　諸外国における「週労働時間が 49 時間以上の者」の割合（2020 年）

注：2020 年における週労働時間が 49 時間以上の者の割合を示したもの（ただし、イギリスは 2019 年）。

出所：厚生労働省（2021）『令和 3 年版　過労死等防止対策白書』18 頁より。

資料出所：以下の資料をもとに作成。日本：総務省『労働力調査』、アメリカ：米労働省（2021.2）Labor Force Statistics from the CPS、その他：ILOSTAT Database（https://www.ilo.org/ilostat/）（2021 年 7 月現在）。

型コロナウイルス感染症拡大を受けて、労働時間の減少が確認されていることから、それ以前のデータも紹介したい。厚生労働省（2019a）『過労死等防止対策白書』によると、日本 19.0％（男性：27.3％、女性：8.5％）、アメリカ 19.2％（男性：23.6％、女性：14.2％）、イギリス 11.5％（男性：16.7％、女性 5.7％）、フランス 10.1％（男性：14.0％、女性：6.0％）、ドイツ 8.1％（男性：12.0％、女性：3.7％）、韓国 29.0％（男性：34.3％、女性：21.7％）となっている（厚生労働省 2019a：17）。厚生労働省（2019a）で示されているデータは、2018 年のものであり（ただし、韓国は 2017 年のデータ）、コロナ禍以前のものである。日本も含め、対象国すべてにおいて、コロナ禍以前と以後を比較すると、コロナ禍以前の方が、長時間労働者比率が高いことが確認できる。

　1980 年代以降、労働時間の標準化を伴った労働時間短縮の流れが止まり、

労働時間の長短二極化が進んでいる。そして、フルタイム労働者の間では、働きすぎが広まったとし、その背景に、新自由主義と市場個人主義に基づく雇用と労働の規制緩和の流れとともに、経済活動のグローバル化、情報化、消費社会化、金融化の流れがあるいわれている。この流れは、他の国以上に日本に強く当てはまり、長時間労働の深刻化が顕著に現れている。また、国際比較の際に無視できないこととして、年次有給休暇取得率の低さが挙げられる。EU諸国では、年間25日から30日の有給休暇が付与され、ほぼ80%から100%が消化されている。しかし、日本では、最近まで、有給休暇付与日数は平均18.5日で、その消化率は5割を切る状況が続いていた（森岡 2016：18-19）。その後、2019年4月に働き方改革推進関連法が施行され、年5日の年次有給休暇の取得が企業に義務づけられるようになってからは、5割を上回るようになった。厚生労働省（2022b）『就労条件総合調査』によると、2021年の有給休暇付与日数は17.9日、有給休暇取得日数は10.1日、有給休暇取得率は56.6%となっている。しかし、それでもなお、日本の有給休暇取得日数・有給休暇取得率はEU諸国と比して低いのである。

誰が長時間労働者なのか

　日本では、どのような人が長時間働いているのかだろうか。小倉（2007）は、労働政策研究・研修機構が2005年に行った調査をもとに、日本で長時間労働をしている人の特徴を挙げている。第1に、女性より男性の労働時間が長いということである。第2に、年齢階層別で見ると、30代、40代、50代の順で長時間労働をしている人の比率が高いことである。第3に、職種別にみると、営業・販売、研究開発・設計・SEなどの技術系専門職、現場管理・監督、運輸・運転などで長時間労働者比率が高いことである。第4に、役職別で見ると、係長クラス、部長・本部長クラス、課長・主任、一般社員の順で、長時間働く傾向が見られることである。ここから、第5に、役職が上であれば上であるほど、長時間労働をしているわけでもなく、年収が高いほど長時間労働をしているわけでもないことがわかる。年収と労働時間に関しては、「働けば働くほど儲かる」わけではないことである。最後に、労働時間管理との関係で見ると、「時間管理なし」「裁量労働制・みなし労働」で働く人たちが多く、労働時間管

理が柔軟な人ほど長時間労働であることである。小倉（2007）は、「課長クラス」以上の管理職、勤務時間制度で「裁量労働制・みなし労働」か「時間管理なし」のどれか一つにでも該当する労働者を「時間管理の緩やかな労働者」と定義し、その人たちが長時間労働をする傾向が高いことを指摘している（小倉2007：28-35）。

　また、興味深い分析として、玄田（2010）がある。玄田（2010）は、1990年代以降の長時間労働者の変化に着目し、次の指摘をしている。第1に、休業者を除く男性従業者に占める週60時間以上働く割合は、1998年以降急上昇し、特に30代の男性に占める割合は、2000年台前半期に20％を大きく上回っていることである。第2に、20代後半から30代の男性正社員が、その他の年齢層に比べて週60時間以上働く傾向が強まっており、中でも35歳以上39歳未満が週60時間以上働く割合が、2002年以降高まっていることである。第3に、長時間労働が問題となる企業規模が変化していることである。1990年代初めまで長時間労働は、主として零細企業で働く人々が直面していた問題だったが、2000年代初めになると、一転して大企業の就業者に顕著な問題へと移行していることを指摘している（玄田2010：205-219）。

　長時間労働の発生要因は、「多すぎる業務量」にあり、この点は労使双方が共に認めている（労働政策研究・研修機構2007：56、61）。すなわち、だらだら働いているから長時間労働が発生するのではなく、一生懸命に仕事をしても終わらないような業務量があるために、長時間労働が発生しているのである。長時間労働が蔓延する日本の職場において、長時間労働が引き起こす**メンタルヘルス（心の健康）の問題**や、過労死・過労自殺問題は、長年深刻な問題として認識されている。長時間労働を引き起こす誘因である職場の人事労務管理のあり方は、たんに労働時間を長くするだけでなく、労働者の心理的・精神的状態をも圧迫するようにまでなっている。次節では、こうした長時間労働がなぜ発生するのかという問題意識のもと、労働時間管理をめぐる動向についてみていく。

2　労働時間管理と労働時間法制の規制緩和

労働時間管理とは何か

　労働時間管理とはそもそも何を意味するのだろうか。人事労務管理にとって、

「出退時間をどうするか」「何時間働かせるのか」「休憩時間はどうするのか」「休日はどのくらい与えるのか」といった労働時間管理のあり方は、労働力の効率的使用と労使関係の安定、労働意欲の向上に直接・間接に影響する基本課題である（黒田 2009：88）。

　人事労務管理、とりわけ労務管理の一領域として労働時間管理が意識的に行われるようになったのは、労働者保護の規定および労働組合運動の圧力によって労働時間の制限を労務管理の前提条件として受けとめざるを得なくなって以来のことである。それまで労働時間に対する制限は、労働力のもつ生理的・自然的限界、社会的・宗教的習慣による制限、さらに長時間労働に対する労働者の抵抗（離職、転職を含む）によるものであった。そうしたことがないか、または無視できる限り、資本家や使用者は、労働者に長時間労働を強いることが可能であったし、また賃金水準の低さや労働市場における過剰労働力の存在は、労働者側にも長時間または無制限労働時間を甘受させる圧力となっていた（白井 1992：139）。労働時間管理は、利益管理に従属するコスト管理に規定される一方、法律や労働協約などによる規制の背後にある労働者の利益、すなわち労働安全衛生、労働者の生命や健康＝休息時間、家庭生活、自由時間などへの考慮が求められるという矛盾を内包している。労働災害、職業病、そして近くは過労死・過労自殺など労働過程・職場生活に起因する労働者の生命や健康の損傷の頻発、それに対する抗議とともに防止と補償を要求する労働側からの運動が発展した。それに伴い、経営者に対し労働における安全衛生への配慮が求められるようになった（浪江 2010：91-92）。

　労働時間は、労働時間制度によって、労働者が企業に対して提供する労働サービスの量と労働サービスを提供するタイミングを規定される（佐藤 2022：257）。日本の労働時間制度は、労働組合の運動や圧力、すなわち、各職場での労使の自主的な交渉というより、労働時間の法規制、休暇付与の法制化、時間外労働の制限と代替措置の法制化など、法律で規制してきた面が強い。労働時間に対する法的規制が無視できなくなると、企業は限られた労働時間内で効率よく働かせるための方策を意図的計画的に行うようになった。それは、作業の効率化、労働密度の強化、出退勤管理の厳格化、交代制勤務、そして時間外労働の強制等である。それに加え、第1節で取り扱った賃金不払法定外労働

（サービス残業）などにみられるような脱法行為すら見られる（黒田 2018：230）。

労働時間規制の緩和と柔軟な労働時間制度

　1980 年代後半以降、労働時間規制の緩和が繰り返されてきた。労働時間規制の緩和の背景には、情報技術の高度化（ICT）とグローバリゼーションによって、従来までの労働給付量の増大に加えて、いつ労働給付するのか、労働給付のタイミングを管理する必要性が強調されるようになったことが挙げられる。企業経営の立場からは、労働給付を「必要なときに」「必要な場所に」そして「必要な量」を給付できるように管理する制度、すなわち、労働給付のジャスト・イン・タイム化が求められることになった。労働給付のジャスト・イン・タイム化の実現と市場競争に打ち勝つための労働のあり方として、必要な時に必要なところで必要な量の仕事ができるような柔軟な働き方が要請されているのである。「場所」や「時」に捕らわれないことはもちろん、労働時間の長さやタイミングに縛られることなく企業が労働者を「働かせる」ためには、労働基準法の改正が必要となる。1980 年代後半以降の労働時間法制の規制緩和はそのためにこそ行われたのである。一律に時間を規制するのではなく、必要な時に必要なところで必要な量の仕事をさせることができるよう、労働時間制度の柔軟化が進められたのである。仕事に合わせながら柔軟に働かせることができるようにするための法改正といえよう（黒田 2018：231-232）。その背景には、企業の負担を高めずに労働時間の短縮を推進したいという政府のねらい、また、企業設備の稼働率の向上の観点から、労働時間の弾力化を期待するという経営側の動きもあった（笹島 2002：183-184）。このことが労働時間規制の緩和を加速させたといっても過言ではないだろう。

　以下、森岡（2016：22-23）をもとに、労働時間規制の緩和の経緯を振り返り、規制緩和に伴い導入された柔軟な労働時間制度についてみていく（表 5-1）。なお、労働時間制度は、厚生労働省の『就労条件総合調査』の定義に基づき説明する。

　柔軟な労働時間制へ向けた労働時間規制の緩和は、1987 年の労働基準法改定によって、法定労働時間は「1 日 8 時間・1 週 48 時間」から「1 週 40 時間・1 日 8 時間」に変更されたことに始まる。名目的にせよ、週 40 時間制へ

表 5-1　労働時間制度と適用状況

労働時間制度		対象となるケース	適用労働者の割合
変形労働時間制	変形労働時間制	交代制勤務の場合や季節等によって業務に繁閑の差がある場合 【1947年労働基準法制定時（1987年・1993年・1998年追加）】	39.4%
	フレックスタイム制	協定した労働時間の範囲内で、始業・終業を労働者にゆだねる場合 【1987年（1988年4月1日施行）、2018年改正】	9.5%
みなし労働時間制	事業場外みなし労働時間制	労働時間の全部又は一部について事業場外で業務に従事した場合において、労働時間を算定しがたいとき 【1987年（1988年4月1日施行）】	6.7%
	専門業務型裁量労働制	新商品や新技術の研究開発、情報処理システムの設計、コピーライター、新聞記者等 【1987年（1988年4月1日施行）、1993年・2003年改正】	1.2%
	企画業務型裁量労働制	事業の運営に関する事項についての企画、立案、調査及び分析の業務に従事する場合 【1998年（2000年4月1日施行）、2003年改正】	0.3%
高度プロフェッショナル制度		金融商品の開発、ファンドマネージャー、トレーダー、ディーラー、証券アナリスト、コンサルタント、新たな技術・商品又は役務の研究開発 【2018年（2019年4月1日施行）】	0.0%
管理監督者		労働条件の決定その他労務管理について経営者と一体的な立場にある者 【1947年労働基準法制定時】	3.7%
上記以外の労働時間		1日8時間、週40時間（法定労働時間）	

注：「適用労働者」の割合に関するデータの出所は『令和3年就労条件総合調査』。
出所：厚生労働省（2022c）『労働時間制度の概要等について』3頁に筆者加筆。

移行した前進が見られたが、労働時間の基準である1日8時間の位置づけを週労働時間の割り振りの基準に落としたことは、1日単位の労働時間の規制を緩め変形労働時間制の拡大に道をひらくものであった。**変形労働時間制**とは、労使協定または就業規則等において定めることにより、一定期間を平均し、1週間当たりの労働時間が法定の労働時間を超えない範囲内において、特定の日

または週に法定労働時間を超えて労働させることができる制度である。変形労働時間制には、1年単位の変形労働時間制、1ヶ月単位の変形労働時間制、1週間単位の変形労働時間制、フレックスタイム制がある。**フレックスタイム制**とは、1ヶ月以内の一定期間（清算期間）における総労働時間をあらかじめ定めておき、労働者はその枠内で各日の始業および終業の時刻を自主的に決定し働く制度である。2019年4月からは、清算期間が3ヶ月まで延長可能となった。フレックスタイム制は、1日の労働時間帯を、必ず勤務すべき時間帯（コアタイム）と、その時間帯の中であればいつ出社または退社してもよい時間帯（フレキシブルタイム）とに分け、出社、退社の時刻を労働者の決定に委ねるものである。なお、コアタイムは必ず設けなければならないものではないため、全部をフレキシブルタイムとすることもできる（厚生労働省ホームページ「労働時間・休日」および「フレックスタイム制度とは」）。

　1987年以降の**裁量労働制**の導入と拡大も、労働時間規制の緩和の一つといえよう。裁量労働制とは、業務の遂行方法や労働時間の配分を社員に委ねる労働時間管理の仕組みである。同制度の対象業務は、当初、新製品・新技術の研究開発やメディアの取材・編集などの5業務に限られていたが、その後19業務に拡大された。なお、98年改正で、企画業務型裁量労働制が導入され、従来からの裁量労働制は専門業務型裁量労働制と呼ばれるようになった。**専門業務型裁量労働制**とは、デザイナーやシステムエンジニアなど、業務遂行の手段や時間配分などに関して使用者が具体的な指示をしない19の業務について、実際の労働時間数とは関わりなく、労使協定で定めた労働時間数を働いたものとみなす制度である。また、**企画業務型裁量労働制**とは、事業運営の企画、立案、調査および分析の業務であって、業務遂行の手段や時間配分などに関して使用者が具体的な指示をしない業務について、実際の労働時間数とは関わりなく、労使委員会で定めた労働時間数を働いたものとみなす制度である。**みなし労働時間制**には、専門業務型裁量労働制、企画業務型裁量労働制の他に、事業場外みなし労働時間制がある。**事業場外みなし労働時間制**とは、事業場外で労働する場合で労働時間の算定が困難な場合に、原則として所定労働時間労働したものとみなす制度である。

　労働時間のいまひとつの規制緩和は、1985年に制定された男女雇用機会均

等法が 1997 年に改定された際にも行われた。この改定では募集、採用、配置、昇進における女性差別をなくすことが努力義務から禁止規定になったという前進があった半面で、同法改定と同時に労働基準法も改定され、残業を 1 日 2 時間、1 週 6 時間、1 年 150 時間に制限していた女性の残業規制が撤廃された。長時間労働は女性だけでなく男性にとっても有害である。このような見地に立てば、男女の別なく残業規制が実施されるべきであったことは言うまでもない。

　こうした労働時間規制の緩和の行き着いた先が、ホワイトカラー・エグゼンプション制度である。ホワイトカラー・エグゼンプション制度は、2006 年秋に法案骨子が固まるも、2007 年 1 月に第一次安倍政権下で見送られた。しかし、その後も財界からはこの制度の創設について強い要求があり、第二次安倍内閣のもとで労働政策審議会を経て 2015 年 4 月に**高度プロフェッショナル制度**という名称で、裁量労働制の拡大を含む労働基準法改正案の一部として国会に上程された。この法案はさしあたり対象を年収 1075 万円以上の高度の専門的業務に従事する労働者に限定してはいるが、結局は、広範囲の正社員を対象に労働基準法の時間規制を外し、使用者の労働者に対する残業代の支払い義務を免除して無制限に働かせることを合法化することを意図している点で、労働基準法の根幹に大穴をあけるホワイトカラー・エグゼンプション法案に他ならない。この高度プロフェッショナル制度は、2018 年に成立した**働き方改革関連法**に盛り込まれ、2019 年 4 月より施行された。

政府の過重労働対策

　政府が過重労働による労働者の健康障害を防止するために様々な対策を打ち出すようになったのは、2000 年以降である。2002 年の「過重労働による健康障害防止のための総合対策」は、過労死が多発する状況を念頭において、「長時間にわたる過重な労働は、疲労の蓄積をもたらす最も重要な要因」という考えが示されている。また、脳・心臓疾患の発症との関連性が強いという医学的知見も含まれている。働くことにより労働者が健康を損なうようなことはあってはならないという考えのもと、この医学的知見を踏まえ、労働者が疲労を回復することができないような長時間にわたる過重労働を排除していくともに、労働者に疲労の蓄積を生じさせないようにするため、労働者の健康管理に

係る措置を適切に実施することが重要であるという姿勢が示されている。これはきわめて適切な認識を示したものといえよう。各論に当たる「過重労働による健康障害を防止するため事業者が講ずべき措置」では、「時間外・休日労働時間の削減」「年次有給休暇の取得促進」「労働時間等の設定の改善」「労働者の健康管理に係る措置の徹底」などの題目が挙がっており、具体的な提案が示されている。また、1992年に策定され2001年に制定された「所定外労働削減要綱」においては、所定外労働を削減する「意義」として、(1) 創造的時間の確保、(2) 家庭生活の充実、(3) 社会参加の促進、(4) 健康と創造性の確保、(5) 勤労者の働きやすい職場環境づくりの5点を挙げ、さらに①所定外労働は削減する、②サービス残業はなくす、③休日労働は極力行わない、という3点の具合的目標が設定されている。

　これらの政府の過重労働対策は、現実に照らし合わせると、長時間労働の防止という点では実効性を欠き、見るべき成果を上げてこなかった。その最大の理由は、過重労働対策が講じられてきた一方で、労働時間規制の緩和が推し進められてきたことにある。ここ十数年の政府の過重労働対策において、賃金不払残業（サービス残業）における賃金不払いの是正、および、2008年の労働基準法の改正により、時間外労働に対して支払われる割増賃金が、月60時間を超えると50%以上の率で割増賃金を支払わなくてはならなくなったことは、過重労働対策における大きな前進といえよう。しかし、時間外労働の削減や賃金不払残業（サービス残業）の解消へ向けた課題は未だ残されたままであることを忘れてはならない（森岡 2016：20-23）。

　賃金不払残業の解消や年次有給休暇の完全消化といった、現在の過重労働対策にも盛り込まれている課題を実現するための効果的な対策を示すだけでは不十分であるため、時間外労働の延長に関する労使協定（36協定）にも踏み込む必要がある。そのためには、欧州連合（EU）で見られる法的拘束力のある労働指令によって翌日の勤務までに最低11時間の休息を取らなければならないというインターバル休息制度の導入の実現が過労死の防止のためにも喫緊の課題となる（森岡 2016：27）。このインターバル休息制度は、2019年4月に施行された、働き方改革関連法における「労働時間法制の見直し」においても重要な位置づけとなっている。この働き方改革関連法では、残業時間の上限規制が定

められた。残業時間の上限は、原則として月45時間、年360時間としている。しかし、臨時的な特別の事情があって労使が合意する場合は、これとは別の上限規制が適用される。その場合、年720時間、2～6ヶ月平均80時間以内（休日労働を含む）、月100時間未満（休日労働を含む）を超えることはできないとされている。また、原則である月45時間を超えることができるのは、年間6ヶ月までと定められている。これは、ある意味において、過労死ラインの労働時間を容認するものであり、過労死・過労自殺に至る長時間労働を是正するものとは判断しかねるだろう。

3　人事労務管理の柔軟化と労働時間管理

ワーク・ライフ・バランス確立へ向けた労働時間管理の模索

　2000年代以降、日本では、仕事と生活の両立へ向けて**ワーク・ライフ・バランス**確立へ向けた働き方が模索され、人事労務管理の柔軟化に関する議論が行われている。人事労務管理の柔軟化については、労働時間と勤務場所に関する議論が行われている。従来の労働時間は、始業時間と就業時間が定められ、固定されていた。しかし、近年、労働時間の多様化と柔軟化が進展している。労働時間制度の多様化や柔軟化として、**フレックスタイム制、裁量労働制、短時間勤務、ジョブ・シェアリング**（ひとつの仕事を2人で分割すること）などが挙げられる。そうした制度の目的は、企業にとって労働サービス需要の変化に柔軟に対応できるようにするだけでなく、労働者にとって生活と仕事の両立をはかり、働き方や仕事の進捗に合わせて労働時間の使い方を自分で選択したいとする就業ニーズを満たすことである。また、勤務場所についても、柔軟化と多様化が進みつつある。労働者の住まいの近くに**サテライト・オフィス**を設けたり、自宅を職場とする**在宅勤務**（勤務日数の一部を在宅勤務とする部分在宅を含む）を導入したりするなど、労働者の働く場所の選択肢を拡大する企業もみられる（今野・佐藤 2022：256-258）。

　上林（2019）は、日本型ワーク・ライフ・バランスの推進モデルとして、第一ステップを無意味な残業時間の削減と超過勤務状況の解消（数量的な側面でのワーク・ライフ・バランス）、第二ステップを仕事の中身それ自体の充実（質的側面でのワーク・ライフ・バランス）、第三ステップを多様性視点のワーク・ライフ・

バランス（一律横並びの画一主義からの脱出）としている（上林 2019：32-35）。本章で触れた日本の長時間労働の実態を踏まえると、まずは、第一ステップに重きを置いた取り組みが求められるだろう。また、働き方改革が求められている背景には、ダイバーシティ経営（第6章のコラム8も参照）に含まれるワーク・ライフ・バランス支援が企業の人材活用において重要性が高まっており、多様な人材や異質な価値観を持つ人材が活躍できる組織構築の必要性が指摘されている。多様な人材とは、いつでも残業できる「時間制約」のない社員としてのワーク・ワーク社員ではなく、仕事以外に大事なことに取り組む必要がある「時間制約」のある社員である（佐藤 2017：6-7）。こうした指摘からも、これからの「働き方」・「働かせ方」を展望するに当たり、長時間労働をさせることができない労働者を前提とした人事労務管理が求められることは言うまでもない。

　長時間労働の是正へ向けた労働時間管理に関し、武石（2012）は、柔軟な働き方の1つであるフレックスタイム制について、日本、イギリス、ドイツ、オランダ、スウェーデンにおけるワーク・ライフ・バランス施策の導入状況の比較を行った。その結果、①日本では、フレックスタイム制と在宅勤務制度の導入率が低いこと、②その要因として、制度導入のメリット感が低く、運用上の困難性が懸念されていること、③日本では、フレックスタイム制の導入、運用が大変であると回答した企業の割合が高い一方、職場の生産性にプラスの影響をもたらすと回答した企業は低いこと、さらに、④フレックスタイム制度下における労働時間に関し、他国では、朝早く仕事を開始し、夕方も早めに仕事を終えるという仕事パターンが見られるが、日本では、一部を除き、そうしたパターンが明瞭には見られず、朝早く仕事を始めても、夕方早く帰っているとは限らないことを挙げている（武石 2012：11-21）。

　日本において、人事労務管理の柔軟化が労働時間の短縮につながらないのはなぜか、という問題が残るが、この調査結果は、働く現場で安易に柔軟性を取り入れることへの警鐘を鳴らしているのではないだろうか。日本の職場には、以前から柔軟性があったと言われている（木元 1980：112）。かつてより、日本企業における柔軟な「働き方」・「働かせ方」が長時間労働を生み出してきたことに加え、労働時間規制の緩和の中で、労働者の生命と健康が危ぶまれるほど

の長時間労働を生み出していることを忘れてはならない。

労働時間管理の適正化へ向けて：労働組合に求められる役割

　長時間労働の是正へ向けて、企業における「働き方」・「働かせ方」をどのようにしていく必要があるのか。経営者や管理者が、長時間労働の是正へ向けた取り組みをしていくためには、単なる労働時間短縮へ向けたキャンペーンではなく、長期的、かつ職場の実態に基づいた取り組みが求められる。職場の実態を踏まえた「働き方」・「働かせ方」を検討する際、労働の現場の声を集約し、取り組みに活かしていくために、労働組合に求められる役割は大きいのではないだろうか。

　日本における労働時間に関する労働組合の規制力の弱さは、かつてより批判されていたが、2000 年代以降、長時間労働の是正に関し、労働組合の役割が少しずつ見え始めている。ワーク・ライフ・バランス向上へ向けた労働組合の役割として、労働者の代表である労働組合の目的が、集団的な規制力にあることに立ち戻り、この集団的な規制力を活かした上で、生活保障と健康維持を確保していくことが期待されている。労働組合が今後、労働時間の削減を進め、社会的活動のための時間や自由時間を拡げるためのワーク・ライフ・バランス施策に積極的に関わることが、同施策の成功と失敗を分ける分水嶺といっても過言ではない（石井 2017：206）。また、ヤマト運輸の労働組合は、労使で取り決めたワーク・ルールを守るために、労働組合が仕事量（荷物の総量）を抑制することを経営側に要請し、注目を集めた。労働環境を改善させ、持続させるために、経営側に対して企業経営のあり方にまで踏み込んで発言し、協議した上で、労働条件の改善をする主体として、労働組合の役割が見出された事例と言えよう（首藤 2018：220-223）。労働時間管理のあり方が問い直される現在、働く現場の声を企業経営に反映させながら、今後の「働き方」・「働かせ方」を検討する上で、労働組合の果たす役割が期待されている。

人間らしい労働時間へ向けて

　働く立場に立った働き方のあり方として、近年注目されているのがディーセント・ワークである。このディーセント・ワークという言葉は、1999 年の第

87回ILO総会に提出されたファン・ソマヴィア事務局長の報告において初めて用いられたもので、ILOの活動の主目標と位置づけられた。ディーセント・ワークとは、「権利が保障され、十分な収入を生み出し、適切な社会的保護が与えられる生産的な仕事」、そして「すべての人が収入を得るのに十分な仕事があること」を意味する（国際労働機関（ILO）ホームページ）。ディーセント・ワークとは、要するに「人間らしく働くこと」である。本章でふれた過労死・過労自殺に至るほどの長時間労働からは、人間らしく働く労働環境が破壊され、安心して子育てを行う家庭環境が喪失された日本の「働き方」・「働かせ方」をめぐる問題の深刻性が浮かび上がってくるのではないだろうか。

コラム7　テレワークと労働時間管理

　テレワークとは「情報通信技術（ICT＝Information and Communication Technology）を活用した時間や場所を有効に活用できる柔軟な働き方」と定義されている。テレワークは、①自宅で働く在宅勤務、②移動中や出先で働くモバイル勤務、③本拠地以外の施設で働くサテライト・オフィス勤務がある。日本でテレワークが注目されたのは、コロナ禍における感染症対策を目的としたものが初めてではない。2007年にワーク・ライフ・バランス憲章が策定された際も、「在宅型テレワーク」の導入率を2015年に700万人にするという目標値が掲げられたが、2018年の企業におけるテレワークの導入率は、2割を下回っていた（厚生労働省テレワーク総合ポータルサイト）。その後、新型コロナウイルス感染症拡大が懸念される中で、テレワークを導入する企業が増加した。総務省『令和2（2020）年通信利用動向調査』によると、テレワークを導入している企業の割合は、47.5％であり、前年より27.3ポイントの増加となっている。

　当初、ワーク・ライフ・バランスの向上とともに日本で普及を試みられてきたテレワークであるが、コロナ禍のテレワーク下における長時間労働の問題が指摘されている。日本労働組合総連合会（2020）『テレワークに関する調査2020』によると、テレワーク（在宅勤務）をした人の半数超にあたる51.5％が通常勤務よりも長時間労働になったと回答していることが明らかとなった。また、時間外・休日労働をした人の65.1％が勤務先に申告していないと回答しており、テレワークがワーク・ライフ・バランス向上に寄与しない、むしろ、阻害要因になっていることが懸念される。テレワーク導入時における労働時間管理は、ワーク・ライフ・バランスの向上という視点からもきわめて重要である。また、在宅勤務実施下における長時間労働の発生を防ぐためには、生活時間と労働時間を厳格に分けるための教育訓練を実施する必要があるだろう。

長時間労働によって、現代日本で働く労働者たちは、仕事のやりがいだけではなく、健康と生命をも奪われている。今後、ディーセント・ワーク実現へ向け、生命と健康を守る人事労務管理を展開していくことが求められる。そのためには、労使双方の合意に基づく、人事労務管理のルールを確立していくことが求められよう。

◎ exercise
・労働時間管理が、企業の目的である人的資源管理の効率的活用に結びつくために必要なことは何でしょうか。
・なぜ、長時間労働を是正する必要があるのでしょうか。あなたの考えを述べましょう。
・ワーク・ライフ・バランスやダイバーシティ・マネジメント、働き方改革といった「働きやすい職場」づくりへ向けた取り組み事例を探してみましょう。その取り組みでは、①どのような主体が、②どのような取り組みをしていますか。

【参考文献】

石井まこと（2017）「労働組合とワーク・ライフ・バランス」平澤克彦・中村艶子編著『ワーク・ライフ・バランスと経営学：男女共同参画に向けた人間的な働き方改革』ミネルヴァ書房

今野浩一郎・佐藤博樹（2022）『マネジメント・テキスト　人事管理入門（新装版）』日本経済新聞出版

小倉一哉（2007）『エンドレス・ワーカーズ：働きすぎ日本人の実像』日本経済新聞出版

過労死110番全国ネットワークホームページ「過労死とは」（https://karoshi.jp/learning/whatiskaroshi.html#learning01）2022年10月30日アクセス

上林憲雄（2019）「経営学におけるワーク・ライフ・バランス」大原社会問題研究所『大原社会問題研究所雑誌』No. 723

木元進一郎（1980）『労務管理：日本資本主義と労務管理　9版』森山書店

黒田兼一（2009）「労働時間管理とディーセント・ワーク」黒田兼一・守屋貴司・今村寛治編著『人間らしい「働き方」・「働かせ方」：人事労務管理の今とこれから』ミネルヴァ書房

黒田兼一（2018）『戦後日本の人事労務管理：終身雇用・年功制から自己責任とフレキシブル化へ』ミネルヴァ書房

玄田有史（2010）『人間に格はない：石川経夫と2000年代の労働市場』ミネルヴァ書房

厚生労働省（2019a）『令和元年版　過労死等防止対策白書』

厚生労働省（2019b）『働き方改革：一億総活躍社会の実現に向けて』

厚生労働省（2021）『令和3年版　過労死等防止対策白書』

厚生労働省（2022a）『監督指導による賃金不払残業の是正結果（令和3年度）』

厚生労働省（2022b）『就労条件総合調査』

厚生労働省（2022c）『労働時間制度の概要等について』

厚生労働省ホームページ「労働時間・休日」（https://www.mhlw.go.jp/stf/seisakunitsuite/bunya/koyou_roudou/roudoukijun/roudouzikan/index.html）2022年10月30日アクセス

厚生労働省ホームページ「フレックスタイム制とは」（https://www.mhlw.go.jp/www2/topics/seido/kijunkyoku/flextime/980908time01.htm）2022年10月30日アクセス

国際労働機関（ILO）ホームページ「ディーセント・ワーク」（https://www.ilo.org/tokyo/about-ilo/decent-work/lang--ja/index.htm）2022年10月30日アクセス

笹島芳雄（2002）『現代の労働問題　第3版』中央経済社

佐藤博樹（2017）「ダイバーシティ経営と人材活用：働き方と人事管理システムの改革」佐藤博樹・武石恵美子編『ダイバーシティ経営と人材活用：多様な働き方を支援する企業の取り組み』東京大学出版会

佐藤博樹（2019）「労働時間と勤務場所の管理：労働サービスの供給量と供給のタイミングの管理」佐藤博樹・藤村博之・八代充史『新しい人事労務管理　第6版』有斐閣

首藤若菜（2018）『物流危機は終わらない：暮らしを支える労働のゆくえ』岩波書店

白井泰四郎（1992）『現代日本の労務管理（第2版）』東洋経済新報社

武石恵美子（2012）「ワーク・ライフ・バランス実現の課題と研究の視座」武石恵美子編著『国際比較の視点から 日本のワーク・ライフ・バランスを考える：働き方改革の実現と政策的課題』ミネルヴァ書房

浪江巌（2010）『労働管理の基本構造』晃洋書房

日本労働組合総連合会（2020）「テレワークに関する調査2020」（https://www.jtuc-rengo.or.jp/info/chousa/data/20200630.pdf）2022年10月30日アクセス

森岡孝二（2016）「過重労働と過労死をいかに防止するか」岸－金堂玲子・森岡孝二編著『健康・安全で働き甲斐のある職場をつくる：日本学術会議の提言を実効あるものに』ミネルヴァ書房

労働政策研究・研修機構（2005）「日本の長時間労働・不払い労働時間の実態と実証分析」労働政策研究報告書No. 22

労働政策研究・研修機構（2007）「経営環境の変化の下での人事戦略と勤労者生活に関する実態調査」調査シリーズNo. 38

第6章

ジェンダーと女性労働

1　労働における男女不平等の現実

　世界経済フォーラム（World Economic Forum：WEF）は、毎年各国における男女格差を測るジェンダー・ギャップ指数（Gender Gap Index：GGI）を発表している。この指数は、「経済」「教育」「健康」「政治」の4つの分野のデータから作成されている。これによると、2022年の日本の順位は146ヶ国中116位（前回は156ヶ国中120位）である。日本の「教育」の順位は146ヶ国中1位と世界トップの値である一方、「健康」の順位は146ヶ国中63位、「経済」の順位は146ヶ国中121位、「政治」の順位は146ヶ国中139位となっている。

　これらの指標から、日本の男女間には、経済力や政治的地位の面ではまだ大きな格差があることがわかる。日本の女性は、男性と同等な教育を受け、能力を培うことができるにもかかわらず、その能力を経済・政治分野で十分に発揮できていないということになる。以下では、男女格差を表す主要な経済指標である、雇用や労働に注目して、その背景を探っていくことにする。

賃 金 格 差

　まず、男女の経済格差を表す賃金の状況についてみてみよう。2020年の国税庁『民間給与実態統計調査』によれば、2020年に年間を通じて勤務した給与所得者の平均給与は男性532万円、女性293万円となっている。

　また、2021年の厚生労働省『賃金構造基本統計調査』によると、残業手当などを除いた毎月決まって支給される所定内給与の平均は、男性33万7200円、女性25万3600円となっており、男女間賃金格差（男＝100）は、75.2となっている。学歴や雇用形態で男女の賃金を比べてみるとどうだろう。学歴別

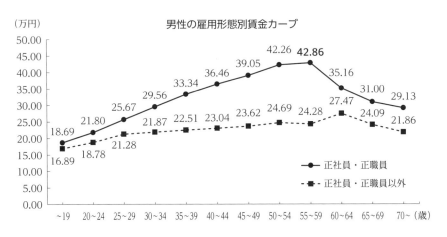

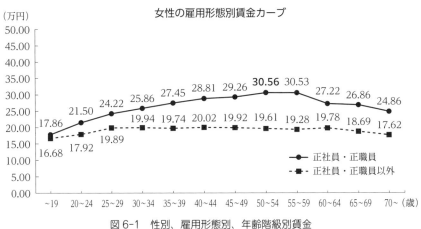

図 6-1　性別、雇用形態別、年齢階級別賃金

出所：厚生労働省『賃金構造基本統計調査』（2021 年）より作成。

に賃金をみると、男性では、高校 29 万 5100 円、大学 38 万 6900 円、女性では、高校 22 万円、大学 28 万 8900 円となっている。雇用形態別の賃金をみると、男性では、正社員・正職員 34 万 8800 円に対し、非正規社員・職員は 24 万 1300 円、女性では、正社員・正職員 27 万 600 円に対し、非正規社員・職員以外 19 万 5400 円となっている。

　男女別に年齢ごとに賃金の変化を捉えた賃金カーブをみると、男性の正社員・正職員では、年齢階級が高いほど賃金も高く、55 ～ 59 歳で 42 万 8600

円と賃金がピークとなり、その後下降している。それに対して女性正社員・正職員では、50 〜 54 歳の 30 万 5600 円がピークとなっているが、男性に比べ賃金の上昇が緩やかとなっている。これらのデータから、同じ学歴であっても男性の方が女性よりも賃金が高く、同じように正規雇用として働いているとしても男女の賃金格差は存在することが確かめられる（図 6-1）。

女性の勤続年数

　次に、就業継続の状況を男女別にみてみよう。先に見た 2021 年の『賃金構造基本統計調査』で平均勤続年数を男女別にみると、男性は 13.7 年で女性は 9.7 年となっている。1981 年から 2021 年の間で平均勤続年数は男性 11.0 年から 13.7 年へと 2.7 年間のびているのに対して、女性も 6.2 年から 9.7 年へと 3.5 年間のびている。男女間の勤続年数の差は縮小傾向にあるものの、依然としてギャップがあることがわかる。第 3 章まででみたように、日本企業の正規労働者の多くは、企業内でいくつかの職務を経験し、その過程で職業能力開発を実現する。職能資格制度のもと、労働者の能力は、勤続期間が長くなるとともに向上すると想定されており、上位資格に上がっていくと次第に賃金は上昇する仕組みになっている。それゆえ、勤続年数が少ない女性は、上位資格につく際に不利となり、男性との賃金格差が生じることとなる。

女性の就業率と非正規雇用

　女性の労働力[1] 率（図 6-2）を年齢別にみると、1989 年は 25 〜 29 歳（57.3%）および 30 〜 34 歳（49.6%）を底とする M 字カーブを描いていたが、2019 年では 25 〜 29 歳が 82.1 %、30 〜 34 歳が 75.4 %と上昇しており、年を経るごとにグラフ全体の形は M 字型から他の先進諸国で見られる台形に近づきつつある。また、女性の就業者数は、2012 年から 2021 年までの 9 年間で約 340 万人増加しており、女性の就業率は 25 〜 44 歳の女性で 78.6 %となっている。このように、女性の就業率は徐々に高まってきているが、その

---

1) 労働力調査では、労働力とは 15 歳以上の人口のうち、「就業者」と「完全失業者」（仕事をしていないが、仕事があればすぐ就くことが可能で、求職活動を行っているもの）を合わせたものをいう。

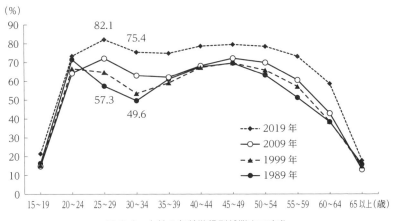

図 6-2　女性の年齢階級別就業率の変化

出所：総務省『労働力調査』より作成。

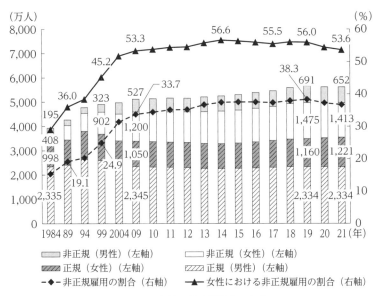

図 6-3　女性の性別就業率の変化

出所：総務省『労働力調査』（1999 年までは特別調査、2004 年以降は詳細集計）
より作成。

多くが非正規雇用であるという点に注意しなければならない。非正規雇用労働者数は、男女ともに1994年から緩やかに増加傾向が続いているが、性別にその内訳を見ると、2021年では男性652万人（21.8%）、女性1413万人（53.6%）と、女性の非正規労働者は男性の2倍以上存在する（図6-3）。

また、1984年以降、労働者全体のうちの非正規雇用の割合が増加しており、1989年には19.1%であったのが2019年には38.3%になっている。従来から、非正規雇用労働者の中で女性の割合は多かったが、それでも1989年の時点では女性労働者のうち非正規雇用の割合は36%程度であった。しかし、1990年代から2000年代にかけて、50%台にまで増加し、2010年代は55%前後を推移している。このことは、1990年代以降の女性の労働力の増加は、主に非正規雇用によるものだったということができる。

2　労働における男女不平等をもたらす企業側の要因

賃金や、雇用形態において男女間の格差があることがわかったが、なぜこのような格差が生じるのだろうか。まず企業側の要因から探っていこう。そもそも企業は、できる限り少ないコストで大きな利潤を手に入れるという目的に向かって合理的に行動する主体である。日本の多くの企業は、男女の処遇を分ける（女性の処遇を下げる）ことで、経営コストを抑え、利潤を最大化するという、企業にとっての合理的行動をとってきたのである。

採用における男女不平等①──統計的差別やアンコンシャス・バイアス

ある属性の人たちを、そのグループの統計の平均値で評価して、処遇していくことを**統計的差別**という。例えば、女性の平均的な勤続年数は男性に比べて短いという統計的事実があることから、企業の採用や人事担当者は、女性は男性よりも早く離職する可能性が高いと判断するような事象である。女性を採用して一人前の社員にするための教育訓練の費用をかけても、投資が無駄になる可能性があるので、女性の採用を控えたり、一般職や非正規雇用として採用したりするのは経済合理性があるとの主張である。このような考え方が、男女の取り扱いを異にすることを正当化する根拠となってきた。

このように統計的に明らかな結果から意識的に行われる差別だけでなく、**無**

意識の差別（アンコンシャス・バイアス）の問題も指摘されている。これは、当事者が差別を行おうと意識的に行った判断ではないが、結果として差別を生じさせるような問題である。例えば、採用の際に「営業は男性」「受付は女性」など、過去の社員の統計的に女性が多い部署の採用で無意識に女性の候補者を優先しているとか、前任者が男性だったので男性の方が優先されるなどといった形で現れる。また、育児休業から復帰した女性に対して、当人への相談なしに、上司が本人の職位と乖離した簡単な仕事を与えるなどの例もある。

　こうした**統計的差別**や、**無意識の差別**が、採用や、賃金決定、昇進などの面で格差を生じさせる要因となっている。ただし、最近になって企業が統計的差別を行うことは、経済合理性があるとの理解に反論が出されている。女性を離職する存在であることを前提に男性と異なる処遇をすることが、逆に女性の離職率を高めてしまう「逆選択」と呼ばれる現象である。大学卒業時においてキャリア意識が強く、仕事内容に満足度を求める女性の方が、転職しやすいことを明らかにした研究もあり（大沢・馬 2015：101-105）、このことが企業にとっては有能な人材を失うことにつながり、かえって教育訓練のコストを浪費してしまうことを示唆している。

採用における男女不平等②──コース別雇用管理制度

　採用の局面でみる男女格差についてみよう。正規雇用として採用される場合にも、日本に特徴的な「新規学卒者」への採用が、その後の賃金や昇進における格差につながっている。1985 年に**男女雇用機会均等法**が成立するまで、女性を男性と比べて就職時に不利な状況に置く慣行が、多くの企業で取られていた。そこで、男女雇用機会均等法では、募集・採用について性別による差別を行うことを禁止したのだが、現在でも、就職をめぐる格差が完全になくなったわけではない。厚生労働省『雇用均等基本調査（企業調査）』によると、2021年春卒業の新規学卒者を採用した企業のうち、男女とも採用した企業が43.1％と最も多くなっているが、男性のみ採用した企業が次に多く、36.8％となっている。

　多くの大企業は、男女雇用機会均等法への対応として、男女間の雇用格差を事実上正当化する**コース別雇用管理制度**を設けるなどの動きをした（濱口

2015：176-185）。「コース別雇用管理制度」とは、社員の昇進、昇格、処遇などについて、複数のキャリアコースをあらかじめ設定し、そのコース別に新規学卒者を募集・採用し、それぞれに分けて雇用管理を行う制度のことをいう。男女雇用機会均等法以前に男性大卒のみを採用していた「基幹的業務又は企画立案、対外折衝等総合的な判断を要する業務」を担当する**総合職**、女性のみを採用していた「主に定型的業務」を担当する**一般職**としてコースを設定したのである。

2021年度の『雇用均等基本調査（企業調査）』によると、いわゆるコース別雇用管理制度が「あり」とする企業割合は、規模別にみると、1000 ～ 4999人では38.2％（2017年度43.5％）、300 ～ 999人では25.4％（同32.6％）、30 ～ 99人では7.2％（同8.0％）であり、中小・中堅規模の企業では前回調査に比べ低下していた。他方で5000人以上の大企業では57.4％（同52.8％）、100 ～ 299人では15.2％（同12.2％）、10 ～ 29人では4.0％（同3.8％）と上昇している。

女性の正社員・正職員に占める各職種の割合は、一般職が43.2％と最も高く、次いで総合職36.1％、限定総合職[2] 13.5％の順となっている。男性の正社員・正職員に占める各職種の割合は、総合職が52.1％と最も高く、次いで一般職31.8％、限定総合職9.9％の順となっている。

このように、特に大企業を中心にコース別雇用管理が行われてきたが、女性が総合職コースを希望することももちろん可能である。しかし、なぜ女性には総合職が少なく、一般職が多くなっているのだろうか。その理由は、のちに詳しく述べるように、女性が家庭生活で期待される役割が影響している。女性が基幹的業務の総合職を選択すれば、仕事のやりがいはあり、昇給や管理職への道が開けるものの、残業が多い上に、転居を伴う転勤もあり得るため、仕事と家庭生活の両立がはかりにくい。家庭責任を負った女性には総合職に求められる条件に応えることが困難であり、多くの女性は、転勤する必要がなく、残業も少なく、仕事と家庭生活の両立がはかりやすい「一般職」を選択してきたの

2）『雇用均等基本調査（企業調査）』において、準総合職、専門職など基幹的な業務や総合的な判断を行う業務に属し、転居を伴う転勤がないまたは一定地域内や一定職種内でのみ異動がある職種と定義されている。

である。第2章や第5章において説明されたように、これまでの日本企業では、男性正規労働者の転居を伴う転勤や、突発的な残業を含めた恒常的な長時間労働がスタンダードな働き方として定着してきた。このことが、女性の働き方やその選択に影響を及ぼしているのである。

配置における男女不平等—性別職務分離

　男女の賃金格差の要因として、ILO（国際労働機関）等、国際的な認識では性別職務分離の問題だと指摘されることが多い。**性別職務分離**とは、女性社員をいわゆる女性向けの職種に、男性社員を男性向けの職種に偏って配置する人事慣行である。例えば、生産、運輸、労務などブルーカラー職業で働く人には男性が多いのに対して販売や事務には女性が多い、などといった傾向として現れる。女性には「繰り返しの多い定型的または補助的な仕事」「男の顧客の気を引き女の顧客を安心させるようなソフトな接客」が向いているとの考えから、コピーやお茶くみ、受付係や販売職などに配置するのが典型的である（熊沢2000：88-89）。

　2016年度の『雇用均等基本調査（企業調査）』では、企業内の「営業」や「広報」等の部門別に男女の配置状況（表6-1）がわかる。「男性のみ配置の職場がある」割合については、「営業」が44.6％（2011年度は48.9％）と最も高く、次いで「生産、建設、運輸」が40.7％（同「生産」39.3％）となっており、「女性のみ配置の職場がある」割合が高いのは、「人事・総務・経理」の28.2％（同25.0％）となっている。このように、男性が多く配置される職域と、女性が多く配置される職域とが存在している。

　大槻奈巳の研究は、男女同一待遇・同一職務で採用された大卒のシステムエンジニアや、旅行業の正社員が、どのような職務に配置されたのかについて検証し、**性別職務分離**による職務の割り当てが行われていることを指摘している。さらに、性別で異なる職務の割り当てが、将来の昇進に影響を与えていることを明らかにしている（大槻2015：38-80）。

　こうした状況を見て、男女には異なる適性があるのではないか、ある程度の**性別職務分離**はあってもよいのではないか、適正に応じてなされる「区別」は「差別」とは違うのではないか、と考える人もいるだろう。

表 6-1　部門別の男女の配置状況

(%)

部門		いずれの職場にも男女とも配置	女性のみ配置の職場がある（M.A.）	男性のみ配置の職場がある（M.A.）
人事・総務・経理	2011 年度	[69.1]	[25.0]	[5.9]
	2016 年度	67.5	28.2	5.0
企画・調査・広報	2011 年度	[72.9]	[5.5]	[21.7]
	2016 年度	72.0	7.3	21.1
研究・開発・設計	2011 年度	[55.9]	[4.9]	[39.2]
	2016 年度	62.6	3.0	34.9
営業	2011 年度	[50.4]	[0.7]	[48.9]
	2016 年度	53.8	1.8	44.6
販売・サービス	2011 年度	[73.0]	[7.9]	[19.9]
	2016 年度	72.0	11.3	17.9
生産、建設、運輸(注)	2011 年度	[59.0]	[1.8]	[39.3]
	2016 年度	57.4	2.6	40.7

（該当部門がある企業＝100.0％）

＊ 2011 年度の［　］内の割合は、岩手県、宮城県および福島県を除く全国の結果。
（注）2011 年度は「生産」として調査した。
出所：『雇用均等基本調査（企業調査）』結果概要、5 頁。

　こうした考えは一見説得力があるように思われるが、以下の点で問題がある。第 1 に、そもそも男女の特性とされるものはしばしば偏見であり、必ずしも実態を反映していないという点である。もちろん、集団としての男女間には、身体的能力や認知能力における違いが存在する。しかし、個人レベルで見れば、一人ひとりの能力は多様であり、女性が全員「ソフトな接客」に向いているなどということはあり得ない。一人ひとりの適性をみるのではなく、「女性だから」という理由だけで仕事を振り分けることで、かえって企業にとって最適な人員配置が妨げられることにもなりかねない。

　第 2 に、性別職務分離が固定化されていると、男女を超えた個々人が持っている能力の発揮が妨げられるということである。家事・育児に向いている人は性別を問わずいるし、障害や病気などでフルタイム（長時間労働）で働くのが

難しい人も性別問わずいる。社会のため、企業や顧客のために自分の知識や能力を生かしたいという女性もいれば、逆に、「専業主夫」のような生き方を望む男性もいる。一人ひとりが進学や就職について、自分で選んで挑戦することができる条件が整っているかどうかが重要である。しかし、現状は、**性別職務分離**の固定化により、望まない働き方を選択せざるを得ない人がいることが問題なのである。また、社会全体の視点で見れば、教育において男女格差が少ない日本においては、本来、公教育で身につけた知識や能力を、男女に偏らず社会に還元することが望まれるのであり、経済合理性にもかなうはずである。

　第3に、「差別ではなく区別だ」という説明は、結果として男女の賃金格差を固定させてしまうことにつながるからである。主に女性に割り振られてきた「補助的」な仕事は、管理職への昇進や賃金の上昇に結びつくことが難しい。こうした男女特性論によって正当化される性別職務分離は、女性たちを待遇の低い職場に押し込めることにつながってしまう。ただの水平的な「区別」であり、男女差別ではないというならば、女性に向いているとされる「補助的」な仕事や「接客」を担当する人に、他の職種と同様の賃金の上昇や管理職と同等の待遇を与えられるようにしなければならない。

能力開発・人材育成における男女不平等①―社内教育訓練制度における格差

　第4章でみたように、日本の多くの企業では、OJT（On the-Job Training）で仕事の幅を広げたり、上位の仕事ができたりするように能力開発が行われてきた。また、企業内での異動（移動）や企業間の異動（移動）を通じて人材育成が取り組まれてきた。しかし、企業は女性に対して、男性と同等には教育訓練を行っていない。

　労働政策研究・研修機構が2018年に実施した『多様な働き方の進展と人材マネジメントの在り方に関する調査』において、勤め先企業における研修が内容ごとにどの程度実施されているかを見ると、すべての項目について女性が男性より低い水準となっている（図6-4）。また、OJTの実施率を見ると、男性が50.7％、女性が45.5％となっており、OECD諸国と比較すると男性が4.4ポイント、女性が11.5ポイント低くなっている。特に、女性において

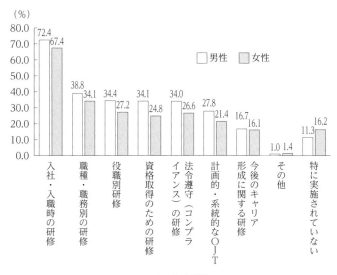

(%)

図6-4　教育訓練

出所：労働政策研究・研修機構『多様な働き方の進展と人材マネジメ
　　　ントの在り方に関する調査』より作成。

OECD 平均との乖離幅が大きい。

　その理由として説明されるのは、先に述べた統計的差別である。女性の勤続
年数が男性と比べると短いため、教育訓練を女性に行っても、結局辞められて
しまったら、回収できないコストが発生するという企業側のリスク認識がある。
勤続年数の平均値が男女間で異なることが、結果として教育訓練の格差につな
がり、昇給・昇進の男女格差につながっているのである。

　また、先に述べたように、女性ではパートタイム労働を中心にした非正規雇
用に就く割合が多い。第4章でも指摘されているように、非正規労働者の職
業能力開発機会は正規労働者に比べて限定されているため、非正規で就職する
ことにより多くの女性にとってキャリア形成の機会が限られてしまうという問
題がある。

能力開発・人材育成における男女不平等②―女性管理職比率の低さ
　先に述べた世界経済フォーラムの「ジェンダー・ギャップ指数」において、

経済分野で特に数値が低かったのは、「管理職の男女比」であった。

　再度 2021 年度の『賃金構造基本統計調査』をもとに、日本の女性管理職の割合を確認すると、常用労働者 100 人以上を雇用する企業の労働者のうち管理職に占める女性の割合は、上位の役職ほど女性の割合が低く、係長級 20.7%、課長級 12.4%、部長級 7.7% である。1989 年の時点では、それぞれ 4.6%、2.0%、1.3% であったことから、年々上昇しつつあるものの、諸外国ではおおむね 30% 以上となっているのに対して、日本は 2021 年で 13.2% となっており、諸外国と比べて低い水準となっている。

　先にみたように、そもそも女性は総合職の採用数が少ないため、おのずと管理職候補の女性も少ない。一般職である限りは昇進・昇格に必要な教育訓練や業務経験を積み重ねる機会を得にくくなってしまう。他方で総合職を選んだとしても、残業の多い働き方を期待されることから、管理職になることを躊躇する女性もいる。実際、長時間労働が昇進率に影響し、長時間労働の男女差が管理職割合の男女格差を生み出しているという研究結果がある（山口 2014：33）。1997 年の男女雇用機会均等法改正に伴う労働基準法改正では、産前産後休暇の延長等の母性保護策が拡充された反面、女性の時間外労働・休日労働・深夜業や危険業務における規制の廃止など女性労働者に対する保護措置は撤廃・緩和という形式的な平等が追求された。すなわち、女性が管理職を目指す、さらに管理職になった場合には、男性と同様の時間外労働や休日労働を求められるということである。また、第 2 章において説明されたように、日本企業の多くで採用される職能資格制度において、従業員が保持する職務遂行能力を評価する手段として実施されている人事査定が、女性の働き方にも影響を及ぼしてきたと考えられる。子育て中や家庭責任が重い女性は、長時間働けない、転勤に応じられないという問題に直面するため、その点で男性と比較して評価が低くつけられかねない。また、男性と同様の条件で働けないことから成果が出せず、業績考課でも高い評価は得られないため、人事査定の評価が低くなってしまう。

　以上のような理由から、女性正規労働者は、総合職であっても、企業内で昇進・昇格する機会は男性正規労働者と比較して少なくなってしまい、このことが男女間賃金格差の一因となっている。もし企業が性別に関係なく従業員を平

等に評価し、仕事を担当させているならば、女性管理職の割合が男性に比べて
ここまで低くなることはないはずである。

3 労働における男女不平等をもたらす労働者側の要因

　日本の職場の男女不平等の要因には、企業の雇用慣行があることがわかった。
しかし、労働者側がそれを受け入れない限り、そのような慣行が長期にわたっ
て固定化することはない。現に、多くの女性が一般職やパートタイム労働に就
くことを選択していることから、格差の根本的な要因は女性たちの意識や甘え
によるものだとみる考え方もある。以下では男女不平等が固定化されるメカニ
ズム全体を明らかにするために、労働者側の要因についてみていく。

性別役割分業意識と女性の働き方

　女性の働き方は、家族のあり方や家事・育児・介護などのケア労働と深くむ
すびついている。「男性は外で働き、女性は家庭で家事・育児をする」という
性別役割分業意識が強い社会では、たとえフルタイムの共働きでも家事・育
児・介護のほとんどは女性が担うことになりやすく、女性労働者にとって、仕
事と家庭生活の両立が大きな課題となる。

　第3章でみたように、戦後から高度経済成長期にかけて定着した日本の賃
金制度は、本人給に加えて家族給が含まれる形になっていた。これは、男性稼
ぎ主の賃金水準を生活保障に見合うものとして想定しており、このような男性
稼ぎ主の賃金に家族の生活を保障する内容を含むことで、男性稼ぎ主とともに
暮らす家族の生活を保障してきた。他方で、頻繁な残業、時間外での仕事仲間
や取引先との付き合い、転居を伴う転勤といった日本特有の雇用慣行は、男性
正規社員に、生活（ライフ）よりも仕事（ワーク）を優先することを求めてきた。
男性のこういった労働生活は、妻である女性が一切の家事と育児や介護などの
身内に対するケアに必要な労働を担うことなしには成立しない。サラリーマン
の夫と専業主婦の妻と子どもという日本の標準的家族像は、「夫の役割は仕事、
妻の役割は家事」という性別役割分業を背景に、形成されてきたのである（大
沢 1993：114-119、濱口 2015：210-213）。

性別役割分業意識と女性への間接差別

　性別役割分業意識が強く、女性に家庭でのケア役割が集中する社会では、たとえ総合職を選択した女性であっても、いったん家庭を持つことになれば、男性と同等の成果を出すことが難しくなってしまう。管理職を目指そうにも、育児・家事との両立の中では、男性と同じ条件で管理職試験の勉強もできず、男性と同じように残業はできないため管理職業務をこなすのは難しい状況に置かれる。多くの働く女性たちは、独身、または子どもを持たずに仕事に専念するか、キャリアはあきらめて家庭を優先するかという二者択一を迫られてきた。

　たとえ個々の企業に男女差別の意図がなく、女性を管理職として育てようとしても、社会全体の性別役割分業意識が強ければ、実際には女性は昇進を目指さない。このような状況を**間接差別**という。これは、直接的には男女に同一の条件で採用や募集が行われているとしても、実質的には女性が不利になってしまう状況である。これは、家庭でのケア役割が期待されない男性と同様の働き方ができる女性の割合が男性に比べてきわめて少ない社会で起こりやすい。間接的にではあるが、女性を差別してしまう結果になるため、間接差別というのだ（熊沢 2000：84-86）。近年、生涯仕事を続けたいと考える女性が増えている。しかし、企業が、転勤や残業が必須だが幹部候補生として教育訓練が受けられる「総合職」と、仕事は限定的だが定時退社が可能な「一般職」という選択肢しか与えないならば、十分な能力のある女性も後者を選ぶ可能性が高い。この結果、採用された時点で能力に差がない男女でも、将来の賃金格差が生じることが確実になる。社会や家庭における性別役割分業意識に起因する様々な慣行が、男女の賃金格差につながり、女性の能力発揮やスキルアップを難しくしているということである。

　さらに、今日の性別役割分業のあり方は、女性の就業継続の断念や非正規雇用の選択にも深く関わっている。厚生労働省の委託研究である『令和2年度仕事と育児等の両立支援に関するアンケート調査報告書』によると、末子妊娠判明当時に会社を辞めた回答者について、女性正社員が仕事を辞めた理由をみると、「仕事を続けたかったが、仕事と育児の両立の難しさで辞めた（就業を継続するための制度がなかった場合を含む）」が41.5％で最も回答割合が高く、次いで「家事・育児により時間を割くために辞めた」が29.2％となっている。先にも

述べたように、女性の就業率は年々増加傾向にあるが、その多くは非正規雇用である。世帯単位で見てみると、「雇用者の共働き世帯」は増加傾向にあり、2021年では1177万世帯で、夫婦のいる世帯全体76.9%を占めている。しかし、妻の働き方別に見ると、妻がフルタイム労働（週35時間以上就業）の世帯数は、1985年以降、400〜500万世帯と横ばいで推移している一方、妻がパートタイム労働（週35時間未満就業）の世帯数は1985年以降、約200万世帯から約700万世帯へ増加しており、2021年に691万世帯となっている。やはり、女性の就業率の増加や共働き世帯の増加は、パートタイム労働の増加によるものと考えられる。

　以上のように、日本の女性の働き方は、日本企業の雇用慣行と性別役割分業意識の強さから強く影響を受けている。また、それだけでなく、男性労働者と専業主婦と子どもという家族が前提されて作られた日本の税制や社会保障の諸制度が、これらの規範や意識を強化する役割を果たしている。例えば、税制において、配偶者や子の扶養、老人や障害者との同居や扶養がある場合には、税金の負担が軽くなるという扶養控除の制度がある（大沢 2007：61-67）。『就業構造基本調査』によると、2017年の有配偶の非正規雇用労働者の女性では、所得が50〜99万円の者の57.5%、所得が100〜149万円の者の54.4%が、収入を一定の金額以下に抑えるために就業時間や日数を調整する「就業調整」をしていると回答している。この就業調整が、女性の所得が低い要因の一つとなっており、有業の既婚女性の約6割は、年間所得が200万円未満である。また、賃金の一部として家族手当を支給している企業は減少傾向にあるが、2021年時点においても企業規模50人以上、かつ、事業所規模50人以上の全国の民間事業所の約4分の3が家族手当を支給しており、さらにそのうち約4分の3が従業員の配偶者に家族手当を支給している。従業員の配偶者に家族手当を支給している企業のうち、配偶者の収入による制限がある企業は86.7%で、その多くが103万円（45.4%）または130万円（36.9%）といった、いわゆる「年収の壁」と連動した収入制限を設けている。このように、税制、社会保障制度、企業の配偶者手当といった制度・慣行が、女性を専業主婦、または妻は働くとしてもパートタイム労働で家計の補助という枠内にとどめている要因である。

よく、「女性がパートタイム労働を望んでいるのだ」「扶養の範囲内で働くことを求める女性がいるのだから、賃金が低いのは合理的なのだ」と、現状の格差が合理的だとする主張がある。しかし、本来は男女を問わず能力に基づいた最適な人員配置をするためにも、女性に対する教育投資を社会全体に還元するためにも、雇用における男女平等を推進することが経済合理性にもかなうはずである。性別役割分業意識を背景にした社会の規範やそれに基づく諸制度を見直していく必要があるのではないだろうか。

4　男女平等と人事労務の課題

　日本の職場の男女不平等の要因には、**統計的差別**や**コース別雇用管理**などの、企業の雇用慣行がある。他方で、そういった雇用慣行が合理的なものとして正当化されてきたのは、社会の性別役割分業意識が背景にあることがわかった。それでは、日本における労働の男女不平等をどのように解決していけばよいだろうか。

夫婦の家事育児時間と男性の育児休業取得問題

　2021 年の『社会生活基本調査』によると、「家事」「介護・看護」「育児」および「買い物」を合わせた家事関連時間は、男性は 51 分で、女性は 3 時間24 分となっている。女性は 1 日当たり男性の 3.8 倍の時間を家事関連時間に費やしている実態がわかる。過去 20 年間の家事関連時間の推移（表 6-2）を見ると、2001 年に比べ、男性は 20 分の増加、女性は 10 分の減少となっている。男女の差は 2 時間 33 分で 2001 年の 3 時間 3 分と比べると 30 分縮小しているが、依然として差は大きい。また、子どもがいる世帯のうち 6 歳未満の子どもがいる世帯について、夫と妻の家事関連時間をみると、夫は 1 時間 54 分、妻は 7 時間 28 分となっている。

　他方で、内閣府が公表している『仕事と生活の調和（ワーク・ライフ・バランス）レポート 2019』によると、夫の家事・育児時間が長いほど、就業を継続する妻の割合が高くなっている。女性側に偏りがちな育児や家事の負担を夫婦で分かち合うことで、女性の出産意欲や継続就業の促進にもつながるのである。現状では、男性の家事参加時間は増加傾向にあるものの、雇用における男女平

表 6-2　過去 20 年間の家事関連時間の推移

	夫					妻				
	2001 年	2006 年	2011 年	2016 年	2021 年	2001 年	2006 年	2011 年	2016 年	2021 年
家事関連時間	0:48	1:00	1:07	1:23	1:54	7:41	7:27	7:41	7:34	7:28
家事	0:07	0:10	0:12	0:17	0:30	3:53	3:35	3:35	3:07	2:58
介護・看護	0:01	0:01	0:00	0:01	0:01	0:03	0:03	0:03	0:06	0:03
育児	0:25	0:33	0:39	0:49	1:05	3:03	3:09	3:22	3:45	3:54
買い物	0:15	0:16	0:16	0:16	0:18	0:42	0:40	0:41	0:36	0:33

出所：総務省『令和 3 年社会生活基本調査結果の概要』により作成。

等を実現するには、いっそうの男性の家庭生活の参加が望まれる。

　また、女性の雇用継続のためには、育児休業制度を利用してキャリアを継続できるかどうかが重要である。加えて男性が育児休業を取得すれば、男性の家事育児参加を促進し、さらに女性の就業継続を後押しすることになる。『雇用均等基本調査』によると、2021 年度の男性の育児休業取得率は 13.97％、女性は 85.1％である。育児休業取得期間は、女性で、10 ヶ月以上の取得が 8 割を超えている。それに対して、男性は「5 日～ 2 週間未満」が 26.5％（2018 年度 35.1％）と最も高く、次いで「5 日未満」が 25.0％（同 36.3％）、「1 か月～ 3 か月未満」が 24.5％（同 11.9％）となっており、2 週間未満にとどまる人が 5 割を超えている。以上で見たように、男性の育児休業取得率は徐々に上昇しているが、取得率も取得期間もまだまだ少ないのが現状だ。

　東京都産業労働局『令和元年度　東京都男女雇用平等参画状況調査結果報告書』によると、男性の育児休業取得に当たっての課題について、従業員からは「職場がそのような雰囲気ではない」51.3％、「キャリア形成において不利になる懸念」37.1％となっている。以上のことから、男性の家事育児への参加や、育児休業の取得をこれまで以上に促進するためには、男性労働者の長時間労働の問題を社会的に是正すること、さらに子育てが昇格の不利になるような企業内部のルールを改善することが必要である。このようにみると、「女性の労働問題」は、「男性の労働問題」の裏返しであるともいえる。女性の側に現れた

困難は、職場で人間らしく働くための男性の問題でもあるのだ。

日本の労働における男女不平等克服のために

　雇用における男女不平等を克服するための一つの方策に、**アファーマティブ**

> ### コラム8　ダイバーシティ・マネジメントと職場における LGBT の課題
>
> 　従来の日本企業では、男性を中心に人事制度を整備してきた。しかし、最近になって、多様な人材の採用が企業に求められ、「ダイバーシティ・マネジメント」に取り組む企業が増えてきた。ダイバーシティとは、多様性という意味であり、性別、年齢、国籍、障がいの有無などあらゆる多様性を積極的に受け入れ、多様な価値観を有する幅広い層の人材を確保し、その能力を最大限発揮してもらうことを目的とした考え方である。中でも、性的指向・性自認に関する社会の関心の高まりを背景として、いわゆる LGBT の人たちにとっても働きやすい職場環境を実現していくことが重要な課題となってきた。2015 年に ILO 事務総長が出した声明では、「世界で成功している大手企業の多くが LGBT に関するものを含む多様性戦略を前進させて」おり、「フォーチュン誌による企業ランキング上位 500 社の 9 割近くが性的志向や性同一性に基づく差別を禁止している」と指摘している。アメリカでは、Human Rights Campaign という団体が、毎年各企業の LGBT を平等に扱う取り組みを点数化して公表しており、こうした取り組みに積極的でない企業がメディアなどで批判を受けるようになった（柳沢・村木・後藤 2015：12）。グローバルに活動する大手企業にとっては、LGBT の社員が安心して働ける環境をつくることは、優秀な人材の確保を図るためにも、いまや死活問題になっている。
>
> 　しかしながら、日本社会では、一部の大手企業や外資系企業を除いて LGBT に対する理解は進んでおらず、当事者に対する深刻なハラスメントや、当事者が低所得に追い込まれるという問題がある。NPO 法人虹色ダイバーシティが 2014 年から 2016 年にかけて実施した調査では、LGBT が職場において様々な困難を感じていること、さらには職場での差別的言動によって勤続意欲が低下し、離職につながるおそれがあることや当事者が貧困状態に陥る要因になっていることが明らかにされている（三成 2019：66-67）。
>
> 　これらの問題は、雇用機会均等法をはじめとして、既存の法制度で解決できるケースもあるが、LGBT 差別禁止法などという形での新たな差別禁止立法が必要なケースもある。性自認を尊重しないことは人格権侵害になりうる。これから、多様な人々にとって良好な労働条件や職場環境を実現するには、新たな差別禁止立法が求められるとともに、企業が LGBT 施策に取り組み、すぐれた取り組みを普及させていくことが重要である。

アクション（積極的差別是正措置）がある。海外では、現に存在しているマイノリティ（少数人種、女性、障害者）への差別を改善するための取り組みが、目的意識的に実施されている。日本では、男女労働者間に事実上生じている差を解消するために、個々の企業が進める自主的かつ積極的な取組のことをポジティブ・アクションと呼ぶことが多いが、**アファーマティブアクション**のうちの一つである。**アファーマティブアクション**の例としては、政治・企業・教育といった社会的組織の中で、特定の属性を持つ者に一定の枠を割り当てるクォータ制や、日本の男女雇用機会均等法に代表される様々な局面での差別を禁止する方策があげられる。最も強い規制であるクォータ制は、社会的に弱い立場にあるマイノリティを優遇するあまり、マジョリティへの差別につながってしまう逆差別につながるのではとしばしば批判を受けてきた。しかし、先に説明した統計的差別が幅広く見られることにも明らかなように、採用や配置の点で能力を示すチャンスさえ与えられない層が存在する限り、クォータ制にも合理的根拠があるといえるだろう。

　男女雇用機会均等法の 2006 年改定では、妊娠・出産・産休取得を理由とする解雇や不利益取り扱いが明確に禁止され、総合職の採用・募集での転勤要件は、「合理的な理由」を欠く場合は禁止となった。また、2014 年の施行規則の改定では、すべての労働者の募集、採用、昇進、職種の変更をする際に、合理的な理由がないにもかかわらず転勤要件を設けることは禁止された。**男女雇用機会均等法**のこういった展開が、社会の性別役割分業意識をどのように変容させるのかが今後問われてくるだろう。

◎ exercise
・女性向き、男性向きとされる職業・職種の具体例を出して、それぞれの賃金や雇用形態がどのようになっているのかを調べてみましょう。
・「出生動向基本調査」の「独身調査」の調査票をダウンロードし、回答してみましょう。
・上の回答をもとに、あなたの理想の仕事と生活のあり方を実現するために、仕事をしている人の帰宅時間や、育児休業の取得しやすさなど、日本社会の働き方で解決しないといけない課題はあるか、考えてみましょう。

【参考文献】

大沢真知子・馬欣欣（2015）「高学歴女性の学卒時のキャリア意識と転職行動：『逆選択』はおきているのか」『現代女性とキャリア』第 7 号、87-107 頁

大沢真理（1993）『企業中心社会を超えて：現代社会を〈ジェンダー〉で読む』時事通信社

大沢真理（2007）『現代日本の生活保障システム：座標とゆくえ』岩波書店

大槻奈巳（2015）『職務格差』勁草書房

熊沢誠（2000）『女性労働と企業社会』岩波新書

濱口圭一郎（2015）『働く女子の運命』文春新書

労働政策研究・研修機構（2018）「多様な働き方の進展と人材マネジメントの在り方に関する調査」

三成美保編著（2019）『LGBTI の雇用と労働』晃洋書房

柳沢正和・村木真紀・後藤純一（2015）『職場の LGBT 読本』実務教育出版

山口一男（2014）「ホワイトカラー正社員の男女の所得格差：格差を生む約 80%の要因とメカニズムの解明」RIETI Discussion Paper Series 14-J-046

国際反ホモフォビア・トランスフォビアデーにおけるガイ・ライダー ILO 事務局長の声明（https://www.ilo.org/global/about-the-ilo/how-the-ilo-works/ilo-director-general/statements-and-speeches/WCMS_368652/lang--en/index.htm）

非正社員

1　正社員減少と非正社員増大の要因

非正社員はワーキングプア

　現在、正社員の数が減少し、非正社員の数は増加する傾向にある。図7-1は、この25年間の正社員数と非正社員数の推移を表している。

　正社員は、1997年には3812万人いたが、2022年には3588万人に減っている。224万人の減少である。一方、非正社員は、1997年には1152万人だったが、2022年に2101万人に増えている。こちらは949万人の増加である。この結果、労働者に占める非正社員の割合は、23.2％（1997年）から36.9％（2022年）に高まった。

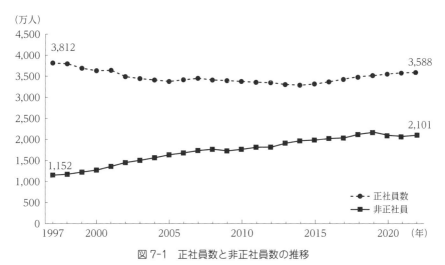

図7-1　正社員数と非正社員数の推移

注：2001年までは各年2月の数値。
出所：総務省『労働力調査』より作成。

近年、**ワーキングプア**という言葉が、ニュースや新聞でよく使われる。ワーキングプアとは、働いているにもかかわらず、貧困から抜け出せない人々のことである。だいたい年収 200 万円に満たない労働者のことを指している。そして、増大している非正社員の 70.3％が年収 200 万円未満の人々である（総務省『労働力調査』2022 年）。つまり、非正社員の増大とは、貧困の状態にある人々が増えているということでもある。日本社会の状態を表す言葉に「格差社会」という言葉も使われるが、格差が拡大する根本理由、同じことだが貧困が日本社会で広がる根本理由は、この非正社員が増大している点に求められる（二宮（2007）の第 2 章を参照）。

グローバル競争の激化

　どうして正社員が減って、非正社員が増えたのだろうか。その原因について考えるには、1980 年代の半ばまで、日本の製造業がどうやって利益を出していたのか、ということを知っておかなければいけない。日本の製造業は 1980 年代半ばまで、主に日本国内で製品を作って、それを国内で売るだけでなく、海外に輸出して利益を上げてきた。1955 年以降、日本は高度経済成長を達成するが、そこには輸出の急速な拡大を伴っていた（林 1996：61-63）。

　輸出の急拡大は、欧米諸国との間に貿易摩擦を生じさせることになる。アメリカでは、日本製品に対する激しい反発が起こり、製品の叩き壊しや不買運動が行われた（黒田 2020：314）。日本政府はアメリカ政府と、1977 年にはカラーテレビの輸出自主規制、1981 年には自動車の輸出自主規制の合意を余儀なくされた。

　決定的だったのが 1985 年の**プラザ合意**である。1985 年にニューヨーク市にあるプラザホテルに先進 5 ヶ国（日本、アメリカ、イギリス、旧西ドイツ、フランス）の大蔵大臣・中央銀行総裁たちが秘密裏に集まって会議を行った。そこで合意された内容がプラザ合意である。合意内容は、ドル高を是正するために、各国が外国為替市場に協調介入をするというものだった。これにより、円安ドル高だった為替相場が、円高ドル安に急変した。実際、1985 年には 1 ドル＝240 円だった為替相場が、2 年後の 1987 年には 1 ドル＝140 円になった。円高になると日本の製造業は輸出しづらくなる。

それでは、日本の企業はどう対処したのだろうか。日本企業は、プラザ合意が行われた1985年以降、これまでのように国内生産による輸出を続けながらも、アジアの国々に進出して、そこで工場を作って海外生産に力を入れるという戦略をとるようになった[1]。なぜアジアの国々に進出したのかというと、人件費が安く済むからだ。図7-2を見てほしい。

　図7-2は、2009年時点で、日本（横浜）の労働者の賃金を100としたときに、アジア各国の労働者の賃金がどのくらい低いのかを表している。例えば中国の広州の賃金はわずか10であり、日本の10分の1である。バングラデシュのダッカは2であり、50分の1。ミャンマーのヤンゴンにいたっては1.2で、83分の1である。賃金が50分の1、あるいは83分の1というのは、日本で労働者1人を雇う金額で、ダッカでは50人、ヤンゴンでは83人雇えてしまう、ということである。そのくらい賃金が低い。

　日本の企業は、プラザ合意によって円高・ドル安に変わって以降、コストの安いアジアの国々に進出して、次々と工場を作っていくことになった（大木

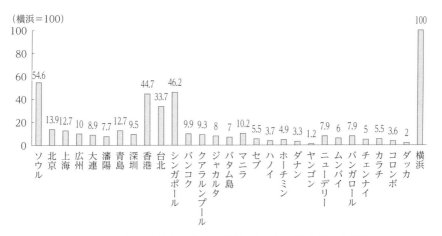

図7-2　アジア主要都市・地域の労働者（一般工職）年間実負担額

原出所：日本貿易振興機構海外調査部『第20回　アジア主要都市・地域の投資関連コスト比較』、2010年4月より作成。

出所：柴田（2014：41）。

1）プラザ合意を直接のきっかけとして、日本企業が海外進出を本格化させた点については、後藤（2002：80-84）を参照されたい。

1996：105-107）。これが企業活動のグローバル化であり、少しでもコストのかからない国や地域を求めて企業同士の競争が激しくなることが、グローバル競争の激化である。

　グローバル競争が激化すると、日本企業は安い人件費を求めて海外に進出するだけでなく、日本国内の労働者の人件費を、アジアの労働者並みに、できるだけ引き下げようと考える。後者の行動が、正社員の賃金抑制や、正社員数の減少と非正社員数の増大を生じさせている。

『新時代の「日本的経営」』

　1995 年に日経連（日本経営者団体連盟、現日本経団連）は、『**新時代の「日本的経営」**』を発表した。この報告書は、今後、日本において正社員数を抑制し、非正社員数を増やしていくことを経済界が宣言したものとして、とても有名である。表 7-1 は、同報告書に掲載されている図表である。そこでは、従来の正社員をこれからは 3 つのグループに分類することが記されている。3 つのグループとは、長期蓄積能力活用型グループ、高度専門能力活用型グループ、雇用柔軟型グループの 3 つである。

　「雇用形態」と書かれている欄を見ると、長期蓄積型は、「期間の定ママのない雇用契約」と記されている。つまり、長期蓄積型は今まで通り正社員にするとい

表 7-1　日経連による労働者の 3 分類

	雇用形態	対象	賃金	賞与	退職金・年金	昇進・昇格	福祉施策
長期蓄積能力活用型グループ	期間の定のない雇用契約	管理職・総合職・技能部門の基幹職	月給制か年俸制職能給昇給制度	定率＋業績スライド	ポイント制	役職昇進職能資格昇格	生涯総合施策
高度専門能力活用型グループ	有期雇用契約	専門部門（企画、営業、研究開発等）	年俸制業績給昇給なし	成果配分	なし	業績評価	生活援護施策
雇用柔軟型グループ	有期雇用契約	一般職技能部門販売部門	時間給制職務給昇給なし	定率	なし	上位職務への転換	生活援護施策

出所：新・日本的経営システム等プロジェクト（1995：32）。

うことである。ところが、高度専門型と雇用柔軟型の雇用形態は、「有期雇用契約」と書かれている。有期雇用契約とは非正社員のことである（第1章の注5参照）。つまり、高度専門型と雇用柔軟型に分類された正社員は、これからは方針を変えて、非正社員にするということが記されている。

　それでは、この3つのグループにはどのような職種で働く人々が該当するのだろうか。表7-1の「対象」と書かれている欄を見ると、長期蓄積型に分類される労働者は、管理職や、将来管理職になることが期待されている総合職、そして技能部門の基幹職だけである。一方、高度専門型は「専門部門」の労働者、また雇用柔軟型は「一般職、技能部門、販売部門」の労働者たちが該当する。つまり、企業内の中心的な労働者だけを正社員として残し、その他の一般業務や専門業務に従事する大多数の労働者は、非正社員に切り替えることを打ち出した。

　その結果は、すでに図7-1で見たように、正社員数が224万人減り、その代わり非正社員数が949万人増大することにつながった。そして、企業の利益は、この間、非常に増大した。図7-3は、企業の経常利益の総額と、民間企業の労働者（非正社員も含む）1人当たりの給与（年額）の推移を表している。

　企業の経常利益は、1997年度を100とすると、2021年度は302であり、3倍に増えた（2021年度の経常利益は史上最高額）。ところが、労働者の給与は1997年を100とすると、2021年は91である。この間、1998年も100であるのを除いて、100を下回り続けている。多くの企業は、儲けた利益を従業員に還元しないどころか、正社員を減らして非正社員を増やし、その結果、民間給与は全体的に低迷し続けている。

　なお、図7-3の右下に、「いざなぎ景気」の時の経常利益と給与の伸び率の推移を、「参考」として掲載した。いざなぎ景気とは、1965年11月から1970年7月まで（つまり、グローバル競争が激化する以前の時期）、4年9ヶ月にわたって続いた好景気のことである。いざなぎ景気のグラフを見ると、企業の利益が上がると同時に、民間給与も上がっている。当時の企業は、利益上昇に貢献した労働者に賃上げで報いていたことがわかる。

　それではなぜ、現在の日本企業は、いくら儲かっても、その利益を従業員に還元しなくなってしまったのだろうか。それは、企業活動のグローバル化に

年度	経常利益		民間給与	
	億円	伸び率	千円	伸び率
1997	278,058	100	4,183	100
1998	211,642	76	4,185	100
1999	269,233	97	4,032	96
2000	358,660	129	4,082	98
2001	282,469	102	4,001	96
2002	310,049	112	3,887	93
2003	361,989	130	3,753	90
2004	447,035	161	3,766	90
2005	516,926	186	3,710	89
2006	543,786	196	3,670	88
2007	534,893	192	3,672	88
2008	354,623	128	3,652	87
2009	321,188	116	3,502	84
2010	437,275	157	3,547	85
2011	452,748	163	3,583	86
2012	484,611	174	3,521	84
2013	596,381	214	3,595	86
2014	645,861	232	3,614	86
2015	682,201	245	3,612	86
2016	749,872	270	3,562	85
2017	835,543	300	3,671	88
2018	839,177	302	3,716	89
2019	714,385	257	3,879	93
2020	628,538	226	3,701	88
2021	839,247	302	3,807	91

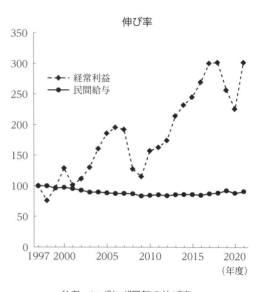

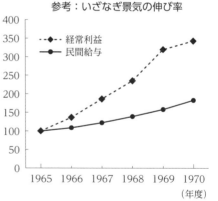

図 7-3　経常利益と民間給与の推移と伸び率

注1：経常利益には金融業と保険業は除かれている
注2：「経常利益」には日本企業の海外子会社の利益は含まれていない。
注3：「民間給与」は非正社員も含んだ数値である。
注4：「民間給与」は年度ではなく、年。
出所：財務省『法人企業統計調査』、国税庁『民間給与実態統計調査』より作成。

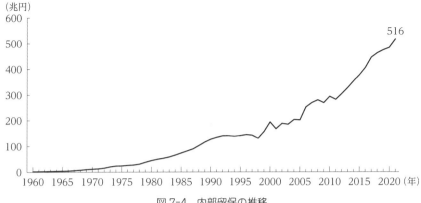

（兆円）

図7-4　内部留保の推移

注：金融業と保険業は除く。
出所：財務省『法人企業統計調査』より作成。

よって、日本の労働力は常にアジアの労働力と比較されるようになったからだ。
その結果、日本国内でも、賃金をアジア並みに引き下げる圧力が強力に作用し
ている。こうして、企業が利益を上げても、その成果を労働者に還元しない。
労働者が「賃金を上げろ」と企業に要求すれば、「それだったら、生産拠点を
アジアに移してしまうぞ」と企業に返されて、労働者は口をつぐんでしまう状
況になっている。

　労働者の賃金が下がれば、当然、日本国内の消費需要は低下する。労働者や
その家族はモノを買うことを控えるからだ。モノが売れなければ、企業はさら
にコストをカットする。労働者の賃金を減らしたり、労働者をリストラしたり
する。その結果、国内需要はさらに低下する。また、国内需要が低迷すれば、
企業は国内の設備投資を控えることになる。モノが売れなければ、新しい設備
に買い換えたり、新しい工場を建てたりしないからだ。

　史上最高の利益を出しているのに、労働者に賃金を支払わないし、設備投資
にお金も使わない。その結果、企業内部に溜め込まれる内部留保の金額が過去
最高の516兆円（2021年度）に達している（図7-4参照）。非正社員の拡大は、
企業が経営的に苦しいから起きているのではなく、事実はその逆である。企業
は史上最高の利益、史上最高の内部留保を更新し続ける中で非正社員を増やし

ているのである。

コストから品質重視の経営を

　内部留保を労働者の賃金として還元すれば、ワーキングプアを無くすだけでなく、消費も高め、設備投資も行われることになるので、日本経済に良い循環を生み出すことにつながる。そのために必要なことは、非正社員の活用を規制することである。「非正社員の活用を規制すると日本企業の国際競争力が低下する」という批判がある。こうした主張に見られるように、グローバル競争（国際競争）というと、一般的にコストの競争だと捉える向きがある。しかし、コストではなく、製品やサービスの質で勝負する時代がきているのではないか。

　コストで勝負して、人件費の安い非正社員をたくさん採用すれば、短期的にはその企業の利益が上がるかもしれないが、それで長期的な競争に勝てるとは思えない。言うまでもなく、顧客が喜ぶような製品を作ったり、サービスをするのは労働者本人である。その労働者が明日の生活がどうなるかわからないような不安な日々を送っていたとすれば、いいアイディアを思いついたり、充実したサービスをすることは不可能であろう。

　コストで勝負するのではなく、商品やサービスの質で勝負する、そのためには人を大事にしなければならない（雇用を安定させ、生活できる賃金を支給し、企業内教育をしっかり行う）。そのことを踏まえれば、従来のグローバル競争は、大きな反省を迫られていると思われる。

2　非正社員についての法制度

　第1節において非正社員の拡大とその要因について述べたが、第2節では、非正社員に関する法制度について、国際比較も交えて見ていきたい。

非正社員とは

　非正社員とは何かについては、すでに第1章の注5において簡潔に述べたが、あらためて説明したい。

　非正社員とは、例えばパートや契約社員、派遣労働者といった労働者たちのことである。こうした労働者は、3ヶ月や1年など、期間を区切って雇われて

いる。つまり、非正社員とは、雇用契約の期間が定められている**有期雇用契約**を結んで働いている人々のことである。

　一方、正社員とは無期雇用契約で働く労働者のことである。そのため、いったん正社員として採用されると定年まで働くことができる。もちろん、途中で解雇される可能性があるが、第1章で述べたように、企業が労働者を解雇することは労働法上では規制されている。

　それに対して、非正社員は短期で雇われているので、期限が来れば自動的に会社を辞めざるを得なくなる。運良く、雇用契約が更新できて、例えばあと3ヶ月間働くことができたとしても、3ヶ月後には雇用契約の期限がまた来てしまう。その時には、再び雇用契約が更新されるかどうか非常に落ち着かない日々を過ごすことになる。つまり、非正社員の最大の問題は、この**雇用の不安定性**にある。

　企業にしてみれば、非正社員を雇うことは非常に都合がいい。商品の売れ行きが悪くなって業績が落ちてくれば、コストを抑えるために、企業は労働者を辞めさせたいと考える。正社員であれば簡単に解雇することはできないが、非正社員であれば短期の雇用契約を結んでいるので、雇用契約を更新しなければ、自動的に辞めさせることができる（雇用契約を更新せずに期間満了で辞めさせることを**雇止め**という）。企業にとって、これほど都合のいいことはない。

非正社員規制の国際基準

　そのため、労働者保護の観点から、非正社員という雇用形態を使う場合は例外的なものに限定するべきだという考えが国際基準になっている。ILO（国際労働機関）では、毎年、ほぼすべての国の代表者が集まって総会を開き、条約や勧告を準備して採択する。その勧告の1つに、ILO166号勧告「使用者の発意による雇用の終了に関する勧告」（1982年採択）がある。

　この166号勧告では、有期雇用について次のような措置の制定を勧めている。（1）有期雇用は、「作業の性質」「作業が行われる条件」「労働者の利益」にかんがみて、有期雇用にせざるを得ない場合に限定すること。（2）（1）の場合を除いて、有期雇用契約を「期間の定めのない雇用契約とみなすこと」。（3）（1）の場合を除いて、有期雇用契約は、「一回又は二回以上更新した場合

には、期間の定めのない雇用契約とみなすこと」(ILO 1982)。なお、(1) の規制は、**有期雇用の入口規制**と言われる。また、(3) の規制は、**有期雇用の出口規制**と言われる。

　つまり、ILO166 号勧告によれば、正社員として雇うことが原則であって、非正社員は、どうしても有期雇用にせざるを得ない場合、あるいは臨時的・一時的な場合に使うことができる。そうなっていない非正社員は正社員にしなさい、ということが述べられている。これが国際的な組織である ILO の勧告であり、非正社員に対する国際基準の考え方である。

EU の非正社員規制

　特に EU（欧州連合）では、この国際基準に基づいて EU 有期労働指令を 1999 年に出している（筒井 2017：33-34）。同指令では、有期雇用の濫用を防ぐために、①有期雇用を使うための客観的な理由、②最長継続期間、③更新回数のうち、一つかそれ以上の措置の導入を EU 加盟国に義務づけている（小宮・濱口 2005：203）。

　例えばフランスの労働法では、無期雇用を原則とし、有期雇用が認められる条件を列記する（入口規制）。その主なものは、①病気休暇や出産休暇などの代替要員、②経済活動の一時的増加、③季節労働、④無期雇用が習慣化していない産業である（細川 2016：110-111）。こうした条件は、判例によって厳しく規定されており、例えば「観光地あるいは交通の要所のガソリンスタンドで客が非常に増える夏場の観光シーズンで有期雇用を使うことは許されるが、新商品の売り出しで忙しいときに有期雇用で対応することは、売れ行きが順調に伸びる可能性があるので違反となる」といった具合である（鈴木 2022）。そして、この条件で認められた有期雇用に出口規制が適用される。有期雇用の更新回数は 2 回まで、雇用継続期間の上限は原則 1 年半（18 ヶ月）である（細川 2016：111-112）。1 年半に 2 回の更新しか許されない。

　ドイツでは、1985 年以前は、6 ヶ月を超える有期雇用契約を締結するには、有期雇用にせざるを得ない合理的な理由が必要だとの判例法が確立していた。ところが、1985 年に、この入口規制が緩和されて、合理的な理由がなくても 18 ヶ月までの有期雇用を活用できる法律が成立した（大重 2007：9）。現行の

パートタイム・有期労働契約法では、合理的な理由がある場合と、合理的理由がない場合の有期雇用の両方が認められている。前者の場合の合理的な理由とは、一時的な労働需要や、他の労働者の代理などである（同法 14 条 1 項）（毛塚2017：13）。後者の場合は、雇用継続期間を 2 年に限定しており、契約更新回数も 3 回までに限定している。つまり、2 年の期間内に 3 回の更新しか認めていない（同法 14 条 1 項）。このように、ドイツでは、法律に入口規制が記されているが、合理的理由がなくても有期雇用を使えるので、濱口（2011）は、「事実上入口規制をなくしたのと同じ効果を持っている」と述べている。とはいえ、出口規制はあり、ドイツ、フランスとも、有期の雇用継続期間の上限を超えて雇用すれば、「ただちに期間のさだめのない雇用（正社員）に転化する」（筒井 2010：35）。

　イギリスは入口規制はないが、「有期契約被用者規則」によって、有期雇用契約の最長継続期間を 4 年に限定している。4 年を超えて非正社員を使い続ければ無期雇用契約の正社員になる（アリステア・クキアダーキ 2010：4）。

各国の非正社員率

　このように、各国では、非正社員の活用に対しては、そうせざるを得ない場合、臨時的な場合だけに限定し、それ以外は正社員にしなければいけないというルールが存在する。

　表 7-2 は、主な先進国における非正社員の割合を示している。日本以外の国は、スペインが 24.1％であることを除けば、1 割台かそれ以下となっている。一方、日本の非正社員率は 37.1％と、突出して高い。いま見た非正社員規制の強弱が、こうした非正社員率の高低に影響を与えていることは確実であろう。

　ただし、非正社員率に影響を与えている要因は、当然ながら非正社員規制だけではない。アメリカの非正社員率は 4.0％と一番低くなっているが、これは、非正社員規制の影響ではない。アメリカは、「短期雇用に関わる労働法規制と呼べるものは皆無にひとしい」（本庄 2011：77）からだ。それでは、なぜ非正社員率がこのように低くなっているのだろうか。それは、正社員に対する解雇が原則自由であることに関係していると思われる。アメリカの「使用者は、労働契約に期間の定めがない場合には、いつでも（時期や理由を問わず）労働者を

表 7-2　各国の非正社員率

(%)

EU-27	13.5	デンマーク	10.8
フランス	15.4	オーストリア	8.2
ベルギー	10.2	スペイン	24.1
スウェーデン	15.4	ドイツ	12.0
フィンランド	14.9	イギリス	5.4
イタリア	15.1	アメリカ	4.0
オランダ	18.0	日本	37.2

注1：ドイツは 2019 年、アメリカは 2017 年、それ以外は 2020 年
　　の数値。
注2：OECD.Stat の数値では日本は 15.4％と低いが、これは雇用契
　　約期間を 1 年以内の労働者に限定しているためである（非正
　　社員の定義において契約期間を限定している国は、上掲の国の
　　うちでは日本以外にない）。そのため、日本の非正社員率は、
　　OECD.Stat の数値ではなく、総務省『労働力調査』の「非正
　　規の職員・従業員」の数値を掲載した。
出所：日本は総務省『労働力調査』、それ以外は OECD.Stat ホーム
　　ページの「Share of temporary employment」より作成。

解雇することができる」（本庄 2011：77）のであれば、わざわざ短期の非正社
員を活用する利点はない。イギリスの非正社員率は 5.4％と 2 番目に低くなっ
ているが、イギリスも比較的解雇規制が弱いことで知られている（荒木 2010）。
そうであればイギリスの非正社員率の低さは、非正社員規制の影響の他に、ア
メリカと同じく解雇規制の低さの影響もあると思われる。

　また、これは日本以外のすべての国に言えることだが、同一労働同一賃金の
原則が成立していることが前提にある（濱口 2021：157-158）。つまり、正社員
であっても非正社員であっても、同じ仕事をしていれば同じ賃金が支給される。
これだと、企業は非正社員を活用するインセンティブは高まらない。日本では、
正社員と非正社員で同じ仕事をしていても、非正社員の賃金が正社員より相当
低いケースはめずらしくない。

　つまり、非正社員率の高低には、①非正社員の活用を規制するルールの強弱、
②正社員の解雇規制の強弱、③同一労働同一賃金の存否などが関係している。
このうち、日本の非正社員率が突出して高い理由としては、①の弱さ、②のあ

る程度の規制力（第1章第2節参照）、③の不在が挙げられる。それでは、①に関して、日本における非正社員に関するルールを次に見てみよう。

非正社員に関する日本の法制度

　まず、日本の法律は有期雇用契約の締結事由に制限を設けていない。つまり、有期雇用の入口規制がない。当事者間の合意さえあれば、どんな仕事に対しても自由に有期雇用契約を結ぶことが可能になっている。

　ただし、有期雇用契約の契約期間については制限がある。労働基準法の第14条では、有期雇用契約の契約期間は上限が3年と決められている。そのため、3年を超える有期雇用契約を結ぶことは原則できない[2]。しかし、このことは3年を超えて非正社員を使うことができない、ということを意味しない（有期雇用の出口規制を意味しない）。なぜなら、雇用契約を更新すれば、3年を超えて非正社員を使うことができるからだ。実際、これまで（後述する改正労働契約法が2013年4月に施行されるまで）は、雇用契約を更新していけば、非正社員を何年にもわたって使い続けることが、日本の法律では可能になっていた。

　ただし、有期雇用契約を何度も繰り返せば、簡単に雇止めができなくなるというルールが判例の蓄積によって確立されてきた。これは契約更新を繰り返して働き続ける非正社員は、実質的に正社員と同じとみなされる、あるいはそこまでいかなくとも雇用継続への期待を生じさせるので、正社員を解雇するときと同様に正当な理由が必要となるからだ（**解雇権濫用法理の類推適用**[3]、あるいは**雇止め法理**と呼ばれる）。

　雇止め法理は、東芝柳町工場事件で確立したとされている。この事件では、2ヶ月間の雇用契約を5回から23回更新しながら働いた非正社員（「基幹臨時工」）7人が雇止めされ、雇止め無効を求めて裁判に訴えた。最高裁の判決（1974年7月22日）は、非正社員7人のうち6人の雇止めを無効とした。最高裁によると、「本件各労働契約は、期間の満了毎に当然更新を重ねてあたかも

---

2) 博士の学位を持っている人、弁護士、公認会計士などの高度専門知識保有者や、60歳以上の労働者は、例外的に上限5年の有期雇用契約を結ぶことができる（労働基準法14条1号、2号）。
3) 解雇権濫用法理については第1章第2節を参照。

期間の定めのない契約と実質的に異ならない状態で存在していたもの」であったので（実際、これまで「基幹臨時工」が雇止めされた事例はなく、自ら退職しなければ、そのほとんどが継続雇用されていた）、正社員の解雇と同じような法理を類推適用すべきだと述べた（清水 1989：60-61）[4]。

　こうした判例の動向に対して、企業は非正社員の契約更新回数を 2 回以内に限定するなどして、雇止め法理がなるべく適用されないように対処した。例えば雇用契約が 1 年間の契約社員であれば、契約更新が 2 回までだと通算 3 年間しか働けないことになる（脇田 2007：208）。しかも企業は、この契約社員を雇止めにした後、新しい契約社員を採用して同じ仕事に就かせ、3 年経ったら雇止めにして、新たな契約社員をまた 3 年使う……ということを繰り返す。これでは、雇止め法理の趣旨が活かされていないことになる。雇止め法理の趣旨は、非正社員は臨時的・一時的な仕事に限定する、そうではなくて、長期にわたって使い続けるのであれば企業は雇用に責任を持て、ということであろう。雇用責任を回避するために、更新回数を制限して非正社員を入れ替え続けるという手法は、法の趣旨の潜脱行為である。

「出口規制」の創設

　2012 年 8 月に労働契約法が改正され、2013 年 4 月から施行された。改正労働契約法は、これまで判例の蓄積によって形成されてきた雇止め法理を、法律の条文（19 条）で明記した。

　また、同法の 18 条では、有期労働契約が更新されて通算 5 年を超えることになったとき、労働者からの申し込みによって無期労働契約に転換することを企業に義務づけた（**無期転換ルール**）。つまり、通算 5 年という明確な上限を設けて、それを超えて非正社員を働かせたら無期雇用（正社員）として採用しなければならない仕組み—有期雇用の出口規制が、日本で初めて作られた。

4）なお、雇止め法理が適用されるケースかどうかは、契約更新回数が絶対の判断基準ではない。雇用契約が 1 回も更新されなくとも非正社員の雇止めを認めなかった裁判例もあるし、雇用契約を長年更新してきても雇止めを認めた例もある。「判例では、労働者の職務内容や契約上の地位、契約更新の態様（更新の手続きなど）や更新の回数、雇用継続に対する使用者の言動などを総合的にみて判断」（浜村他 2020：260）してきた。このように雇止め法理の適用基準は、労使にとって曖昧さが残るものとなっている。

とはいえ、法改正前から懸念されたことは、無期転換まで5年もかかるという問題に加え、企業は無期転換を逃れるために5年で非正社員を雇止めにして、新たに非正社員を採用しては再び5年で雇止め…ということが繰り返される事態だった（雇止め法理のときと同様の潜脱行為で、**無期転換逃れ**と言われる）。そして、法改正後、懸念された事態が現実のものとなったような報道が相次いでいる[5]。こうして、企業は5年ごとに労働者を入れ替えることで、これまで通り非正規労働を活用し続けることができる一方、非正社員として働いてきた人は5年を超えて同じ企業で働けなくなってしまった。

　それでは、非正社員の活用規制を有効なものにするためには、どうすればいいのだろうか。5年の上限をもっと短くする、契約更新回数に制限を加える等の法改正が考えられるが、根本的には、フランスのような入口規制を日本でも創設すべきだ。つまり、どうしても有期雇用でなければならない仕事にだけ、非正社員の活用を認め、その活用も出口規制によって臨時的・一時的なものに限定する。そして、恒常的な仕事は正社員が担うことを原則とする。現在の日本のように、入口規制がない中で出口規制がつくられても、企業は、恒常的な仕事に非正社員を従事させ、人を入れ替えつつ長期に非正規雇用を活用し続けようとする。この無期転換逃れを入口規制の創設で阻むのである。

3　派遣労働とは何か

　非正社員の中でも派遣労働者の増加が著しい。総務省『労働力調査』によると、2002年に43万人だった派遣労働者数は、2022年には3倍を超えて過去最高の149万人に達している。急速に増加している派遣労働者だが、実は、戦後長らく違法とされる働き方だった。派遣労働が合法化されるのは、労働者派遣法が施行された1986年のことである（成立は1985年）。それでは、なぜ派遣労働は違法とされていたのか。それを知るためにも、そもそも派遣労働とはどのような働き方なのかを見ていきたい。

5）例えば、「『転換』逃れ？の契約書　そして5年」『朝日新聞』（朝刊2018年10月22日付）、「5年ルール直前　後絶たぬ雇い止め」『朝日新聞』（朝刊2020年11月30日付）、「パタゴニア　労組結成　パート社員ら『無期転換逃れ　撤回を』」（『朝日新聞』朝刊2022年7月12日付）。

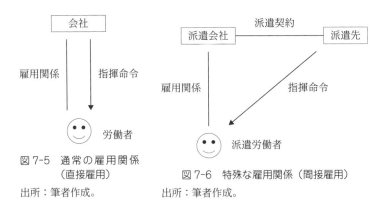

図7-5　通常の雇用関係
（直接雇用）
出所：筆者作成。

図7-6　特殊な雇用関係（間接雇用）
出所：筆者作成。

直接雇用と間接雇用

　図7-5を見てほしい。通常、労働者は会社に雇われて、その会社の指揮命令を受けながら働く。そこでは労働者を雇う人（雇用主）と、労働者に指揮命令を与える人（使用者）とは同じになる。雇用主＝使用者の関係が成立している雇用関係を**直接雇用**という。

　一方、派遣労働の場合は図7-6のようになる。派遣労働者の雇用主は派遣会社である。しかし、派遣労働者は他の会社に派遣されて、その派遣先の指揮命令にしたがって働く[6]。そのため、使用者は派遣先の会社となる。このように、雇用主と使用者が分離されている雇用関係のことを**間接雇用**という。派遣労働は、この間接雇用の代表的な働き方である。

雇用の不安定性

　雇用と使用が分離されていると、どのような問題が生じるのか。第一に、雇用がきわめて不安定になる。このことを考えてみるには、「なぜ会社は自ら雇った労働者を使わずに、わざわざ他社から派遣された労働者を使うのか」、を考えてみればわかる。それは、継続して労働者を働かせる意思が会社にはないからだ。少しでも継続して働かせる意思が派遣先の会社にあれば、労働者を直接雇用するはずである。

6）なお、労働者の派遣に先立って、派遣会社と派遣先は、派遣に関する様々な事項（派遣人数、派遣期間、派遣料金など）を定めた派遣契約を締結する。

「継続的に働くことが想定されていない」ということは、派遣労働者にとっては、働くことが中断されることがありうるということだ。働くことが中断されれば、その間の派遣労働者の雇用条件はどうなるか。派遣会社が、仕事のない間も賃金を支払ってくれるのだろうか。多数の派遣会社は支払わない。派遣労働者には2種類のタイプがある。**常用型**と**登録型**である。

　常用型とは、派遣労働の仕事がなくても派遣会社に常に雇われているタイプの労働者のことである（派遣会社との雇用契約が続く）。そのため、派遣先の仕事がない間も派遣会社から賃金が支給される。しかし、常用型の派遣労働者の割合はすべての派遣労働者のうちの一部に留まる。図7-7は、派遣労働者のうち常用型と登録型がどのくらいの割合かを表している。これを見ると、派遣労働者数のうち常用型は約32％に留まり、多数の68％は登録型になっている[7]。

　登録型派遣は、あらかじめ派遣会社に登録をしておいて、派遣先に仕事があるときにだけ派遣会社と雇用契約を結んで派遣される。派遣先の仕事がなくなれば、派遣会社との雇用契約も終了して、次の派遣先が紹介されるまで失業状態が続くという働き方である（失業中は賃金は支給されない）。派遣会社にしてみれば、仕事をしていない者に賃金を支給することは人件費の空費である。そのため、登録型派遣は派遣会社にとっては非常に都合のよい制度なわけだ。というより、派遣労働は「継続的に働くことが想定されていない」働き方であることを考えれば、派遣先の仕事を失った者の面倒を派遣会社は見ることができない以上、派遣労働が登録型という雇用形態に結びつくことは必然の結果である。

　これに関して重要なことは、登録型の派遣労働者には雇止め法理が適用され

---

[7]　しかも、常用型とは無期雇用（正社員）だけを意味しない。厚生労働省の定義では、2ヶ月間の有期雇用契約で働く派遣労働者であっても、契約を更新して1年を超えて働いていれば、常用に含まれる。また、「雇用契約を更新していけば1年を超えて働くことは可能だ」と派遣会社に言われて、2ヶ月の雇用契約で働き始めた派遣労働者も含まれる（戸室2011：184-185）。

[8]　「伊予銀行・いよぎんスタッフサービス事件」では、ある派遣労働者が1987年から13年3ヶ月にわたって伊予銀行で派遣労働をしてきたが、派遣会社（いよぎんスタッフサービス）に雇止めされた。この間、彼女は派遣会社と雇用契約を26回も更新し続けた。もし、雇止め法理が適用されれば、派遣会社はこの派遣労働者を雇止めできなかったであろう。しかし高松高裁は2006年5月の判決で、この派遣労働者は登録型派遣労働者であり、直接雇用の非正社員に適用される雇止め法理は登録型派遣には適用されないと判断した。そして、2009年3月27日、最高裁は彼女の上告を棄却した。

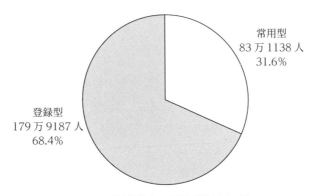

常用型
83万1138人
31.6%

登録型
179万9187人
68.4%

図7-7　派遣労働者の内訳（2014年度）
注1：派遣労働者の常用型と登録型の内訳（通年分）は、2014年
　　　度を最後に厚生労働省は公表しなくなった。
注2：派遣労働者の人数は、本文で示した総務省『労働力調査』の
　　　ものとは集計方法が異なっている。ここでの人数は、2014
　　　年度中に派遣労働をしたことがあるすべての人の数である。
出所：厚生労働省『平成27年度労働者派遣事業報告書の集計結果』
　　　2017年3月31日より作成。

　ないという点である[8]。司法の場において、派遣会社は派遣労働者の雇用責任
を果たせない存在であることが認定されているのである。確かに、派遣会社は、
労働者を集めて他社に派遣することで利益を得ているわけであって、会社独自
の生産やサービスを行うことによって利益を生み出すような、そうした設備や
ツールを基本的になんら持ち合わせていないのが特徴である。これでは雇用責
任を果たせないことは明白だ。派遣労働とは、雇用責任を負えない者に雇用責
任を負わそうという虚構の上に成り立っている制度だと言える[9]。そうであれ
ば、長く働いてきた派遣労働者の雇用の安定を確保する責任は派遣会社ではな
くて、今まで彼らを使い続けてきた派遣先の会社にあることが明らかになって
くる（派遣先の雇用責任が問われることになる派遣制限期間のルールについては後述する）。

人権侵害の危険性
　派遣労働の2番目の問題点としては、いま述べた雇用がきわめて不安定で

---

9) 伍賀（2014：124）は、派遣会社は、派遣先に「雇用主責任代行サービス」を提供して
　　いるが、結局は代行することができずに「虚構となろう」と述べている。

あるという問題と関わって、それだけ労働者の人権が侵害される危険が高まるという点にある。

　派遣労働者はできるだけ長く働きたいので、雇用契約の更新を期待する。そうなると、派遣先の要求を無下に断ることができず、常に弱い立場に立たされる。というのも、派遣先は、派遣労働者の雇用契約を更新するかどうかを実質的に決定する強い立場に立っているからだ。気に入らない派遣労働者がいれば、派遣会社に連絡して雇止めにさせる。派遣先にとって、派遣労働者はいずれ自分の会社を去っていく部外者である。となると、派遣労働者に対する派遣先の扱いは、自分たちが直接雇用している社員に比べて粗雑なものになりやすい。

　派遣労働者が、派遣会社に派遣先の苦情を言ったとしても、派遣会社にとっては、派遣先は自分たちの顧客に当たるため、派遣先に強い態度をとれない。そのため、派遣会社は、派遣労働者になるべく派遣先の要求を聞き入れてもらって、顧客（派遣先）との関係に変な波風が立たないように立ち回る。それどころか、派遣会社は他の派遣会社と市場競争を繰り広げている。顧客（派遣先）獲得・維持のために、少しでも安い派遣料金を派遣先に提供しようと考える。結果、派遣会社が率先して派遣労働者の労働条件を低下させていくのである。

　こうした力関係のもとで、派遣労働者への人権侵害（派遣先に自由に意見が言えない、パワーハラスメントやセクシュアルハラスメントなど）が生じやすくなっている。

中 間 搾 取

　間接雇用の問題点として3番目に**中間搾取**の問題が挙げられる。

　中間搾取とは、『広辞苑（第六版）』（岩波書店、2008年）によると「搾取者と被搾取者との中間に介在し、搾取者に寄生して利益を得ること。中世末期の地主（領主と農奴との中間）や親方制度の親方などのほか、人身売買に典型的に見られる」と説明されている。

　派遣労働に当てはめると、派遣労働者が働いて生み出す利益を搾り取っている搾取者が派遣先の会社であり、搾り取られる被搾取者が派遣労働者である。もし直接雇用であれば、雇用主が、搾り取った利益の中から一部を賃金として直接、労働者へ与えることになる。ところが、間接雇用の場合は、派遣先の会

社が派遣会社を経由して、間接的に賃金を派遣労働者へ与える形になっている。派遣会社は、派遣先の会社から派遣料金として支払われる報酬の中から、自らの上前を懐に収めたあと、残った分を派遣労働者へ賃金として支給する。派遣先の会社（搾取者）と派遣労働者（被搾取者）との中間に介在して、搾取者に寄生して利益を得る派遣会社は、まさに中間搾取そのものによって営まれている。

　中間搾取の金額はどのくらいだろうか。厚生労働省（2022：7、9）によると、派遣会社が受け取る派遣料金（2020年度）は、派遣労働者1人につき1日（8時間）平均2万4203円。それに対して派遣労働者が受け取る賃金は平均1万5590円である。派遣会社による中間搾取の金額は、差し引き8613円、搾取率は35.6％に及んでいる。

　中間搾取について、派遣業界は、「われわれは労働市場のマッチング機能を果たしており、その正当な対価であって、中間搾取などではない」と反論するであろう。**労働市場のマッチング機能**とは、仕事を探している人からの要望と、人材を探している企業からの要望とを照合・調整して、適切な仕事先と人材を紹介することである。もしそうであったとしても、求職者に職を紹介したという一時的な事柄を理由にして、その労働者が生み出す価値の少なくない部分を、継続的に取得し続けるというビジネスの形態には疑問がある。

　さらに、東京都産業労働局（2019）による登録型派遣労働者のアンケート調査によれば、「仕事をする前に派遣先で面接を受けたことがありますか」という質問に、75.8％が「ある」と回答している（東京都産業労働局 2019：99、259）。現実には、派遣先の会社が派遣労働者の選別を行っているのである。派遣会社はマッチング機能を果たしておらず、派遣先の要求に従って労働力の頭数をそろえて送り出しているにすぎない。これでは中間搾取と言われても仕方ない[10]。

　以上、間接雇用という働き方の問題点を3点にわたってみてきた。こうした問題があったので、派遣労働は戦後、1986年まで禁止されてきたのである。

10）労働者派遣法においても、派遣先が「派遣労働者を特定することを目的とする行為」を禁止ししている（26条6項）。「特定することを目的とする行為」とは、事前面接や履歴書の取り寄せ、年齢に関する指定などである。

偽装請負

　派遣労働と似ている働き方に請負労働がある。**請負労働**とは、発注会社の敷地内（構内）の業務を請け負った請負会社の労働者（**請負労働者**）が、そこ（発注会社の構内）で働くことである。

　図 7-8 は、請負会社の労働者の雇用関係を表している。例えば、発注会社が請負会社に「3 ヶ月後に携帯電話を 1000 個作ってほしい」という仕事を発注したとする。その仕事を請負会社が請け負って、3 ヶ月後に携帯電話を1000 個作って発注会社に納品する。携帯電話を作るのは、請負会社が直接雇用している労働者たちであり、請負会社が彼らに指揮命令を出して作らせる。あくまで請負会社がその会社独自の方法で携帯電話を作る。

　請負会社の中には、いま述べたように、発注会社の敷地の中（構内）で、発注会社から注文された製品を作ったり、サービスを行っている場合もある（**構内請負**）。もちろん、働いている場所が発注会社の構内であったとしても、請負会社に変わりはない。ところが、発注会社の中には、自分の敷地内というきわめて近いところで働く請負労働者に対して、指揮命令をするケースがよくある。もし発注会社が指揮命令を行えば、請け負った仕事を自社独自の手法で完成させるという請負会社の要件が満たされなくなる。これでは、請負会社は、労働者を募集して発注会社に人数を派遣するだけの役割となり、派遣会社と実質的に変わらなくなってしまう。これは労働法違反の**偽装請負**と呼ばれる。請負労働という形式を装いながら、実際には派遣労働になっていることである[11]。

　なぜ派遣労働が合法化されて

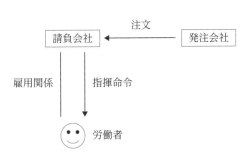

図 7-8　請負会社の労働者の雇用関係
出所：筆者作成。

---

11) 請負労働者と発注企業の社員が一緒になって同じ作業をしている場合（いわゆる「混在作業」）は、偽装請負の疑いがある。なぜなら、発注会社の社員と混在して仕事をしているので、請負会社が独自に請負労働者へ仕事の指揮命令を出しているとはみなされないからだ。逆に、発注会社が仕事の指揮命令を出していて、請負労働者はその命令に従って、発注会社の社員と一緒に仕事をしていることが推測される。

いるのに、わざわざ偽装請負という手法が使われるのだろうか[12]。それは、派遣労働を活用すると、労働者派遣法のルールを守らなければいけなくなるからだ。中でも、派遣労働を活用しようとする企業にとって、特に煩わしく感じるルールが派遣制限期間であろう。

派遣制限期間

　労働者派遣法が1999年に改定されて、それまで専門26業務でしか派遣労働が認められなかったのが、原則自由化された（わずかな例外を除いて、あらゆる業務で派遣労働者を受け入れることが可能になった）。その時に自由化された業務（自由化業務）では、新たに派遣制限期間が設けられて1年とされた（2003年の派遣法改定で3年に緩和された）[13]。**派遣制限期間**とは、派遣先の企業が派遣労働者を受け入れることができる期間のことであり、この期間を超えて働かせる場合は、派遣先は派遣労働者に直接雇用の申し込みを行う義務が発生する（民主党政権時の2012年の派遣法改定で、「直接雇用の申し込みを行う義務」が、偽装請負や派遣制限期間超えなどの違法派遣を行った場合は「直接雇用を申し込んだものとみなす」（労働契約申込みみなし制）へと、義務内容がより強化された）。

　派遣労働を活用する企業が、この派遣制限期間を厳しいと感じる理由は、派遣制限期間の対象が業務単位になっているからである。つまり、同じ業務に派

---

12) 大企業の製造現場で偽装請負が横行している事実を、かつて『朝日新聞』（朝刊2006年7月31日付）が一面トップで報道し、大きな社会問題となった（朝日新聞特別報道チーム（2007）参照）。また、戸室（2011）は、実際に著者が請負労働をして、製造現場における偽装請負の実態解明を試みた著書である。

13) 1985年に労働者派遣法が成立したとき、派遣労働は専門13業務に限ってだけ合法化された。なぜ専門業務だけに限定したのか。「労働者派遣法の生みの親」と言われる髙梨昌は当時を振り返り、次のように述べている。「日本の方式はそうではなしに専門職市場ですから、事務処理サービスでも、情報処理でも、専門的な知識、経験を必要とする業務で指定をしますから、例えば事務処理関係の登録型派遣の場合でも時給は普通のパート市場より倍以上高い。そういう専門職の市場、高賃金市場をどうつくるかということで、私は派遣法の企画・立案をするときに発想をしていたわけです」（髙梨1994：15-16）。つまり、専門職をこなす者には希少性があるので、賃金も高いし、一つの派遣先で仕事がなくなっても次の派遣先がすぐに見つかる。派遣労働を専門職に限定することで、こうした「良好な雇用機会を提供できる」（髙梨1999：105）と考えた。その後、専門13業務は、16業務（1986年）、26業務（1996年）へと拡大する。これら専門業務には、自由化業務に設けられたような派遣制限期間はなかった。

遣労働を3年間までしか活用できない。もし派遣制限期間の対象が人（派遣労働者）単位であれば、3年おきに派遣労働者を入れ替えることによって、同じ業務に派遣労働を持続的に活用することができる（労働契約法の無期転換ルールは5年制限の対象が人単位になっているため、5年ごとに非正社員の入れ替えが発生する問題は前節で見た）。

　派遣制限期間の適用を忌避する企業は、派遣労働ではなく偽装請負という形で間接雇用を実現しようとしたが、偽装請負は2006年に大きな社会問題となり（注12を参照）、2012年の派遣法改定で労働契約申込みみなし制の適用対象となった。経済界にとって、派遣法の派遣制限期間を撤廃させることは切実な要求であった（日本経団連が毎年度、政府に提出する「規制改革要望」には、派遣制限期間の撤廃がほぼ毎回、掲載されていた）。2012年12月に政権に復帰した安倍晋三首相は、2015年9月に労働者派遣法を改定する。この結果、派遣制限期間は実質的になくなった。この改定内容を最後に確認しよう。

2015年の改定派遣法

　2015年の改定派遣法は、これまでの専門26業務と自由化業務との区分をなくし、新たに、派遣労働者が派遣会社と締結する雇用契約が無期か有期かによって、派遣制限期間を区分することとした。

　まず、派遣労働者が派遣会社と無期雇用契約を結んでいる場合は、派遣制限期間はなしとした。これは、有期と比べて無期は雇用が安定しているため、とのことである（2015年5月12日の衆議院本会議における安倍首相の答弁）。しかし表7-3を見ると、決してそうではないことがわかる。表7-3は、2008年のリーマンショックによる不況期に、派遣先の会社が、派遣会社と結んでいる派遣契約を中途解除したが、その後、派遣労働者の雇用はどうなったのかを示している。表7-3の「B常用型」の「無期」を見ると、72.6％が派遣会社から解雇されていることがわかる。一方、「B常用型」の「有期」を見ると77.5％が解雇、「A登録型」（登録型はすべて有期）は75.8％が解雇である。つまり、無期の派遣労働者であっても、有期の派遣労働者と同じ程度に派遣会社から解雇されているのである。それにもかかわらず、無期（正社員）の派遣労働者の派遣制限期間をなくした。どんなに長く1つの派遣先で同じ業務に従事していても、

表 7-3　労働者派遣契約の中途解除に係る対象労働者の雇用状況について

（単位：人）

| | 合計 | A 登録型 | B 常用型 | | C 登録型か常用型か不明 |
			無期	有期	
合計	35,886 (100.0%)	7,683 (100.0%)	25,285 (100.0%)	4,401 (100.0%)	20,884 (100.0%)	2,918 (100.0%)
雇用が継続	3,916 (10.9%)	632 (8.1%)	3,143 (12.4%)	987 (22.4%)	2,156 (10.3%)	141 (4.8%)
離職 解雇	25,792 (71.9%)	5,823 (75.8%)	19,386 (76.7%)	3,197 (72.6%)	16,189 (77.5%)	583 (20.0%)
離職 期間満了	2,517 (7.0%)	579 (7.5%)	1,897 (7.5%)	14 (0.3%)	1,883 (0.9%)	41 (1.4%)
離職 自己都合	943 (2.6%)	168 (2.2%)	764 (3.0%)	175 (4.0%)	589 (0.3%)	11 (0.4%)
離職 離職理由不明	674 (1.9%)	426 (5.5%)	9 (0.0%)	6 (0.1%)	3 (0.0%)	239 (8.2%)
未定	2,044 (5.7%)	55 (0.7%)	86 (0.3%)	22 (0.5%)	64 (0.0%)	1,903 (65.2%)

出所：厚生労働省『労働者派遣契約の中途解除に係る対象労働者の雇用状況について（速報）』2009 年 5 月 1 日から作成。

派遣先に直接雇用される道を断ってしまった。

　次に、派遣労働者が派遣会社と有期雇用契約を結んでいる場合は、派遣制限期間が適用される。ところが、今回の改定で、人単位の派遣制限期間が導入された。これにより、派遣先は派遣制限期間がくる 3 年ごとに派遣労働者を入れ替えることで、同じ業務に持続的に派遣労働を活用することが可能となった。

　要するに、無期と有期、いずれの派遣労働者であっても、派遣先は同じ業務に派遣労働を持続的に活用できるようになった。今後、さらに派遣労働の活用は広がり、通常の雇用（直接雇用）が間接雇用に取って代わられることが予想される。

コラム9　非正社員の解雇は正社員よりも難しい

　非正社員の解雇とは、例えば1年間の有期雇用契約で採用されたにもかかわらず、半年で辞めさせられる（解雇される）場合のことである。あまり知られていないが、非正社員の解雇は、正社員の解雇よりも労働法上のハードルは高い。

　労働契約法第17条には「使用者は、期間の定めのある労働契約について、やむを得ない事由がある場合でなければ、その契約期間が満了するまでの間において、労働者を解雇することができない」と書かれている。これは、正社員の解雇には、客観的合理性と社会的相当性が必要だとする解雇権濫用法理（第1章第2節参照）よりも、厳しい表現になっている。非正社員の解雇が認められる「やむを得ない事由」とは何か。「具体的には、工場に雷が落ちて操業不能になった、工場閉鎖になった、仕入れ先が倒産して材料が入らなくなった、などの場合」（徳住・君和田 2009：80）である。

　非正社員の解雇が正社員の解雇よりも難しいのは、非正社員は原則、最長3年までの期限を定めて雇用されており、企業には、期限を定めて非正社員を採用した以上、その間の雇用はできるだけ守る（約束を果たす）責任が正社員以上に課されているためだ。ところが、実際には非正社員を安易に解雇するケースはめずらしくない。そのことが如実に表れたのが、2008年の「リーマンショック」時の「派遣切り」である。派遣先企業（主に製造業）が派遣会社と結んでいる派遣契約を中途解除したことで、多くの派遣労働者は派遣会社によって解雇された（表7-3参照）。

　製造業は、2007年度に24兆円という過去最高の経常利益をあげたが、リーマンショックによって2009年度には9兆円まで下がった。しかし、2010年度には16兆円に持ち直し、2013年度には22兆円まで回復している。製造業の内部留保を見ても、2007年度に過去最高の124兆円を積み上げたのち、2008年度に109兆円に下がったが、2009年度には115兆円に持ち直している（財務省『法人企業統計』より）。派遣先からの派遣契約解除に応じて、期間満了さえ待たずに労働者たちを解雇した派遣会社は、労働契約法第17条のことを知らなかったのだろうか。

◎ exercise

・非正社員の活用を規制することの是非について、みんなで議論してみましょう。
・近年、偽装請負で問題になった事例や、それが疑われる事例にはどのようなものがあるでしょうか。過去の新聞記事などで調べてみましょう。
・外国での派遣労働の状況や法制度は、日本と比較してどうなっているのか、調べてみましょう。

【参考文献】

ILO（1982）「1982 年の雇用終了勧告（第 166 号）」ILO ホームページ（https://www.ilo.org/tokyo/standards/list-of-recommendations/WCMS_238830/lang--ja/index.htm）2021 年 8 月 23 日アクセス

朝日新聞特別報道チーム（2007）『偽装請負』朝日新聞出版

荒木尚志（2010）「コーディネーターのとりまとめ」『Business Labor Trend』6 月号

アリステア・クキアダーキ（2010）「イギリスの有期労働契約規制」『Business Labor Trend』6 月号

大木一訓（1996）『産業空洞化にどう立ち向かうか』新日本出版社

大重光太郎（2007）「ドイツにおける非典型就業の制度的枠組みと実態」『獨協大学ドイツ学研究』58 号

黒田日出男監修（2020）『図説日本史通覧』帝国書院

毛塚勝利（2017）「ドイツ非正規労働の動向と政策の現在」連合総研『非正規労働問題の今後の課題を探る』連合総研

厚生労働省（2022）『令和 2 年度 労働者派遣事業報告書の集計結果（速報）』厚生労働省ホームページ（https://www.mhlw.go.jp/content/11654000/000921238.pdf）2022 年 9 月 28 日アクセス

伍賀一道（2014）『「非正規大国」日本の雇用と労働』新日本出版社

後藤道夫（2002）『反「構造改革」』青木書店

小宮文人・濱口桂一郎訳（2005）『EU 労働法全書』旬報社

柴田努（2014）「日本企業のグローバル展開」高橋弦・竹内章郎編著『なぜ、市場化に違和感をいだくのか？』晃洋書房

清水敏（1989）「短期労働契約の更新拒絶：東芝柳町工場事件」『別冊ジュリスト No. 101 労働判例百選（第五版）』有斐閣

新・日本的経営システム等研究プロジェクト編著（1995）『新時代の「日本的経営」』日本経営者団体連盟

鈴木宏昌（2022）「フランスの有期雇用：日本の非正規雇用」労働政策研究・研修機構ホームページ（https://www.jil.go.jp/foreign/labor_system/2022/04/france.html）2022 年 9 月 26 日アクセス

髙梨昌（1994）「規制緩和と雇用政策」『中央労働時報』883 号

髙梨昌（1999）『雇用政策見直しの視点』労務行政研究所

筒井晴彦（2010）『働くルールの国際比較』学習の友社

筒井晴彦（2017）『8 時間働けばふつうに暮らせる社会を』学習の友社

東京都産業労働局（2019）『派遣労働に関する実態調査 2018』東京都労働相談情報センター（https://www.sangyo-rodo.metro.tokyo.lg.jp/toukei/koyou/Jcco30_zentai.pdf）2022 年 3 月 15 日アクセス

徳住堅治・君和田伸仁（2009）『どうする不況リストラ 正社員切り』旬報社

戸室健作（2011）『ドキュメント請負労働 180 日』岩波書店
二宮厚美（2007）『格差社会の克服』山吹書店
濱口桂一郎（2011）「有期労働契約法制の行方」『労働法令通信』1 月 8・18 日号
濱口桂一郎（2021）『ジョブ型雇用社会とは何か』岩波書店
浜村彰・唐津博・青野覚・奥田香子（2020）『ベーシック労働法 第 8 版』有斐閣
林直道（1996）『現代の日本経済 第五版』青木書店
細川良（2016）「フランス」労働政策研究・研修機構『諸外国における非正規労働
　者の処遇の実態に関する研究会報告書』労働政策研究・研修機構
本庄淳志（2011）「短期雇用法制の国際比較」『日本労働研究雑誌』610 号
脇田滋（2007）『労働法を考える』新日本出版社

第8章

外国人労働者

1　外国人労働者の推移

在 留 資 格

　外国籍を持つ人が日本で滞在・活動するための条件は、**出入国管理及び難民認定法**（以下、入管法）が指定する**在留資格**に定められている。入管法が指定する在留資格は、大きく分けて 1）活動に基づく在留資格と、2）身分または地位に基づく在留資格がある。1）については、あ）各在留資格に定められた範囲内で就労可能なもの、い）原則就労不可なもの、う）法務大臣が個々の外国人に与える許可により就労可能なものの 3 種類がある。あ）は、外交、公用、教授、芸術など 19 で、技能実習もこれに該当する。い）の在留資格は、文化活動、短期滞在、留学、研修、家族滞在の 5 つである。う）は外交官や高度専門職等の家事使用人などの特定活動が該当する。2）については、永住者、日本人の配偶者等、永住者の配偶者等、定住者の 4 つが該当する。すべて合わせると 2020 年 9 月時点で 29 の在留資格となる（表 8-1）。

外国人労働者数の推移と特徴

　外国人労働者はどの程度いるのだろうか。厚生労働省『「外国人雇用状況」の届出状況』によれば、2008 年から 2021 年の間に、外国人労働者は 48.6 万人から 172.7 万人へと 3.6 倍に増加した。内訳は、日本人の配偶者等、定住者などの**身分に基づく在留資格**が 33.6％（58.0 万人）、教授、芸術、企業内転勤、興行などの**専門的・技術的分野** 22.8％（39.5 万人）、技能実習 20.4％（35.2 万人）、留学、家族滞在など就労が認められていない在留資格が働く場合の**資格外活動** 19.4％（33.5 万人）である（図 8-1）。

　2020 年と 2021 年を比較すると、コロナ禍での入国制限などの影響で、資

表 8-1　在留資格一覧（2020 年 9 月時点）

◆**活動に基づく在留資格（別表 1）(25)**
　◇各在留資格に定められた範囲内で就労可能（19）
　　1 外交　　　　　　　　　　（外国政府の大使、公使、総領事及びその家族）
　　2 公用　　　　　　　　　　（外国政府の大使館・領事館の職員等及びその家族）
　　3 教授　　　　　　　　　　（大学教授等）
　　4 芸術　　　　　　　　　　（作曲家、画家、著述家等）
　　5 宗教　　　　　　　　　　（外国の宗教団体から派遣される宣教師）
　　6 報道　　　　　　　　　　（外国の報道関係の記者、管理者等）
　　7 高度専門職　　　　　　　（高度な専門能力をもつ者）
　　8 経営・管理　　　　　　　（外資系企業の経営者、管理者等）
　　9 法律・会計業務　　　　　（弁護士、公認会計士等）
　　10 医療　　　　　　　　　　（医師、歯科医師、薬剤師、看護師等）
　　11 研究　　　　　　　　　　（政府関係機関や企業等の研究者）
　　12 教育　　　　　　　　　　（高等学校・中学校等の語学教師等）
　　13 技術・人文知識・国際業務（機械工学等の技術者、通訳、デザイナー、企業の語学教師等）
　　14 企業内転勤　　　　　　　（外国の事業所からの転勤者で、技術・人文知識・国際業務を行う者）
　　15 介護　　　　　　　　　　（介護福祉士の資格を有する介護士等）
　　16 興行　　　　　　　　　　（俳優、歌手、ダンサー、プロスポーツ選手等）
　　17 技能　　　　　　　　　　（外国料理の調理師、動物調教師、スポーツ指導者等）
　　18 特定技能　　　　　　　　（建設業、介護業、外食業、農業など労働力不足の特定分野で働く労働者）
　　19 技能実習　　　　　　　　（技能実習生）
　◇原則就労不可（5）
　　1 文化活動　　　　　　　　（日本文化の研究者等）
　　2 短期滞在　　　　　　　　（観光客、会議参加者等）
　　3 留学　　　　　　　　　　（大学・短期大学・専修学校の専門課程等の学生、高等学校・専修学校の一般課程等の生徒、日本語学校の学生、小学校・中学校等の児童生徒）
　　4 研修　　　　　　　　　　（研修生）
　　5 家族滞在　　　　　　　　（上記教授から文化活動まで、及び留学の在留資格を有する外国人が扶養する配偶者・実子・特別養子）
　◇法務大臣が個々の外国人に与える許可により就労可能（1）
　　1 特定活動　　　　　　　　（外交官や高度専門職等の家事使用人、ワーキングホリデー、医療滞在、国家戦略特区の家事労働者等）
◆**身分または地位に基づく在留資格（別表 2）(4)**
　◇活動制限なし（4）
　　1 永住者　　　　　　　　　（法務大臣から定住許可を受けた者）
　　2 日本人の配偶者等　　　　（日本人の配偶者・実子・特別養子）
　　3 永住者の配偶者等　　　　（特別永住者の配偶者、永住者の配偶者及び日本で出生し引き続き在留している実子）
　　4 定住者　　　　　　　　　（日系三世、インドシナ難民、条約難民等）

注：入管法上の地位ではないが、入管特例法に規定される「特別永住者」（旧植民地出身者とその子孫）という在留の資格がある。
出所：宮島喬・鈴木江理子（2019）『新版　外国人労働者受け入れを問う』岩波書店、71 頁。

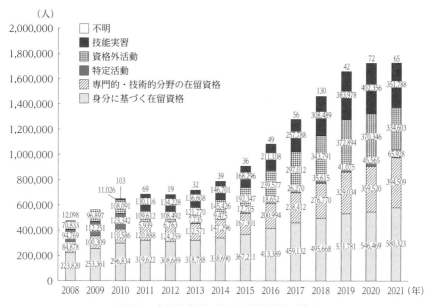

（人）

凡例:
- □ 不明
- ■ 技能実習
- ▦ 資格外活動
- ■ 特定活動
- ▨ 専門的・技術的分野の在留資格
- ▒ 身分に基づく在留資格

図 8-1　在留資格別の外国人労働者数の推移

注 1：「専門的・技術的分野の在留資格」とは、各在留資格に定められた範囲内で就労可能な 19 の在留資格のうち、外交、公用、技能実習を除いたものを指す。具体的には、教授、芸術、宗教、報道、高度専門職、経営・管理、法律・会計業務、医療、研究、教育、技術・人文知識・国際業務、企業内転勤、興行、介護、技能、特定技能が該当する。

注 2：「身分に基づく在留資格」とは、永住者、日本人の配偶者等、永住者の配偶者等、定住者を指す。

注 3：「資格外活動」とは、現に有している在留資格に属さない収入を伴う事業を運営する活動または報酬を受ける活動を行おうとする際に必要な許可を指す。具体的には、原則就労不可な 5 の在留資格が、労働する場合に必要な許可である。

注 4：2010 年から在留資格「技能実習」が新設された。

注 5：2008 年の「不明」のデータが確認できないため、届出状況記載の合計値から「不明」以外の在留資格総数を引いて計算した。

出所：厚生労働省『「外国人雇用状況」の届出状況』（各年 10 月末時点）をもとに筆者作成。

格外活動、技能実習の実数が減少している。ただ、長期的にみると資格外活動や技能実習の伸び率が高い。2008 年から 2021 年の伸び率は、資格外活動 4.7 倍、専門的・技術的分野 4.7 倍、技能実習 3.7 倍（2008 年は技能実習の在留資格がないので特定活動と比較）である。

　国籍別では、ベトナム 26.2％（45.3 万人）、中国 23.0％（39.7 万人）、フィリピン 11.1％（19.1 万人）が外国人労働者の出身地の上位国である。ベトナムは、

表 8-2　国籍別・在留資格別外国人労働者数（2021 年 10 月時点）

（実数：人、割合：%）

		総数	専門的・技術的分野の在留資格	特定活動	技能実習	資格外活動	身分に基づく在留資格	不明
中国	実数	397,084	125,817	5,179	54,161	86,690	125,231	6
	割合	100.0	31.7	1.3	13.6	21.8	31.5	0.0
フィリピン	実数	191,084	14,316	4,693	28,553	2,767	140,748	7
	割合	100.0	7.5	2.5	14.9	1.4	73.7	0.0
ベトナム	実数	453,344	83,663	27,998	202,218	122,005	17,457	3
	割合	100.0	18.5	6.2	44.6	26.9	3.9	0.0

注：国籍別労働者数の上位 3 つ（ベトナム、中国、フィリピン）を抽出した。
出所：厚生労働省『「外国人雇用状況」の届出状況』（2021 年 10 月末時点）より作成。

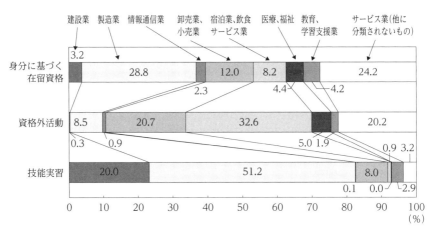

図 8-2　技能実習、資格外活動、身分に基づく在留資格の産業別外国人労働者数
（2021 年 10 月時点）
出所：厚生労働省『「外国人雇用状況」の届出状況』（2021 年 10 月末時点）をもとに筆者作成。

技能実習 44.6％、資格外活動 26.9％など、技能実習と留学生の比重が高い。それに対して、中国は、専門的・技術的分野 31.7％、身分に基づく在留資格 31.5％、資格外活動 21.8％である。かつて多かった中国の技能実習生は

13.6％に低下している。フィリ
ピンは、身分に基づく在留資格が
73.7％を占める（表8-2）。

　産業別にみると、技能実習は製
造業51.2％、建設業20.0％など、
広い意味での製造業分野での就労
が多い。資格外活動は、宿泊業・
飲食サービス業32.6％、卸売業・
小売業20.7％、その他サービス
業20.2％で、サービス産業での
就労が多い。また、身分に基づく
在留資格は、製造業28.8％、その他サービス業24.2％で、製造業、サービス
業双方での就労が広がっている（図8-2）。

　事業所の規模別では、30人未満の事業所が61.1％（17.4万ヶ所）で最も多い。
次いで30～99人事業所が17.9％（5.0万ヶ所）で、99人未満の事業所が全体
の79.0％を占める（表8-3）。

　以上簡単にみてきたように、日本の外国人労働者は、製造業や建設業、ある
いは広い意味でのサービス産業などの業種で働く人が多い。また企業規模別で
は、大企業よりも中小企業で多く働いている。以下、本章では、主として中小
企業における外国人労働者の受け入れを念頭において、働き方や働かせ方の特
徴をみる。

2　日本の外国人労働者政策

第6次雇用対策基本計画と1990年体制

　日本の外国人労働者政策は、高度人材の積極的な受け入れを推奨するととも
に、単純労働者の受け入れに慎重な立場を示している。1988年閣議決定では、
「当面、専門的な技術、技能を有する外国人について、可能な限り受け入れる
方向で対処する」とし、高度人材の活用を指摘した。他方で、1988年**第6次
雇用対策基本計画**では、「いわゆる単純労働者の受け入れについては、諸外国
の経験や労働市場をはじめとするわが国の経済や社会に及ぼす影響等にかんが

表8-3　事業所規模別・外国人労働者
（2021年10月末時点）

		事業所数	構成比（%）
全事業所規模計		285,080	100.0
事業所労働者数	30人未満	174,214	61.1
	30～99人	50,891	17.9
	100～499人	30,288	10.6
	500人以上	9,546	3.3
	不明	20,141	7.1

出所：厚生労働省『「外国人雇用状況」の届出
　　　状況』（2021年10月末時点）より作成。

み、十分に慎重に対処する」とし、単純労働者の受け入れに消極的である（明石 2009：224）。

　1989 年改正入管法では、不法就労罪を設ける一方で、いわゆる知識労働者の受入れについて、在留資格の大幅な整備、拡充で対応した。入国管理の選別性を強める一方で、在留資格「定住者」が新たに創設された。定住者の創設で、日系人の来日が容易となるとともに、研修生の受け入れ枠が拡充され、1993 年に外国人技能実習制度が創設された。こうして、1990 年代以降、専門的・技術的な外国人のための就労資格の拡充と並行して、一定の外国人が、労働者でない形で入国し、事実上、単純労働に従事することが可能となる制度や資格が整備された。外国人労働者を正面（front door）からではなく、横道（side door）から受け入れる政策は、**サイドドア政策**（side door policy）と呼ばれる（五十嵐 2010：14）。また、外国人「単純労働者」を公式には容認しないまま、1989 年改正入管法に抵触することなく、単純労働者を受け入れることを可能にする体制は、**1990 年体制**と呼ばれる（明石 2010：97）。

3　日　系　人

日系人受け入れの論理

　1989 年入管法改正は、表面的には労働に従事することを目的として在留する外国人ではないという法形式をかぶせながら、日系 2 世・3 世に対して定住者という新たな在留資格を創設した。定住者は就労に一切制限のない在留資格である。また、実質的には企業側が要求してきた外国人労働力をサイドドアから受け入れることを可能にした。

　父と母が外国で生活し、子どもも外国籍を選択しているケースを考えよう（図 8-3）。山田・黒木（2012）によれば、父が日本人、母が外国人で、子どもがいる場合、外国人の母と、外国人の子ども（日系 2 世）は「日本人の配偶者等」で日本滞在が可能である。また、日系 2 世の子どもの配偶者とその子ども（日系 3 世）、さらにはその配偶者は、外国籍であるが「定住者」での日本滞在が可能である（山田・黒木 2012：64）。

　濱口（2010）は入管法改正時の入国管理局の立場を次のように紹介している。「かつて日本が貧しかった時代に外国に移住していった人々の子孫が、今、日

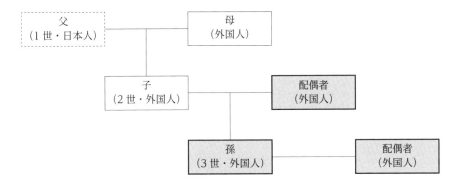

| | は、外国籍であるが在留資格、「日本人の配偶者等」での日本滞在が可能。 |
| | は、外国籍であるが在留資格、「定住者」での日本滞在が可能。 |

図8-3　日本人の配偶者等と定住者の関係

※父と母が外国で生活をし、子どもも外国籍を選択している（日本国籍を留保しなかった）
　ケース。

出所：山田鐐一・黒木忠正編（2012）『よくわかる入管法（第3版）』有斐閣、64頁。

本に戻ってきて生活をしたい、日本の文化を学びたい、日本で仕事をしてみた
いというのを認めるのは、我が国の社会として当然すぎることのように思われ
ます」（山神進・法務省入国管理局入国審査課補佐官インタビュー、1990年7月）（濱口
2010：286）。すなわち、日系人の受け入れは、日本人の祖先であるから認める
という血の論理が強調されている。

日系人の就労

　1989年の入管法改正後、日系人労働者は請負会社に直接雇用される形で増
加した。彼らは、ブラジルやペルーなどの送出国からブローカーや旅行会社経
由で来日した。日系人労働者の就労パターンは、数年間働いて帰国する「デカ
セギ型」を出発点とした。やがて、日本への定住化が進み、女性労働者も増大
する。1998年に**永住許可要件**が20年から10年以上に緩和されたことも、
定住化を促進する役割を果たした（渡辺2009：68）。

　日系人労働者の多くは、大手自動車メーカーや電機メーカーの下請け企業で
働く。組立工程に従事する単純労働者として働いている。従来、企業側は日本
人の地方都市出身者の期間工や臨時工を採用してきた。やがて若年労働者の供

給不足に陥り、1980年代以降は、労働力不足で日系人労働者を積極的に採用するようになった。日系人の多くは、日本で生活経験が乏しいため、日本語が話せない。また、母国との生活習慣も異なる。そのため、雇用契約や生活全般の面倒を見る派遣・請負会社を経由した方が、企業にとって好都合であった（村上 2019：190-191）。

日系人の斡旋メカニズム

　樋口直人らの研究によれば、日系人が初来日する際と、その後では旅費の調達方法が異なる。表8-4のとおり初期は斡旋業者の立替が64.7％（1310人）であるのに対し、2回目以降の調査では自費が71.6％（689人）になっている。斡旋業者の立替は23.3％（224人）に下がるが、立替制度は残存している。こうした立替制度の存在は、日系人が、日本側で渡航費を前貸しした雇い主のもとに直行し、少なくとも立替分を返済するまで働くことを意味している（樋口 2005：142-143）。

　日系人を斡旋する現地業者には、旅行社、ブローカー、デカセギ旅行社の3つがある。まず、旅行社は、航空機の発券とビザ申請には関与するが、職の紹介は行わない。日本からの旅行者の受け入れであるインワード業務や、デカセギ以外の顧客売り上げもある。それに対し、ブローカーは、旅行社としての認可を受けていない。航空券の発券やビザ取得代行手続きは、旅行社に外注する。最後に、**デカセギ旅行社**は、両者の中間にあってすべての業務を行うが、実際には売り上げのほとんどをデカセギ斡旋に依存している。樋口らの調査によれば、103

表8-4　初来日時と今回の来日時の旅費調達方法

	初回		今回	
	人数	%	人数	%
自費	444	21.9	689	71.6
家族からの借金	115	5.7	14	1.5
友人からの借金	92	4.5	24	2.5
斡旋業者の立替	1,310	64.7	224	23.3
その他	64	3.2	11	1.1
合計	2,025	100.0	962	100.0

出所：樋口直人（2005）「ブラジルから日本への移住システム」梶田孝道・丹野清人・樋口直人『顔の見えない定住化』名古屋大学出版会、143頁。
元資料：労働者データ。

表8-5 旅行社とデカセギ旅行社、ブローカーの相違

	旅行社	斡旋組織	
		デカセギ旅行社	ブローカー
該当する数	12	70	21
インワード業務	○	△	×
デカセギ以外の顧客	○	△	×
Embratur/IATA 加盟	○	○	×
チケット発券	○	○	×
ビザ手続き	○	○	△
渡航費用の立替	×	○	○
日本企業との提携	×	○	○
プロモーターとの提携	×	○	○

注1：Embratur はブラジル政府観光局、IATA は国際航空運送協会を意味する。
注2：元資料からタイトルを変更した。
出所：樋口直人（2005）「ブラジルから日本への移住システム」梶田孝道・丹野清人・樋口直人『顔の見えない定住化』名古屋大学出版会、143 頁。

の組織のうちデカセギ旅行社は 70、ブローカーが 21、旅行社が 12 である（表8-5）。デカセギ斡旋業者の存在が、日系人の斡旋メカニズムを大きく変えた（樋口 2005：142-143）。

労働条件と間接雇用

　丹野清人の調査によれば、日系人の労働条件は、日本で発行されている日系人向けのポルトガル語、スペイン語新聞によって雇用情報が広がる。また、就労機会が豊富なため、転職が盛んである。労働者が受け取る賃金は、男性が時給 1400 円前後、女性が時給 1000 円前後である。高い時給と日系人が働く職場が長時間労働であることから、彼ら・彼女らの月給は男性で月 30 万円前後、女性で月 20 万円台になる（丹野 2002：48）。

　日系人の雇用は業務請負や派遣会社を通じた**間接雇用**の形態が多い。間接雇

表 8-6　業務請負業者のパンフレットにみる日本人労働者と日系人労働者の
　　　　比較表

	費用割合(%)	正社員のコスト(円)	外部委託のコスト(円)
給与	100.0	299,500	300,000
賞与	33.3	99,833	0
法定福利費	15.2	45,524	0
法定外福利費	5.2	15,574	0
労務管理費	2.0	5,990	0
退職金等	7.2	21,564	0
合　計	163.0	487,985	300,000

注：費用割合は正社員の雇用の場合における給与を 100 としたときの、それ
　　ぞれの費用の割合を示す。
出所：丹野清人（2002）「外国人労働市場の分岐の論理：エスニックな分水
　　　嶺の発生メカニズム」梶田孝道・宮島喬編『国際化する日本社会』東
　　　京大学出版会、48 頁。

用はユーザー企業にとってどのようなメリットがあるのだろうか。第 1 に賃
金コストの圧縮である。日本人の正社員を雇う場合と比較すると、日系人のコ
ストは安価である。日系人労働者を工場に送り出している請負業者の事業説明
パンフレットでは、正社員のコストは 48 万 7985 円であるのに対し、外部委
託のコストは 30 万円である（表 8-6）。賞与、法定福利費、法定外福利費、労
務管理費、退職金等がカットされて、61.5％の水準となる（丹野 2002：48）。
　第 2 に、雇用調整が容易である。大久保（2005）による長野県上田の小県地
方の企業への聞き取り調査によれば、企業の受注量はきわめて不安定である。
変動が激しいので、固定費のかかる正規労働者の常用雇用を手控えている。そ
のかわり業務請負業者を通じて日系人の就労が拡大している。短期の、しかも
期間を限定しての採用と停止が可能な、間接雇用に依存した就業構造のシステ
ムである（大久保 2005：195）（間接雇用の特徴について詳しくは、第 7 章を参照）。

4 留 学 生

留学生数の推移と受け入れ政策

　日本学生支援機構『2020（令和2）年度外国人留学生在籍状況調査結果』によれば、日本への留学生総数（国費留学生、外国政府派遣留学生、私費留学生の合計値）は、1978年の5849人から、2020年の27.9万人へと大幅に増加した（図8-4）。この間、2003年に10万人を突破（10.9万人）し、2015年には20万人を超えた（20.8万人）。その後、2019年には30万人を超えている（31.2万人）。2020年の留学生総数に占める私費留学生の割合（私費留学生比率）は、95.7%（26.7万人）である。2020年の留学生数減少はコロナ禍における入国制限が背景にあると考えられるが、長期的な傾向として、留学生、とりわけ**私費留学生**は増加傾向にある。

　日本政府は高度人材としての留学生受け入れの拡大を政策的に支援してきた。

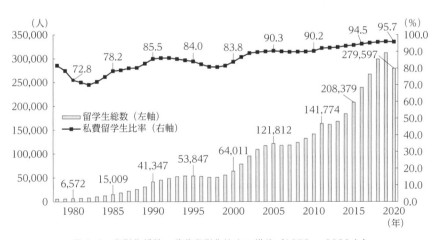

図8-4　留学生総数、私費留学生比率の推移（1978～2020年）

注1：入管法の改正（2009年7月15日公布）で、2010年7月1日付で在留資格「留学」「就学」が一本化された。そのため、2011年5月以降は日本語教育機関に在籍する留学生も含めた留学生数も計上している。
注2：留学生総数は、国費留学生、外国政府派遣学生、私費留学生の合計値。私費留学生比率は、留学生総数に占める私費留学生の割合。
出所：日本学生支援機構『2020（令和2）年度外国人留学生在籍状況調査結果』をもとに作成。

1983 年、中曽根康弘内閣のもとで、「留学生受け入れ 10 万人計画」が発表され、留学生のアルバイトが解禁されるとともに、日本語学校が多く設立された。留学生の受け入れは、あくまで「国際交流や発展途上国の人材育成」を意図していた。その後、資格外での就労が問題となり、1989 年の入管法改正で、日本語学校に所属する「就学」資格が創設され、入国管理が厳格化された。しかし、2000 年代に入ると在留資格審査の緩和が行われ、留学生が急増した。福田康夫内閣のもとで、2008 年に「留学生受け入れ 30 万人計画」が発表され、2020 年までに留学生を 30 万人に増やすことが目指された（永吉 2020：40）。図 8-4 で見たように、2019 年に 31.2 万人の留学生がいるので、2008 年の「留学生受け入れ 30 万人計画」は 12 年間で達成されたことになる。

在学時の就労

　日本の留学生の多くは在学時に就労をしている。留学の在留資格の外国人は、**資格外活動**の許可を受けることで、1 週間 28 時間以内、教育機関の長期休業中は 1 日 8 時間以内で就労が可能である（渡辺 2009：59）。日本学生支援機構の『私費外国人留学生生活実態調査』によれば、留学生のアルバイト従事率は、2005 年度の 84.4％から、2021 年度の 67.0％に減少した（表 8-7）。在籍段階別では、専修学校（専門課程）のアルバイト従事率が高い。2005 年度は86.9％、2021 年度は 84.1％のアルバイト従事率である。また、アルバイト

表 8-7　在籍段階別アルバイト従事率

(％)

年度	2005	2007	2009	2011	2013	2015	2017	2019	2021
大学院修士課程・博士前期課程	76.2	74.1	70.7	71.6	71.9	66.6	66.4	61.9	52.4
学部正規生	88.3	86.8	79.7	78.5	77.6	75.2	74.4	69.1	59.8
専修学校（専門課程）	86.9	80.7	77.7	79.4	83.4	83.0	87.1	84.9	84.1
日本語教育機関	－	－	－	67.8	72.3	77.1	76.4	67.5	59.2
計	84.4	80.9	75.5	74.2	75.3	74.8	75.8	70.4	67.0

注：2015 年度、2017 年度、2019 年度、2021 年度は、筆者が加筆した。
出所：志甫啓（2015）「外国人留学生の受入れとアルバイトに関する近年の傾向について」『日本労働研究雑誌』662 号、106 頁。
元資料：日本学生支援機構『私費外国人留学生生活実態調査』各年版。

表 8-8　アルバイトの職種

(%)

	年度	2005	2007	2009	2011	2013	2015	2017	2019	2021
講師	家庭教師	3.6	3.8	3.2	3.2	5.1	4.6	4.4	1.7	1.5
	語学教師	8.9	10.5	6.6	7.5	6.3	6.5	6.2	5.1	3.9
	塾講師	6.0	0.8	1.3	1.1	2.6	3.3	3.1	1.5	1.9
	TA・RA	−	−	7.4	5.5	7.4	6.9	7.3	5.6	5.6
事務	一般事務	5.3	5.9	3.0	3.6	3.6	4.4	4.7	4.5	2.9
	経理事務	0.9	1.2	0.5	0.7	0.5	0.5	0.6	0.6	0.3
軽労働	清掃	5.9	4.0	3.6	4.5	4.7	5.1	5.5	3.5	3.2
	警備	0.4	0.4	0.2	0.2	0.2	0.1	0.1	0.2	0.2
	ビル管理	0.1	0.3	0.1	0.1	0.2	0.2	0.2	0.2	0.1
	ガソリンスタンド	0.1	0.4	0.2	0.0	0.1	0.1	0.1	0.1	0.1
	配達	2.7	2.2	1.5	1.7	1.6	1.7	2.2	2.1	3.5
	配送作業	1.1	0.5	0.5	0.9	0.9	1.1	1.5	1.0	2.0
	飲食業	55.0	55.1	51.8	48.8	48.7	45.7	41.9	40.2	35.0
	営業・販売（コンビニ等）	16.5	17.8	25.5	25.3	24.7	26.3	28.9	33.0	30.2
	ホテル受付・ホール係	−	−	6.9	5.7	4.1	5.0	5.3	4.8	2.0
	出版物等の印刷作業	0.9	0.3	0.3	0.3	0.2	0.2	0.1	0.2	0.2
重労働	土木・建設作業	0.3	0.3	0.2	0.1	0.3	0.3	0.3	0.3	0.2
	引越業	0.2	0.4	0.3	0.3	0.4	0.6	0.5	0.4	0.2
	工場での組立作業	4.4	4.6	3.6	3.7	3.7	4.3	3.5	3.0	6.1
	倉庫整理	0.9	1.0	0.9	1.4	1.0	1.5	1.5	1.1	2.5
特殊技能	翻訳・通訳	−	−	3.8	4.2	4.2	6.8	6.7	6.3	2.9
	プログラマー・オペレーター	1.1	1.7	0.6	0.4	0.4	0.4	0.5	0.7	0.5
	グラフィック・デザイナー	0.3	1.1	0.4	0.1	0.3	0.6	0.5	0.4	0.7
その他	その他	4.5	9.7	2.9	5.4	3.7	6.4	5.8	4.4	10.7
	不明	3.3	0.4	0.6	0.6	0.4	9.0	0.9	−	−

注：３つまでの複数回答可。アルバイトをしていると回答した者を 100 とした割合（％）。
　　2015 年度、2017 年度、2019 年度、2021 年度は、筆者が加筆した。
出所：志甫啓（2015）「外国人留学生の受入れとアルバイトに関する近年の傾向について」
　　　『日本労働研究雑誌』662 号、106 頁。
元資料：日本学生支援機構『私費外国人留学生生活実態調査』各年版。

の職種を見ると、飲食業と営業・販売（コンビニ等）が多い。2005年度は飲食業が55.0%、営業・販売（コンビニ等）が16.5%であったのに対し、2021年度は飲食業が35.0%に減少し、営業・販売（コンビニ等）が30.2%に上昇している。それ以外には工場での組立作業6.1%、TA・RA 5.6%、語学教師3.9%などがあるが、飲食業と営業・販売（コンビニ等）がとびぬけている（表8-8）。

　飲食店やコンビニエンスストアでは外国人留学生を中心的な労働力として確保する動きが進む。大阪王将の外国人アルバイト比率は15%であり、都市部の直営店に限れば今後30%にまで高まるという（『日本経済新聞』2014年9月20日付）。またローソンでは、ベトナムのホーチミン市とハノイ市に独自の研修施設をつくり、2009年からベトナム人留学生を対象に奨学金制度を設けている。支給規定は「ローソンでアルバイトすること」であり、毎月の給付額は13万円である。支給型奨学金のため返済義務はなく、奨学金とは別にアルバイトの給料も自分の収入となる（芹澤 2018：66-67）。このように、留学生は、日本の飲食店などサービス産業では欠かすことのできない貴重な労働力である。

高度人材の供給源

　「留学生30万人計画」関係省庁会議『「留学生30万人計画」骨子検証結果報告』によれば、日本の高等教育機関（大学院、大学、短期大学、高等専門学校、専門学校）を卒業・修了した外国人留学生の国内就職者数は、2008年の8718人から、2019年の2万2828人へと約2.6倍に増加した。卒業・修了者に占める国内就職者の割合も、2008年の25.3%から、2019年の36.9%に増加している。大学、大学院は、2008年の33.1%から2019年の36.8%へ微増であるのに対して、短期大学は18.8%から60.9%へ、専門学校は16.4%から39.2%へ大幅に増加している（「留学生30万人計画」関係省庁会議 2021：30）。佐藤（2018）は、2016年に「技術・人文知識・国際業務」の在留資格を取得した者の32.8%は、元留学生であると報告している。このように、日本の外国人留学生は、**高度人材**の貴重な供給源になることを期待されている。

　留学生は、在学時はサービス産業の基幹労働力として機能し、将来的には高度人材となることが期待されている。志甫（2018）によれば、留学生受け入れ促進策と、留学生としての身分が濫用されることを防ぐ対応は、多くの留学生

受け入れ国において共通の課題である。また、アルバイト就労経験が留学生の
その後のキャリアに有効に作用するように考えることも重要である（志甫
2018：111）。こうしたことを踏まえると、在学時における留学生の実質的な学
習・研究の機会を確保しつつ、在学時に就労する場合、その中身が卒業後の
キャリアに役立つような内容になっていくことが理想的である。

5　外国人技能実習生

企業単独型から団体監理型へ

　1990年の入管法改正後間もなく、研修生の受け入れ企業と送り出し機関の
一定の取引関係を要件として、受け入れ人数を正規従業員の5％以下とするな
どの規定が設けられた。これは**企業単独型**の受け入れと呼ばれる。その後、公
的機関の支援を得た団体（事業協同組合等）を第一次受け入れ機関とすることで、
送り出し機関との取引関係がない中小企業でも受け入れができるよう要件が緩
和された。これは**団体監理型**受け入れと呼ばれる。団体監理型の創設で、外国
人研修制度は、研修としての性格が弱まった。その後、同制度は国際的な人材
育成事業と位置づけられた。

　外国人技能実習制度（foreign technical intern system）は、1993年に創設さ
れた。当初は1年間の研修で技能等を「習得」した後、研修実施企業で取得
した技術を「習熟」するための活動として1年間の技能実習を認めた。1997
年から技能実習期間が2年間に延長され、研修とあわせて3年間、研修・技
能実習という名目で外国人労働者を雇い入れることが可能となった。2010年
には研修制度が技能実習制度に変更され、1年目から雇用契約を結び、日本の
労働基準法や最低賃金法が適用された。2016年には、技能実習法が成立し、
新たな在留資格「技能実習3号」が創設された。技能評価試験に合格した技
能実習生は、母国にいったん帰国（1ヶ月以上）した後、さらに2年間日本国内
で、技能等の「熟達」のため、技能実習を行うことが可能となった。2019年
度からは、外国人技能実習制度とは別枠で、将来的に家族の呼び寄せなどが可
能な、特定技能制度が始まっている（コラム10参照）（表8-9）。

　このように、外国人技能実習制度は、技能実習1号、技能実習2号の場合
は3年間、技能実習3号も含む場合は5年間、期限を区切って国外からの労

表 8-9　外国人技能実習制度の沿革

年	概要
1981	出入国管理及び難民認定法（入管法）改正。 ・在留資格「研修」が新設。
1989	入管法改正（1990 年 6 月 1 日施行）。 ・日系 2 世、3 世の活動に制限のない「定住者」の在留資格を付与。 ・研修生と受け入れ企業に関する要件が規定。「企業単独型」研修制度の創設（1990 年 5 月 24 日）。 ・研修生の受け入れ企業に関する規制を緩和。新たな制度として「団体監理型」研修制度の創設（1990 年 8 月 17 日）。
1991	外国人研修制度の円滑な実施を目的として、国際研修協力機構（JITCO）が設立。法務、外務、厚生労働、経済産業、国土交通の 5 省共管。
1993	新たな技能実習制度を創設。 ・研修を修了し、一定の要件を充たした研修生に、より実践的な技術・技能の習得を認める制度。「研修」修了後、在留資格を「特定活動」に変更、実習期間は最長 1 年。
1997	実習期間が 2 年に延長。
2007	厚生労働省「研修・技能実習研究会」中間報告。 ・実務研修中の研修生の法的保護が議題に。
2008	厚生労働省「研修・技能実習研究会」最終報告。
2010	研修制度を「技能実習制度」に変更。 ・技能実習 1 号（1 年目）、技能実習 2 号（2・3 年目）の創設。 ・1 年目から実務研修は「技能実習」で、実習実施機関と雇用契約を交わす。労働基準法、最低賃金法、労働安全衛生法などが適用。
2016	外国人の技能実習の適正な実施及び技能実習生の保護に関する法律（技能実習法）が成立（11 月 18 日、2017 年 11 月 1 日施行）。 ・技能実習 3 号が新設。技能評価試験の実技試験に合格した技能実習生は、帰国した後、2 年延長可能に（最長期間 5 年に延長）。
2017	外国人技能実習機構（Organization for Technical Intern Training：OTIT）を設立。
2018	入管法改正（2019 年 4 月 1 日施行）。 ・新たな在留資格、特定技能 1 号、特定技能 2 号を創設。

出所：村上英吾（2011）「外国人技能実習生問題の現状と課題」法政大学大原社会問題研究所編『日本労働年鑑第 81 集』旬報社、村上英吾（2012）「外国人対日本人」橘木俊詔編『格差社会』ミネルヴァ書房、外国人技能実習機構ウェブサイトなどをもとに作成。

働力を雇用することができる。その意味で、外国人技能実習制度は、帰国を前提としたローテーション型の外国人労働力輸入政策である（村上 2012：108）。

外国人技能実習制度の特徴

　外国人技能実習機構（Organization for Technical Intern Training：OTIT）『令和元年度業務統計』によれば、職種別・技能実習認定件数は、建設関係20.8％、食料品製造関係18.8％、機械・金属関係16.1％、農業関係8.9％、繊維・衣服関係6.6％の順で多い。国籍別・地域別では、ベトナム53.5％、中国19.1％、インドネシア8.9％である。ベトナム出身者が過半数を占める。

　外国人技能実習生の受け入れ事業所は中小企業が多い。国際研修協力機構（JITCO）経由の外国人技能実習生の推移をみると、外国人技能実習生に占める団体監理型受け入れの割合は、1993年32.0％、1999年54.0％、2004年84.5％、2019年96.5％である（図8-5）。2017年まではJITCO統計、2018年以降はOTIT統計のため厳密な意味での時系列的な統計とはならないが、だいたいの傾向は把握することができる。海外子会社を持たない中小企業が協

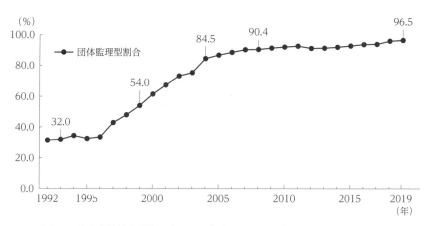

図 8-5　外国人技能実習生に占める団体監理型割合の推移（1992 〜 2019 年）
注：1992 年から 2009 年までは研修、2010 年以降は技能実習 1 号の人数。ただし、2017年まではJITCO統計、2018年以降はOTIT統計のため、時系列でみる場合には注意を要する。
出所：国際研修協力機構編『JITCO白書』各年版、外国人技能実習機構ウェブサイトをもとに作成。

表 8-10　外国人技能実習生の基本人数枠

実習実施者の 常勤の職員の総数	技能実習生の人数
301 人以上	常勤職員総数の 20 分の 1
201 人～ 300 人	15 人
101 人～ 200 人	10 人
51 人～ 100 人	6 人
41 人～ 50 人	5 人
31 人～ 40 人	4 人
30 人以下	3 人

出所：法務省入国管理局・厚生労働省人材開発
　　　統括官「新たな外国人技能実習制度につ
　　　いて」(https://www.mhlw.go.jp/file/0
　　　6-Seisakujouhou-11800000-Shokugy
　　　ounouryokukaihatsukyoku/000020
　　　4970_1.pdf) をもとに作成。

同組合等を通じて外国人技能実習生を受け入れている。

　法務省入国管理局・厚生労働省人材開発統括官「新たな外国人技能実習制度について」によれば、実習実施者の常勤職員の総数が 30 人以下の企業の場合、最大 3 名までの技能実習生の受け入れが可能である（表8-10）。例えば、1 年目の技能実習生 3 名が、2 年目に技能実習 2 号に移行した場合、技能実習 1 号の空きが出るので新たに 3 名の技能実習生の受け入れが可能である。こうして 3 年間の実習では、技能実習 1 号（3 名）、技能実習 2 号（6 名）を合わせて、常勤職員 30 人以下の企業は、最大 9 人の技能実習生を受け入れることができる。

外国人技能実習生の基幹労働力化

　外国人技能実習生は建設関係、食料品製造関係、機械・金属関係、農業関係などで必要不可欠の労働力として機能している。この点は、地方の縫製業において顕著である。縫製業を例として、外国人技能実習生の基幹労働力化の実態を見る。一般的に、**基幹労働力化**とはパートタイマーの職務内容が正規従業員の職務内容に近づいていくことを指す。本田（1998）はこうした現象を「質的な基幹労働力化」と呼んだが、縫製現場でも日本人の管理責任者と比較して、外国人技能実習生の仕事能力の接近がみられる。佐藤（2021：194）は、岡山県・島根県の縫製業における外国人技能実習生を調査した上で、その特徴を「経営体の恒常的な業務」の遂行に必要な基幹労働力であるとしている。

　生産工程に着目すると 3 つの特徴がある。第 1 に、日本の縫製現場は変種変動生産である。学生服生産の場合、私立学校を中心とした別注化の影響で、

複数製品の縫製が求められる。ネームがついたり、ボタンの種類が違ったりする。あるいは、同じ素材でも色が違うと糸を変えなくてはならないということが生じる。第2に、外国人技能実習生は分業化された単一の工程のみならず、トラブル時の前後工程への介入など複数工程を担う。最終的には1人で1枚を作れるような形が理想的であるが、相手のところに一歩踏みこむような製品の流し方や生産の仕方に対応することが求められる。第3に、下級生から上級生になる過程で、外国人技能実習生は下級生を指導する立場になる。他の工程を見ながら、きれいに仕上げるためには、自分のところをどのように縫うべきかなど、全体工程を考えた上での作業が求められる。こうして、外国人技能実習生は、3年間の実習過程で、部分工程から前後工程に介入できるようになり、下級生の指導も担う。縫製現場においては、日本人の管理責任者と比較して、外国人技能実習生の仕事能力の接近がみられるため、外国人技能実習生は基幹労働力化しているといえる（永田 2020）（基幹労働力化する非正社員の出口規制については、第7章を参照）。

外国人技能実習生の矛盾

　外国人技能実習生は、機能的には基幹労働力化している一方、制度的には短期間での受け入れを前提としている。その意味で矛盾した存在である。上林（2015：241）は、外国人技能実習生が、衣料品製造業においてそうであるように中核的労働力であるのであれば、定住化が可能となる制度設計をしなければならない、と指摘している。その上で、短期の就労を前提としたままでは、労使双方に不安定な環境をつくり出すため、彼ら・彼女らに課されている職種間移動や企業間移動の制限は撤廃されるべきであると主張している。外国人労働者の権利を擁護することは、一面では中小企業における労働力確保機能を弱める。そうであっても、仮に中小企業にとって、外国人技能実習生が長期的な人材育成の観点から必要不可欠なのであれば、労働者が国内に定着しうる制度変更は不可避である。

コラム 10　特定技能制度

　2019年4月にスタートした**特定技能制度**は、特定技能1号と特定技能2号がある。特定技能1号は、農業、建設業、介護業など14分野で、通算5年を上限に当該職種での就労を認める。ただし、家族帯同はない。それに対して、建設業、造船業の2業種が想定される特定技能2号は、期間制限なく就労を認める。家族帯同も可能である。国は移民制度ではないとしながらも、転職の容認、家族帯同可能、永住権の取得への道が開かれるなど、同制度の特長として宣伝している。他方で、特定技能制度の入口部分は、外国人技能実習生のうち、受け入れ企業と良好な関係を維持した人等を格段に優遇している（斉藤 2019：12-15）。外国人にとって将来的な永住化の道が開かれるというポジティブな側面がある一方、入口部分の多くが既存の外国人技能実習生制度からの移行を想定しており、その問題点も指摘されている。

◎ exercise

・日本の外国人労働者政策におけるサイドドア的性格は、外国人労働者当事者などにどのような影響を及ぼすでしょうか。具体的な問題点を考えてみましょう。
・外国人労働者の定住化に伴う子どもの不就学の実態について調べ、全国各地の学校でどのような取り組みが行われているのか、整理してみましょう。
・アルバイト先など身近な場所で、外国人労働者が働いていれば、どのような生活をしているのか、簡単なインタビューをしてみましょう。

【参考文献】
明石純一（2009）「『入管行政』から『移民政策』への転換：現代日本における外国人労働者政策の分析」日本比較政治学会編『国際移動の比較政治学（日本比較政治学会年報第11号）』ミネルヴァ書房
明石純一（2010）『入国管理政策：「1990年体制」の成立と展開』ナカニシヤ出版
五十嵐泰正（2010）「『越境する労働』の見取り図」五十嵐泰正編『労働再審②越境する労働と〈移民〉』大月書店
大久保武（2005）『日系人の労働市場とエスニシティ：地方工業都市に就労する日系ブラジル人』御茶の水書房
上林千恵子（2015）『外国人労働者受け入れと日本社会：技能実習制度の展開とジレンマ』東京大学出版会
斉藤善久（2019）「外国人労働者受け入れ拡大と新制度の問題」自治体問題研究所

編『住民と自治』676 号

佐藤忍（2021）『日本の外国人労働者受け入れ政策』ナカニシヤ出版

佐藤由利子（2018）「留学生政策」移民政策学会設立 10 周年記念論集刊行委員会編『移民政策のフロンティア：日本の歩みと課題を問い直す』明石書店

志甫啓（2015）「外国人留学生の受入れとアルバイトに関する近年の傾向について」『日本労働研究雑誌』662 号

志甫啓（2018）「外食産業とコンビニ業界における外国人労働者：外国人留学生のアルバイトに注目して」津崎克彦編著『産業構造の変化と外国人労働者：労働現場の実態と歴史的視点』明石書店

芹澤健介（2018）『コンビニ外国人』新潮社

丹野清人（2002）「外国人労働市場の分岐の論理：エスニックな分水嶺の発生メカニズム」梶田孝道・宮島喬編『国際化する日本社会』東京大学出版会

永田瞬（2020）「外国人技能実習生の基幹労働力化と不安定化：岡山県倉敷市における縫製産業の事例から」『高崎経済大学論集』63（1）

永吉希久子（2020）『移民と日本社会：データで読み解く実態と将来像』中央公論新社

濱口桂一郎（2010）「日本の外国人労働者政策」五十嵐泰正編『労働再審②　越境する労働と〈移民〉』大月書店

樋口直人（2005）「ブラジルから日本への移住システム」梶田孝道・丹野清人・樋口直人『顔の見えない定住化』名古屋大学出版会

本田一成（1998）「パートタイマーの個別的賃金管理の変容」『日本労働研究雑誌』460 号

宮島喬・鈴木江理子（2019）『新版 外国人労働者受け入れを問う』岩波書店

村上英吾（2011）「外国人技能実習生問題の現状と課題」法政大学大原社会問題研究所編『日本労働年鑑第 81 集（2011 年版）』旬報社

村上英吾（2012）「外国人対日本人」橘木俊詔編著『格差社会』ミネルヴァ書房

村上英吾（2019）「外国人労働者」石畑良太郎・牧野富夫・伍賀一道編著『よくわかる社会政策（第 3 版）』ミネルヴァ書房

「留学生 30 万人計画」関係省庁会議（2021）『「留学生 30 万人計画」骨子検証結果報告』

渡辺博顕（2009）「外国人労働者増加の要因とその帰結：もう 1 つの格差社会」黒田兼一・守屋貴司・今村寛治編著『人間らしい「働き方」「働かせ方」』ミネルヴァ書房

山田鐐一・黒木忠正編（2012）『よくわかる入管法（第 3 版）』有斐閣

第9章

労働組合

1　労働組合とは

なぜ労働組合なのか

　日本企業による労働者の働かせ方については、これまで各章で見てきたように、様々な問題が存在している。こうした中、労働者の労働条件を維持・向上させていくために最も力を発揮すべき組織として労働組合が考えられる。

　労働問題を解決するための方法としては、労働基準監督署（以下、労基署）に期待する声もある。ただし、労基署の役割は、労働基準法や最低賃金法などを企業に守らせることであり、それらは労働条件の最低基準を設定しているルールである。あくまで最低基準であり、労基署はそれを上回る労働条件を企業に求めることはしない。例えば、最低賃金法の最低賃金額を下回る賃金で働かされていた場合であれば労基署は対応するが、「いまの賃金は最低賃金法の金額を上回っているが、もっとアップさせたい！」という要求については、労基署は対応しない。そうした要求にもこたえることができる組織が労働組合なのである。

労働組合とは何か？

　それでは、労働組合とはそもそも何か。労働組合法の第2条では、「労働者が主体となつて自主的に労働条件の維持改善その他経済的地位の向上を図ることを主たる目的として組織する団体又はその連合体をいう」と書かれている。つまり労働組合とは、労働者の、労働者による、労働者のための活動を行っている組織のことである。

　ここでいう「労働者」とは、正社員だけでなく、パート、アルバイト、派遣労働者、契約社員、嘱託など非正社員も含まれる（小林 2000：23）。そのため、

非正社員でも当然、労働組合を作ることができる。また、失業者であっても労働組合法では労働者に含まれるので、労働組合を作ることができる（松岡他2008：300、306）。

　また、「自主的に」と書かれてある。この点に関わって、「使用者の利益を代表する者」は労働組合に加入することが認められていない（同法2条1号）。これは、会社側の人が労働組合に入ると、他の組合員はその人のことを気にして自由に発言・行動することができず、組合の自主性を脅かすからだ（小林2000：26）。「使用者の利益を代表する者」とは、具体的には、①役員（取締役や監査役、理事など）、②人事権を持つ上級管理職、③労働関係の機密に接する管理職（人事部や総務部の部長など）、④その他の使用者の利益代表者（社長の秘書など）のことである（同法2条1号）（小林2000：25、菅野2019：838-839）。見てわかるように、法律は「使用者の利益を代表する者」を限定的に記しており（菅野2019：840）、実際にそれに該当するかどうかは労働者の実態を見て判断される。そのため、管理職だから一律に労働組合に入れないということではない。

　さらに、組合運営のための経費の支出について、会社から経理上の援助を受けている場合も、労働組合とは認められない（同法2条2号）[1]。資金的に会社に依存することになり、労働組合としての自主性が歪められるおそれがあるからだ（小林2000：26-27）。

　読者の中には、労働組合を作ったり、入ったりすると、会社から睨まれて何か不利益を被るのではないかと不安になる人がいるかもしれない。しかし、労働組合法の第7条では、会社は、労働者が組合員であることや、組合に加入したり、組合を結成しようとしたことなどを理由として、解雇その他の不利益な取り扱いをしてはならない、と明記している（労働組合法7条1号）。組合員であることなどを理由として、その労働者を解雇したり、賃金を引き下げたりすることは、**不当労働行為**として法律で禁止されているのだ。このように、労働法は、労働者が安心して組合活動できるように保障している。

1）労働時間中に有給で団体交渉や労使協議をすること、労働組合の福利厚生基金に使用者が寄付すること、最小限の広さの組合事務所を供与することは、例外として認められている（同法2条2号但書）。

団体交渉と労働協約

　それでは、労働組合に加入すればどんなメリットがあるのだろうか。第一に、会社の代表者と団体交渉を行って、労働協約を結ぶことができる。

　団体交渉とは、略されて団交と呼ばれることがあるが、労働組合という団体が、使用者や使用者団体と、労働条件に関して話し合うことを言う。お互いに話し合って結ばれた約束のことを**労働協約**と言う。団体交渉で話し合われる内容については、労働条件に関わるあらゆる問題が対象となる[2]。賃金、労働時間、休日・休暇、解雇、配転、出向、定年、懲戒、等々である。

　これは考えてみたらすごいことである。例えば、もしあなたが、いきなり会社から「クビだ」と宣告された場合を想像してみてほしい。そのとき、あなたは1人で上司に「納得いかない、クビは撤回してほしい」と抗議できるだろうか。1人で抗議することは度胸がいるし、たとえ抗議できたとしても、相手がまともに話し合いに応じてくれるかはわからない。「うるさい！もう決まったことだ！」と怒鳴られて、涙をのんで会社を辞めざるを得ないケースが、現実には少なくないと思われる。

　しかし、労働組合に入れば会社の代表と話し合うことが可能となる。しかも、労働組合のメンバーが一緒になって、解雇の撤回を求めてくれるのだ。労働組合のメンバーには労働法を熟知している者がおり、あなたにはどんな権利あるのかを一から教えてくれる。また、団体交渉の場では、解雇の不当性をあなたとともに主張してくれるので、非常に心強い。いまは解雇を例にして話したが、解雇だけではなく、労働条件に関する様々な事柄を、労働組合を通じて会社に要求することができる。

　「そうは言っても、現実には素直に労働組合の話し合いに応じるような、そんなまともな会社ばかりではないのでは？」と思っている人もいるかもしれない。その点は心配する必要はない。なぜなら、労働組合法第7条2号では、団体交渉を正当な理由なく、会社が拒否することはできないことになっている。正当な理由がないにもかかわらず、会社が団体交渉を拒否すれば、これは**不当労働行為**となり、違法である。

2）ただし、使用者に処理権限のある事項に限られる（西谷 2020：681）。

団体交渉での会社側の担当者は、交渉内容について決定権を持つ人（例えば社長、専務、理事長など）が出席しなければならない。決定権を持たない人が、団体交渉の担当者になることは許されない（小林 2000：55、西谷 2020：680）。

　さらに、会社側は、団体交渉の席にただ着いただけでは、団体交渉に応じたことにならない。なぜなら、会社側には、団体交渉において誠実に対応する義務（**誠実交渉義務**）があるからだ。誠実さが見られなければ、これも不当労働行為に当たり、違法となる。不誠実な団体交渉の例として、小林（2000：56）に挙げられているものを一部紹介しよう。

　例えば、「組合の要求は拒否しながら、拒否する根拠についての具体的な説明や資料提出を拒否している場合」、「形式的に団交回数を重ねても、その内容に何らの努力がなく使用者に誠意がない場合」、「使用者が、団交の前に労働条件を決定し、『会社の決定で変更できない』と結論を押しつけるだけの団交」などである。

　団体交渉を重ねて、労働組合と会社の間で合意に達すれば労働協約が締結される。労働協約は、書面で作成し、労働組合と会社の両代表者が署名または記名押印することで、効力が生じる（労働組合法 14 条）。こうした形でできた文書は、名称が「確認書」であっても、「覚書」であっても、「誓約書」であっても、労働協約の効力をもつ。

　労働協約の影響力は非常に大きい。なぜなら、労働者の代表と会社の代表とが合意した内容だからである。労働協約が締結されれば、会社が一方的に作った就業規則は、労働協約に反する場合には無効となる（労働基準法 92 条 1 項）。また、労働協約の基準に違反する労働契約の部分は無効となり、無効となった部分は労働協約の基準が適用される（労働組合法 16 条）。例えば、労働協約で、「月給 30 万円以上を支払う」と定めているのに、労働組合に入っている労働者が月給 25 万円で働かされようとした場合は、その労働条件は無効となり、当該労働者は月給 30 万円以上となる。労働協約は、まさに労働組合だからこそ結ぶことができるものだ。これが労働組合に加入するメリットの第 1 点目である。

労働争議

　労働組合に加入するメリットの第2点目は、労働争議を行うことができる点である。団体交渉で、労使の主張の対立が解決しなかった場合、労働組合は労働争議を行うことができる。

　労働争議とは、自らの主張を通すことを目的として、ストライキ（同盟罷業）、サボタージュ（怠業）、ピケッティング（スト破り防止行動）などを行って、業務の正常な運営を妨げることである（小林 2000：77）。

　ストライキとは、労働者が集団的に働くことを停止することである。労働者が一斉に働くことをやめてしまうと、当然、経営者は困る。経営者を困らせて、団体交渉の内容を少しでも労働者に有利な方向にもっていこうとする戦術がストライキである。

　現在、日本の労働組合はほとんどストライキをしなくなった（序章の図 0-4 参照）が、それでもまれに、ストライキのためにバスや電車が止まることがある。今世紀に入って日本で最も注目されたストライキは、2004年に行われた**プロ野球選手会のストライキ**であろう。9月18日と19日の2日間、70年に及ぶ日本のプロ野球の歴史で初めてストライキが決行された。

　この問題は、オリックスと赤字問題に悩む近鉄との合併交渉が報じられたことから始まった。合併すると、球団が1つ減って11球団になってしまうので、選手たちにとっては自らの雇用問題に影響する。そこで選手会は、「12球団維持」を求めてストライキを行った。当時、『読売新聞』（朝刊 2004年9月18日付）は、「ファン裏切る"億万長者"のスト」という題名の社説で、選手会のストライキを批判したが、現実は圧倒的な国民の支持を得てストライキは成功した。この結果、オリックスと近鉄は合併することになるが、同年秋に楽天が誕生して、12球団は維持されることになった。この時の選手会の会長で、ストライキを率いたのが古田敦也選手であった。

　なお、いまプロ野球選手会のストライキについて述べたが、プロ野球の一軍選手は、労働基準法上では、第3章で述べられた個人請負に該当し、労働者ではない。労働者ではないにもかかわらず、なぜ労働組合を作れるのだろうか。それは、労働基準法と労働組合法では、労働者の定義に違いがあるからだ。

　労働基準法の第9条では労働者の定義は、「事業又は事業所に使用される者

で、賃金を支払われる者をいう」となっている。つまり会社から明確に指揮命令されて、賃金をもらう人に限定されている。一方、労働組合法の第3条では、「賃金、給料その他これに準ずる収入によつて生活する者をいう」となっている。賃金だけではなくて、それに準ずる収入（野球選手の年俸など）を得ている者も労働者に含まれる。労働基準法における労働者の定義よりも、労働組合法における労働者の定義は広くなっている。したがって、プロ野球の一軍選手は、労働基準法では労働者ではないが、労働組合法では労働者として労働組合を作ることができるのだ（永野 2005：21）。

　ストライキの他に労働争議の形態としては、サボタージュやピケッティングがある。**サボタージュ**とは、「サボる」の元になった言葉であり、働きながら、会社の指揮命令の一部に従わないで、作業の能率を意図的に低下させる行為のことをいう。例えば、わざとゆっくり作業をやってみたり、かかってきた電話に出ないといった行為である。ストライキをすると賃金が支給されないので、それを避けるねらいがある。

　ピケッティングとは、スト破りを防止する行動のことをいう。例えば、100人の労働者がいる工場で、60人がストライキを行ったとする。残りの40人はストライキに参加せずに工場に入って通常通りに作業を行おうとする。そのときに40人を工場に入らせないように、60人が工場の前に集まって説得を行ったり、スクラムを組んで団結を誇示したりする行為のことをいう。

　そして重要なことは、以上のような労働争議や団体交渉を行っても、正当なものであれば、労働組合や組合員は**刑事責任や民事責任を問われることはない**という点である（労働組合法1条2項、8条）。「正当なものであれば」とは、労働条件を改善することを目的として労働争議を行っている場合のことである。単に、経営者を困らせることだけを目的とする労働争議は正当とはみなされない。また、労働争議の方法についても、暴力を振るうことや、使用者の財産権を侵害する行為（機械や設備、商品を破壊する等）は正当とは認められない。

　読者の中には、団体交渉で経営陣を追及すれば、刑法の脅迫罪に問われたり、労働争議で会社に損害を与えたら、威力業務妨害罪に問われると思う人がいるかもしれない。また、ストライキで生産が止まれば、会社は労働組合に損害賠償を請求する、つまり民事責任を問われるのでは？と思っている人もいるかも

しれない。しかし、これらの責任を問われることはない（小林 2000：16-17）。労働法は、少しでも使用者と対等な立場で交渉できるように、労働者に強力な武器を与えているのである。

なお、日本で労働組合活動が実質的に合法化されたのは、1945 年 8 月 15 日に第二次世界大戦で敗北し、同年 12 月に労働組合法が制定されてからである。戦前は、絶対主義的天皇制のもと、労働組合は政府によって激しい弾圧にさらされた（兵頭 2016a：191-193）。労働組合法によって、**団結権**（労働組合を作る、あるいは加盟する権利）、**団体交渉権**、**団体行動権**（争議権）という**労働三権（労働基本権）**が保障された（兵頭 2016b：163）。そして、1946 年に公布された日本国憲法においても、**第 28 条**において労働三権の保障が謳われた。

2　日本の労働組合の特徴

第 1 節では労働組合の基本的な事柄について述べた。労働三権という強力な武器を駆使することは、多くの労働問題がまん延している現在、今こそ労働組合に求められている。

しかし、日本の労働組合運動は低調である。図 9-1 は労働組合の組織率の推移を示している。この間、労働者の数は増えているが、労働組合員の数は横

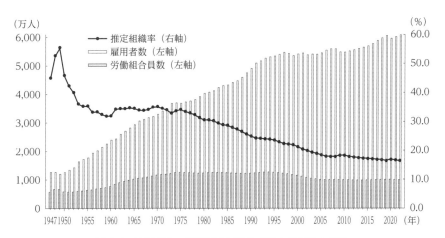

図 9-1　雇用者数、労働組合員数及び推定組織率の推移
出所：厚生労働省（2023）から作成。

表 9-1　労働組合の各国別組織率

(%)

	組織率
フランス	10.8（2016 年）
ベルギー	49.1（2019 年）
スウェーデン	65.2（2019 年）
フィンランド	58.8（2019 年）
イタリア	32.5（2019 年）
オランダ	15.4（2019 年）
デンマーク	67.0（2019 年）
オーストリア	26.3（2019 年）
スペイン	12.5（2019 年）
ドイツ	16.3（2019 年）
イギリス	23.5（2019 年）
日本	16.8（2019 年）
アメリカ	10.3（2020 年）

出所：OECD.Stat から作成。

ばい状態になっている。その結果、1949年には 55.8％あった組織率は、2022 年には 16.5％まで下がり過去最低となっている。

　ただし、組織率の低下傾向は多くの先進国でも同様である。表 9-1 は、OECD のデータから作成した各国別の最新の組織率の数値である。スウェーデンやフィンランド、デンマークといった北欧諸国は、組織率が半数を超えているが、アメリカは 10.3％、イギリスは 23.5％、ドイツは 16.3％、フランスは 10.8％となっている。このように、日本と同じ程度の低い組織率の国は他の先進国でも見られる。ただ、問題は労働組合がいかに活発に行動しているかである。

　この行動力を表す一つの指標として、労働争議による労働損失日数を見てみよう。労働損失日数とは、労働争議の参加人数に労働争議の日数をかけた数値である。労働損失日数は、労働政策研究・研修機構（2022：248）によると、アメリカで 323 万 7000 日（2019 年）、イギリスで 20 万 6000 日（2019 年）、ドイツで 19 万 5000 日（2020 年）、フランスで 209 万 5000 日（2018 年）である。それに対して、日本はわずか 2000 日（2020 年）にすぎない。日本の労働組合の行動力の低さは明らかだろう。それではなぜ、日本の組合運動は低調なのだろうか。それは、日本の労働組合の特徴に原因があるといわれている。

日本の労働組合の特徴①—企業別労働組合

　日本の労働組合の特徴の 1 番目は、**企業別労働組合**だということである。企業別労働組合とは、それぞれの企業ごとに労働組合が作られているということである。電機産業を例にすると、日立ならば日立製作所労働組合、東芝なら

ば東芝労働組合、三菱電機ならば三菱電機労働組合など、企業別に労働組合が組織されている。そして、団体交渉や労働協約の締結は、企業単位で行われている。

　しかし、欧米では、日本のような一つの企業だけで組織されている労働組合は「御用組合」だと考えられている。「御用組合」とは、経営者と闘うことをしないで、逆に経営者となれ合っている労働組合のことである。それは、1つの企業を超えて他の企業の労働者と連帯していないと、経営者に対抗する自立性がないとみなされるからだ（脇田 2007：106）。

　この点に関して、先ほど述べたプロ野球選手会は、日本で例外的に企業別労働組合ではない労働組合である。もし仮に、プロ野球選手たちが球団別（つまり企業別）に労働組合を作っていたとすれば、はたしてストライキを決行できたであろうか。近鉄以外の選手にとって近鉄がなくなることは他球団のことであって、自分の球団とは関係ないから無関心になりやすい。球団横断的に労働組合を作っているからこそ、仲間意識がはたらき、労働組合の対抗力が強まるのである。

　さらに、企業別労働組合では対抗力が形成されない根拠として、労働市場を規制することが難しいという点が指摘されている（例えば木下（2008：112））。それぞれの企業は、お互いに市場で競争している。そのとき、一つの企業で、企業別労働組合が賃上げを求めたとする。もし、賃上げが実現すれば、その企業は人件費が高くなり、他社とのコスト競争で負けてしまう。そうなれば、最悪のケースでは倒産のおそれが出てくる。逆に、賃上げが認められず、企業別労働組合がストライキを行った場合はどうだろうか。ストライキが行われれば、その企業の生産はストップするので、ますます倒産のおそれが大きくなる。会社が倒産することは、組合員の働く場がなくなってしまうことなので、企業別労働組合にとってよいことではない。

　したがって、日本の労働組合には、団体交渉で会社と対決し、ストライキを打ってでも労働条件のアップを勝ち取る、という姿勢は基本的に見られない。反対に、会社と一緒になって生産拡大に努め、市場競争で他社に勝つ。他社に勝てば、自分の企業の利益が増大する。その増大した企業利益の配分にあずかるという方法で、労働条件の向上を実現する。

欧米は産業別労働組合

　それでは、欧米の労働組合はどのような組織形態なのだろうか。欧米は**産業別労働組合**であり、同じ産業で働く労働者を企業横断的に組織している。例えば自動車産業であれば、その産業で働く労働者たちが企業の違いを超えて1つの労働組合に入っているとイメージしてもらえばよい。

　ただし、現在、産業別労働組合の中には、複数の産業部門を扱っている労働組合が少なくない。例えば、「全米自動車労組」という呼び名で一般に知られるアメリカの産業別労働組合 UAW は、宇宙航空産業や農業用機械産業の労働者も組織しており、正式名称は「全米合同自動車・航空・農業機械・労働者国際組合」という。ドイツの産業別労働組合 IG メタル（金属産業労働組合）も、自動車、電機、機械、鉄鋼などの産業部門を扱っている。

　また、ドイツやフランスに代表される大陸ヨーロッパと、イギリス・アメリカでは、産業別労働組合といっても組合の交渉方法に違いがある。ここでは、日本との違いがよくわかる大陸ヨーロッパの労働組合の交渉方法について見ていきたい。

　ドイツやフランスなどでは、ある産業の労働組合の代表と、同産業の経営者団体の代表とで団体交渉が行われ、労働協約が締結される。ここで締結された労働協約は、当該産業の各企業を横断的に拘束する効果をもつ。つまり労働協約の締結によって、どこかの企業の組合員だけが賃金アップをするのではなく、その産業で働く組合員の賃金が一律にアップするのだ。また、1つの企業の組合員だけでストライキをするのではなく、その産業で働く組合員が一斉にストライキを行う。産業別労働組合のもとでは、別々の企業に属している組合員は市場競争のライバルではなく、労働条件向上のために、連帯して経営者と闘う仲間となる。

労働協約の拡張適用

　産業別労働組合と経営者団体とが締結する労働協約は、労働組合員がいない企業で働く労働者にも適用される。これは、労働協約を締結した経営者団体にその企業が加盟しているからである。あるいは、加盟していなくとも、労働協約が適用される労働者数が、その産業内で過半数に達するといった場合は、行

政によって、当該産業で働くすべての
労働者に労働協約が強制適用される制
度（**労働協約の拡張適用制度**）が機能して
いるためだ。

　表9-2は、労働協約が適用される
労働者の割合（協約適用率）を国別に表
したものだ。協約適用率の大きさは、
その国の労働組合の影響力を示す一つ
の指標である。先に、表9-1で各国
の組織率を確認したが、それと見比べ
てほしい。注目してほしいことは、表
の下の3ヶ国（イギリス、日本、アメリ
カ）を除くと、協約適用率が組織率の
数値を大きく上回っていることだ。極
端なのはフランスで、組織率が
10.8％しかないが、協約適用率は
98.0％となっている。

表9-2　労働組合の各国別協約適用率

(%)

	協約適用率
フランス	98.0（2018年）
ベルギー	96.0（2019年）
スウェーデン	88.0（2018年）
フィンランド	88.8（2017年）
イタリア	100.0（2019年）
オランダ	75.6（2019年）
デンマーク	82.0（2018年）
オーストリア	98.0（2019年）
スペイン	80.1（2018年）
ドイツ	54.0（2018年）
イギリス	26.9（2019年）
日本	16.8（2019年）
アメリカ	12.1（2020年）

出所：OECD.Stat から作成。

　イギリス、日本、アメリカは、労働
組合の組織率と協約適用率がほぼ一致している。特に日本は完全に一致してい
る。これは、企業別労働組合であるために、労働協約の適用対象も企業内の組
合員に限定されていて、社会的な広がりをもたないことを如実に示している。
アメリカとイギリスも労働協約の適用が、実際には組合員だけに限定されてい
ることがわかる。

　イギリスでは1979年に誕生したサッチャー政権が、労働組合の力を抑制す
るための様々な政策を実行し、その結果、これまでの産業別交渉方式がほとん
ど崩れ、企業別の交渉方式に取って代わられた[3]。

　また、アメリカの労働組合は1950年代～60年代以降、**パターン・バーゲ
ニング**という方法で交渉を行っている。パターン・バーゲニングとは、産業別

3）田端（2007：91-98）。その他、本節における労使関係の国際比較の記述については同
　書を参考にしている。

労働組合と個別企業が交渉を行う方式である。その際、産業別労働組合は、業績が良好で支払い能力のある企業にターゲットを絞って交渉し、そこでの成果をパターン（ひな形）として他の企業に波及させていこうとする（熊沢 2013：70-72、熊沢 2007：73）。ただし、企業別交渉のため、交渉の成果は企業ごとに差が生まれることは避けられず、産業別交渉ではないので労働協約の適用率も表 9-2 で見たように、低い数値に留まる。

　とはいえ、アメリカの労働組合は産業別労働組合であり、イギリスも長期にわたる産業別労働組合の経験をもつ。産業別労働組合としての経験がほぼない日本の労働組合とは、その点の違いは大きいだろう。

闘わない日本の労働組合の事例

　日本の労働組合は会社と闘うことをせず、労使協調で生産性向上につとめる傾向にあることを先に述べた。そうしたことから、例えば日本の労働組合は、これまで長時間労働の規制に非常に消極的だった。

　中日新聞記者の中澤誠は、2000 年 1 月〜 2012 年 4 月に、労働基準監督署や裁判所が社員の過労死・過労自殺を認定した企業 110 社の 36 協定を、2012 年 4 月に調べている（中澤 2015）（36 協定については第 5 章参照）。その結果は、約半数の 53 社で依然として月 80 時間（過労死ライン）以上の残業を認めており、26 社は 100 時間以上だった。注目すべきは、「労働組合のある 57 社の月平均は約 91 時間。労組のない 53 社は約 64 時間で、労組のある企業の方が長時間労働を容認する傾向も浮かび上がった」（中澤 2015：85-86）との記述である。過労死・過労自殺を起こしているにもかかわらず、こうした状態なのだ。

　中澤が調査対象にした期間内の 2005 年 3 月に、「すかいらーく」グループの店長だった中島富雄さん（当時 48 歳）の過労死も労働基準監督署で労災認定されている（亡くなったのは 2004 年 8 月）。中島さんは、エリア内の複数の店舗で働く「支援店長」という役職に当時就いており、同グループのイタリアンレストラン「グラッチェガーデンズ」を担当していた。支援店長になってからの残業時間は月平均で約 150 時間に及んだが、管理職という理由で残業代は一切でなかった。2006 年 8 月、会社はようやく遺族に謝罪して損害賠償を支

払った（安田 2007：45-72）。そうした中、企業別組合の「すかいらーく労働組合」委員長が、店長について雑誌で話した内容に遺族はショックを受ける。

　曰く、店長の「忙しさも半端ではありません。しかし、本当にできる店長、つまり強い店長は、その中でも休みを取れるのです。なぜならば、しっかりマネジメントが出来れば一人でがんばっている店長を見て、誰かが『店長休んでください。私が代わりに働きますから』と言ってくれるからなのです。ここまで行くにはそれだけの人間的魅力がなくてはなりません」。さらに、「たとえば今ガストでは、10 店舗につき、11 名の社員をつけています。これを 10 店舗に二人、強い店長一人が 5 店舗を見る体制ができればそれは労組にとっても、人材育成の究極の目標といえます」[4]（『月刊 J.union Report』16 号、2005 年 5 月、5 頁）。

　労働組合の委員長が、過労死を招くような労働環境の是正どころか、経営合理化の徹底を主張しているのである。これに対して遺族は、「労働組合としての義務を十分尽くさなかったことを認め、深く謝罪すること」を求めて、すかいらーく労働組合を相手に民事調停を申し立てた（『朝日新聞』朝刊 2008 年 4 月 11 日付）。同記事によると、2007 年暮れ、調停は不調に終わったとのことだが、日本の企業別労働組合がいかに闘わないかを象徴する出来事である。

産業別組織と春闘

　なお、日本でも多くの企業別組合が連合して、産業別組織を作っている。電機産業でいえば電機連合という産業別組織があるし、自動車産業ならば自動車総連、鉄鋼産業や造船産業ならば基幹労連という産業別組織がある（図 9-2 参照）。これらは、一見、欧米のような産業別労働組合と似ているが、日本の産

4）ガストもすかいらーくグループである。また、「11 名の社員」の「社員」とは、店長（支援店長を含む）のことだと思われる。というのも、インタビューの解説文には、「ほぼ社員イコール店長のすかいらーく労働組合」（同誌 3 頁）と書かれていたり、委員長が、「わが社の店長は店舗の孤独な仕事に徹しています。だから、明るく、元気よく、キビキビとしていなくてはならない。店のメンバーは主婦から高校生までの年齢層が幅広いアルバイト、準社員が全部です。この中で相当なリーダーシップを発揮しないと人はついてこない」（同誌 4 頁）と述べている。つまり、当時のすかいらーくグループの店舗では基本的に、正社員は店長だけで、それ以外は非正社員で構成されていたと推察できる。

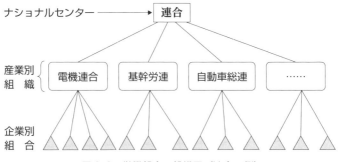

図 9-2　労働組合の組織図（連合の例）
出所：筆者作成。

業別組織は一部の例外を除いて団体交渉を行わない。また、この産業別組織の上に全国中央組織（**ナショナルセンター**）として、**連合**（組合員数は 699 万 313 人（厚生労働省 2021））が存在する[5]が、連合も団体交渉を行わない。

　要は、前述したように、日本の労働組合は団体交渉や労働協約の締結を、企業単位で行っている。とはいえ、これでは企業別労働組合の力や企業業績の違いによって、労働条件に大きな格差が生じてしまう。また、それぞれの企業別労働組合がバラバラに交渉したのでは、労働組合の交渉力が高まらない。それらを克服するために、日本では**春闘**という独特の方式が 1955 年に作られ、現在まで続いている。春闘とは、新年度が始まる前の 2 月〜 3 月頃（春季）に、全国の労働組合が一斉に、労働条件の改善を求めて経営者と交渉することである。春闘のメインは賃上げ交渉であり、特にどれだけ基本給の上昇（**ベースアップ**、略してベア）を勝ち取れるかが社会的な焦点となっている。基本給は、定期昇給がある企業では年齢・勤続年数に応じて毎年昇給していく（**定期昇給**、略して定昇）が、その右肩上がりの昇給カーブ全体を引き上げるのがベースアップである（朝日新聞 2019）。まず連合が賃上げの要求水準を発表し（2022 年春闘の方針では、ベア 2 ％程度、定昇分を含めて計 4 ％程度の賃上げ（連合 2021））、それを踏まえて産業別組織が、傘下の労働組合や産業の状況を考慮して要求水準を設定する。その方針に照らして、各企業別組合が自分たちの状況

5）ナショナルセンターは、その他に全労連（組合員数は 72 万 3786 人）、全労協（同 9 万 6683 人）が存在する（厚生労働省 2021）。

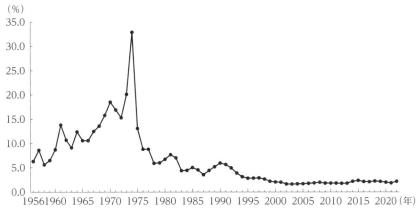

図 9-3 民間主要企業における春闘賃上げ率の推移

注 1：賃上げ率は、定期昇給込みのもの。
注 2：2003 年までの主要企業の集計対象は、原則として、東証または大証 1 部上場企業の
　　　うち資本金 20 億円以上かつ従業員数 1000 人以上の労働組合がある企業である（1979
　　　年以前は単純平均、1980 年以降は加重平均）。2004 年以降の集計対象は、資本金 10
　　　億円以上かつ従業員数 1000 人以上の労働組合がある企業である（加重平均）。
出所：1964 年以前は熊谷・鹿田（2011：231）。1965 年以降は厚生労働省（2022c）。

を勘案して要求内容を決め、交渉を開始する（李 2021：167-168）。交渉におい
ては、まずリーディング産業（鉄鋼、電機、自動車など）における代表的な企業で
高い賃上げ率を獲得し、その賃上げ率を他の企業・産業に波及させていくこと
が目指される（今野・佐藤 2009：193）。

　しかし、図 9-3 を見ると、1974 年に最高の 32.9％を獲得したことがある
春闘の賃上げ率は、その後、急速に減少し、現在は 2％程度と低迷している
（2022 年は 2.20％）。急減した背景には、1974 年の春闘直後、経済界が「大幅
賃上げは国民経済を破壊する」とのキャンペーンを繰り広げ、労働界でもこれ
に呼応する動きが出てきたことがある。同年 8 月、いち早く鉄鋼労連（現、基
幹労連）の宮田義二委員長が賃金自粛論を唱えたのは有名である（熊谷・鹿田
2011：81-84、呉 2012：185）。

　賃上げ率の低迷の他に、春闘には、たとえ産業別組織で目標とする賃上げ率
を設定しても、実際の交渉は企業別に行われるため、同じ産業でも賃上げ率に
差が出てきてしまうという問題が存在する。あるいは、もともと賃金には企業

規模間格差があるため、たとえ同じ賃上げ率を獲得できてもその格差をひろげてしまうという問題も指摘されている[6]。さらに、近年ではトヨタ自動車労働組合が、ベアの要求額や要求の有無、そして定昇を含めた賃金の要求額を組合員平均で示すことを止めたことが報道されている（『朝日新聞』朝刊2022年2月21日付）。日本最大の企業の労働組合が春闘相場の形成から離脱しようとしているのである。最後に、労働組合に加盟していない8割強の労働者には、春闘による賃上げ効果が、はたしてどれだけ及んでいるのかも考えなければならない。春闘を有効に機能させるためには、こうした課題を克服していくことが求められる。

日本の労働組合の特徴②―恵まれた労働者で構成されている

　次に日本の労働組合の2番目の特徴として、比較的経済的に恵まれた労働者で構成されているという点を挙げることができる。

　図9-4は企業規模別の労働組合員の構成割合をみたグラフである。国公営とは、国家公務員や地方公務員のことである。国公営の労働者（12.5%）と、

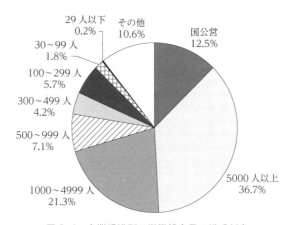

図9-4　企業規模別の労働組合員の構成割合
出所：厚生労働省（2021）より作成。

6）春闘の賃上げについて、沢路（2021）は、「もともとの金額に差があるため、企業規模や雇用形態の違いによる格差が広がるだけだと指摘されてきた」と述べている。

5000人以上の企業に勤める労働者（36.7%）と、それに1000～4999人の規模の企業に勤める労働者（21.3%）を合計すると、日本の労働組合員全体の約7割（70.5%）を占める。500人未満の中小企業で働く労働者の割合は、組合員全体のわずか11.9%だけである。（「300～499人」4.2%、「100～299人」5.7%、「30～99人」1.8%、「29人以下」0.2%の合計は11.9%）。しかし、日本では、500人未満の企業に勤めている労働者が全体の約6割（58.9%）を占めている（総務省『労働力調査』2021年）。一般的に、中小企業で働く労働者は、公務員や大企業の労働者と比べて労働条件が低いにもかかわらず、そうした労働者は労働組合に入れていないことがわかる。

　また、性別で見ると、組合員に占める女性の割合は34.4%に留まっている（厚生労働省2021）。総務省『労働力調査』2021年によると、「役員を除く雇用者」のうち女性の割合は46.9%である。それと比べて低いだけでなく、女性労働者の半数以上（53.6%）は非正社員であり（同調査）、たとえ正社員であっても賃金は男性労働者のように高くは上昇しない（第6章図6-1参照）。女性労働者の方が明らかに労働条件で不利であるにもかかわらず、労働組合員の多数は男性労働者によって構成されている。

　さらに、今の点と関連するが、日本の労働組合の多くは正社員で構成されている。それは、日本の企業別組合の多くが非正社員に組合加入資格を与えていないからである。厚生労働省（2022a：11）によると、事業所に非正社員がいる労働組合のうち、非正社員に組合加入資格を与えて、実際に非正社員の組合員がいるのは約3割に留まる（派遣労働者の場合は2.2%）。そもそも非正社員に組合加入資格を与えていない組合が約6割と半数を超える（派遣労働者の場合は93.2%）[7]。

　このように、最も困難な状況におかれている労働者たち（中小企業労働者、女性労働者、非正社員、あるいは第8章で見た外国人労働者）を、日本の労働組合はなかなか組織化できていない。

---

7) 濱口（2021：280）は、「立派な企業別組合が存在する大企業であっても、非正規労働者には企業別組合員になる資格を認めていないところが極めて多いのです。そうでないのはUAゼンセンなどごく一部の組合だけであって、重厚長大型の製造業大企業では依然として非正規労働者を組合から排除しています」と述べている。

日本の企業別労働組合が、そうした労働者の組織化になぜ積極的でないのか。1つ目には、面倒なことを抱え込みたくないという意識があるのではないだろうか。同じ企業で働く非正社員を組織すれば、それこそ、雇止めされそうになっている非正社員の問題についても対応しなければいけなくなる。闘わない企業別労働組合が、それについて企業と交渉することができるだろうか。あるいは、正社員と非正社員で同じ仕事をしていても非正社員の賃金が相当低いケースはめずらしくない。この賃金格差を本気で是正しようとすれば、春闘で獲得できた賃上げ原資のかなりの部分を非正社員の賃金アップに回す必要が出てくるが、これもできるだろうか。

　2つ目には、日本の労働組合の多くが会社と**ユニオンショップ協定**を結んでいることが関係しているとの指摘もある（青山 2001：201）。ユニオンショップ協定とは、ある企業に正社員として採用された労働者は、その企業の労働組合に加入することを義務づける協定のことである。組合に加入しない場合、あるいは組合を脱退する場合は、会社はその正社員を解雇することになる。そのため、ユニオンショップ協定が締結されている会社に正社員として就職する場合は、労働組合に入るか入らないかということは自由に選ぶことができず、必ず加入しなければならない [8]。厚生労働省（2019）によると、2018年において、ユニオンショップ協定を締結している労働組合は66.2％、締結していない組合は32.5％、不明が1.3％となっている。

　この協定は、すでに会社に労働組合があるような大企業であれば、正社員が入社すると自動的に労働組合に加入するので組織率向上に効果はある。その一方で、労働組合の関心を内向きにしてしまい、組合員以外の非正社員や、さらには自社以外の未組織労働者の労働条件や組織化には関心が向かわなくなる。そもそも自主的に労働組合に入ったわけではないので、労働組合についてよくわかっていない組合員も少なくないだろう。日本ハム株式会社のある組合リーダーは、「会社に入ったときから何も考えずにユニオン・ショップができているから、なぜ組合が必要なのか、なぜ組合に入らなければならないのかということを、言葉で相手にしっかりと伝えられない」と述べている（中村 2018：

8）野村（2018：107-108）によると、「欧米の産業別労働組合では、ユニオンショップ協定は存在しないのが一般的である」。

78）。

　なお、近年では、このユニオンショップ協定の対象に非正社員を加えることで、企業内の非正社員を丸ごと労働組合に加入させる動きが一部で見られる（中村 2018）。とはいえ、いま述べたユニオンショップ協定の基本的な問題は変わらない。さらには、ユニオンショップ協定は労働組合に入らない自由を否定していて憲法に違反するとの学説（西谷 2020：604-609）もあるなど、当協定をめぐって議論が行われているところである。

行政機関への労働相談件数の高止まり

　日本の労働組合の特徴として、1番目に企業別組合で会社と闘わない傾向が強い、2番目に一部の比較的恵まれた労働者によって構成されていることを見てきた。これでは、労働組合運動が停滞するのも無理はないだろう。

　しかし、現在、非正社員の増大だけでなく、情報サービス業や外食業、小売業などの、労働組合がない新興企業で、過酷な労働を強いられる正社員の問題（「ブラック企業」問題）も明らかになっている（今野 2012、今野 2014）。そして、厚生労働省の総合労働相談に寄せられている相談件数は、2021年度は124万2579件であり、14年連続で100万件を超え、高止まり状態になっている（厚生労働省 2022b）。このうち、労働基準法違反の疑いがあるものが17万70件、民事上の個別労働紛争に関する相談は28万4139件である（序章の図0-5も参照）。民事上の個別労働紛争の相談内容は、「いじめ・嫌がらせ」が最も多く8万6034件、次いで「自己都合退職」4万501件、「解雇」3万3189件となっており、相談者の雇用形態（9.9％は事業主からの相談だが、その場合は相談対象者の雇用形態）を見ると、正社員が36.4％、非正社員（「短時間労働者」、「有期雇用労働者」、「派遣労働者」）が29.5％、「その他・不明」が34.1％となっている。民事上の個別労働紛争については労働局長による助言・指導を受けることができたり（助言・指導の申出件数は8484件）、紛争調整委員会による斡旋を受けることができる（斡旋の申請件数は3760件）。

　こうした助言・指導や斡旋を受けようとする人は、労働組合のない中小企業の労働者たちに多いと思われる。紛争調整委員会による斡旋の記録を分析した労働政策研究・研修機構（2012：26-27）を見ると、労働者数100人未満の企

業における斡旋件数は全体の 58.2％を占めており、労働者数不明の 19.8％を考慮すると、大半が中小零細企業の労働者によって利用されていることがわかる。また、厚生労働省（2012）を見ると、助言・指導の申出人のうち、「労働組合のない事業所の労働者」が 64.4％、斡旋の申請人のうち同労働者が 73.7％を占めている。

　労働組合がない中小企業の労働者を中心にして、雇用形態を問わず、多くの労働相談が行政機関に寄せられている。また、助言・指導や斡旋を受けようとする者の約 6 ～ 7 割は職場に労働組合がなかったが、残り 3 ～ 4 割の中には、職場に労働組合はあるが頼りにならないので行政機関を頼った者も少なくないだろう [9]。要するに、労働運動が低迷する中、あらゆる階層の労働者から労働問題の解決を求める声が噴出しているのである。

一般組合（ユニオン）の活躍

　こうした状況下、労働組合の世界で新しい動きが起きている。それは、**一般組合（ユニオン）**の活躍である。ユニオンとは、産業、職業、企業、雇用形態の枠を超えて、あらゆる労働者を対象に組織する労働組合のことである（TAC公務員講座（2006：69）の定義を参考にした）。したがって、勤めている会社に労働組合がなくても、正社員であっても非正社員であっても、誰もが個人で入れる労働組合がユニオンである。英語では、労働組合全般を意味する用語としてunion（ユニオン）が使われるが、日本で「ユニオン」というと一般組合を意味するものとして定着しつつある。

　ユニオンには、例えば青年を中心に組織している首都圏青年ユニオンや、女性を組織している女性ユニオン東京、企業別組合では加入資格がなかった管理職でも加入できる東京管理職ユニオン [10]、外国人労働者を多く組織している

---

9) 遠藤（2007：170）によると、「多くの企業別組合は、その企業別組合の組合員が個別労働紛争の紛争当事者であっても、その組合員を支援しない。そうした組合員のいくらかは、最初に企業別組合の役員に自分の個別的な不利益問題を相談するものの、納得できる解決への十分な支援が企業別組合から得られないことが多く、結果として、彼らは企業外での個別労働紛争の当事者となる。少なくない組合員は、最初から、企業別組合に期待できないと判断して、企業外での個別労働紛争の当事者となる。おそらく、後者が前者よりも多数と推測できる」。

神奈川シティユニオンなどがある。

　ユニオンでは労働相談を重視している。いま紹介したユニオンもホームページで労働相談を受け付けている。労働相談の申し出があれば、相談者から詳しく話を聞き、問題解決には組合に入った方がよい場合は加入を勧める（兵頭2016c：173）。加入後は、会社と団体交渉を行う。呉（2010：54）によると、ユニオンが行う団体交渉のうち、団体交渉で問題が解決した割合は67.9%と高くなっている。団体交渉で解決できなくとも、裁判や行政機関を利用して最終的には90%が解決している。

　ユニオンの活動の様子を一つだけ見てみよう。報道（『朝日新聞』朝刊2016年2月5日付）によると、首都圏青年ユニオンでは、高校生から、「バイト先の和食店では賃金の計算が15分単位で切り捨てられている（たとえば午後5時4分に出勤したのに、賃金は午後5時15分から支給）」との相談があった。青年ユニオンでは前年（2015年）に「首都圏高校生ユニオン」を立ち上げており、この高校生は高校生ユニオンに加入して、会社と団体交渉を行った。その結果、これまで切り捨てられていた時間分の賃金だけでなく、制服に着替える時間や、着替えるためのロッカールームが店から遠く、その移動にかかる時間分の賃金、さらには会社が指定した靴の購入代金（賃金から天引きされた）などが高校生に支払われた。また、会社は賃金算定の方法等を全社的に改善することを約束したという。

　こうした報道もそうだが、ユニオンでは、メディアを通じて、ユニオンの活動や労働問題を世の中に広く知らせることに力を入れている。「労働相談の場面では、その時代の最も先鋭な労働問題が現れる」（東 2010：215）。それを、他のユニオンやNPO、弁護士、研究者などと共同して社会に訴えたり、運動を組織して、時には大きく政治を動かすこともある（例えば2008年の**年越し派遣村**（高須 2010：56-58）。翌2009年、「国民の生活が第一」をスローガンにして民主党を中心とする政権が誕生したが、運動が政権誕生に与えた影響は大きかった）。

---

10) 濱口（2021：284）は、管理職ユニオンについて、「企業別組合であれば使用者の利益代表者として組合員資格を奪われる労働者が、企業外部のコミュニティ・ユニオンに個人として加入するのであれば、別の他の組合員との関係で会社側に立つわけでもないので組合員になれるというややアクロバティックな論理」で成り立っていると述べている。

もちろん、労働組合全体からすればユニオンの組合員数は少なく（自分の問題が解決するとユニオンを脱退してしまい、ユニオンの組合員数がなかなか増えないということは以前から指摘されている）、財政的にも苦しい。しかし、日本の労働組合が勢いを取り戻すためには、困難な状況におかれている労働者のために、いかに行動するかがカギとなっている。その役割を最前線で担っているユニオンが発展するかどうかは、今後の労働組合運動の成否を決める試金石になっている。

コラム 11　労使協議制

労使で労働条件を話し合う場として、団体交渉とは別に労使協議がある。憲法や労働組合法で規定されている団体交渉とは異なり、労使協議は法律で規定されていない。厚生労働省（2020：7）によると、労使協議機関がある事業所の割合は 37.1％で、労働組合がある事業所では 83.9％だが、労働組合がない事業所では 16.8％に留まる。そして、労使協議の労働者側の出席者は、労働組合の三役（委員長、副委員長、書記長）に限定しているところが多い（水谷・鴨 2010：79）。要は、労働組合のある企業で、組合役員が労使協議を行っている。団体交渉だと、労使の意見が折り合わないと労働争議に発展する可能性がある。経営者としては、それを避けるために、労使協議によって労働組合と相互理解を深め、引いては労使関係の「安定」と生産性向上に協力・参加させることを目的としている（青山 2001：206）。

◎ exercise

・就職した会社が「ブラック企業」だったとして、「労働組合に入って闘うよりも、さっさと他社に転職した方が、余計なエネルギーを使わなくてよい」という考え方もあります。この考え方についてどう思いますか。
・なぜ日本は企業別組合になったのか、その原因を調べてみましょう。
・ユニオンによる交渉でどのような成果が得られているか、近年の事例をいろいろ調べてみましょう。

【参考文献】

青山秀雄（2001）「労働組合と労使関係管理」黒田他『現代の人事労務管理』八千代出版
朝日新聞（2019）「いちからわかる！最近よく聞く『ベア』一体、なんのこと？」（朝刊 2 月 14 日付）

東洋志（2010）「日本における『新しい労働運動』」石井他『現代労働問題分析』
　法律文化社

石井まこと・兵頭淳史・鬼丸朋子編著（2010）『現代労働問題分析』法律文化社

今野浩一郎・佐藤博樹（2009）『人事管理入門　第 2 版』日本経済新聞出版社

李旼珍（2021）「賃金交渉」仁田他『労働組合の基礎』日本評論社

遠藤公嗣（2007）「日本の個別労働紛争」『経営論集（明治大学）』54 巻 3・4 号

呉学殊（2010）「合同労組の現状と存在意義」『日本労働研究雑誌』604 号

呉学殊（2012）「企業と労働組合」佐藤・佐藤『仕事の社会学（改訂版）』有斐閣

木下武男（2008）「なぜ労働組合は生まれ、どんな役割を果たすのか」後藤・木下
　『なぜ富と貧困は広がるのか』旬報社

熊沢誠（2007）『格差社会ニッポンで働くということ』岩波書店

熊沢誠（2013）『労働組合運動とはなにか』岩波書店

熊谷金道・鹿田勝一（2011）『春闘の歴史と展望』学習の友社

黒田兼一・関口定一・青山秀雄・堀龍二（2001）『現代の人事労務管理』八千代出
　版

厚生労働省（2012）「平成 23 年度個別労働紛争解決制度施行状況」厚生労働省
　ホームページ（https://www.mhlw.go.jp/stf/houdou/2r9852000002bko3-
　att/2r9852000002bkpt.pdf）2022 年 9 月 7 日アクセス

厚生労働省（2019）「平成 30 年労働組合活動等に関する実態調査」厚生労働省
　ホームページ（https://www.mhlw.go.jp/toukei/list/18-30.html）2022 年
　9 月 15 日アクセス

厚生労働省（2020）「令和元年（2019 年）労使コミュニケーション調査の概況」
　厚生労働省ホームページ（https://www.mhlw.go.jp/toukei/list/dl/18-r01ga
　iyou07.pdf）2022 年 9 月 12 日アクセス

厚生労働省（2021）「令和 3 年労働組合基礎調査」厚生労働省ホームページ
　（https://www.mhlw.go.jp/toukei/list/13-23.html）2022 年 9 月 14 日アク
　セス

厚生労働省（2022a）「令和 3 年労働組合活動等に関する実態調査の概況」厚生労
　働省ホームページ（https://www.mhlw.go.jp/toukei/list/dl/18-r03gaiyou
　06.pdf）2022 年 9 月 2 日アクセス

厚生労働省（2022b）「令和 3 年度個別労働紛争解決制度の施行状況」厚生労働省
　ホームページ（https://www.mhlw.go.jp/content/11909000/000959370.
　pdf）2022 年 9 月 6 日アクセス

厚生労働省（2022c）「令和 4 年民間主要企業春季賃上げ要求・妥結状況」厚生労
　働省ホームページ（https://www.mhlw.go.jp/content/12604000/0009764
　40.pdf）2022 年 9 月 14 日アクセス

厚生労働省（2023）「令和 4 年労働組合基礎調査の概況」厚生労働省ホームペー
　ジ（https://www.mhlw.go.jp/toukei/itiran/roudou/roushi/kiso/22/index.

html）2023 年 2 月 13 日アクセス

後藤道夫・木下武男（2008）『なぜ富と貧困は広がるのか』旬報社

小林康二編著（2000）『活かそう労働組合法』連合通信社

今野晴貴（2012）『ブラック企業』文藝春秋

今野晴貴（2014）「ブラック企業と学生の就職活動」『社会学論叢（日本大学）』
　179 号

佐藤博樹・佐藤厚編（2012）『仕事の社会学（改訂版）』有斐閣

沢路毅彦（2021）「連合　新体制の課題」『朝日新聞』朝刊 10 月 25 日付

菅野和夫（2019）『労働法　第 12 版』弘文堂

高須裕彦（2010）「労働組合運動の新展開」『社会政策』2 巻 1 号

高橋祐吉・鷲谷徹・赤堀正成・兵頭淳史編（2016）『図説　労働の論点』旬報社

TAC 公務員講座編（2006）『2008 年度版　公務員 V テキスト 12　社会政策』
　TAC 出版

田端博邦（2007）『グローバリゼーションと労働世界の変容』旬報社

中澤誠（2015）『ルポ過労社会』筑摩書房

永野秀雄（2005）「プロスポーツ選手の労働者性」『日本労働研究雑誌』537 号

中村圭介（2018）『壁を壊す　新装版』旬報社

西谷敏（2020）『労働法（第 3 版）』日本評論社

仁田道夫・中村圭介・野川忍編（2021）『労働組合の基礎』日本評論社

野村正實（2018）『「優良企業」でなぜ過労死・過労自殺が？』ミネルヴァ書房

濱口桂一郎（2021）『ジョブ型雇用社会とは何か』岩波書店

兵頭淳史（2016a）「労働組合はどのように生まれたのか」高橋他『図説　労働の
　論点』旬報社

兵頭淳史（2016b）「職場の不満やトラブルをどうするか」高橋他『図説　労働の
　論点』旬報社

兵頭淳史（2016c）「『クミアイ』と『ユニオン』は違うのか」高橋他『図説　労働
　の論点』旬報社

松岡三郎・松岡二郎（2008）『口語労働法　全訂新版』自由国民社

水谷研次・鴨桃代（2010）『知らないと損する労働組合活用法』東洋経済新報社

安田浩一（2007）『肩書だけの管理職』旬報社

連合（2021）「2022 春季生活闘争方針」連合ホームページ（https://www.jtuc-
　rengo.or.jp/activity/roudou/shuntou/2022/houshin/data/houshin2021
　1202.pdf?357）2022 年 9 月 14 日アクセス

労働政策研究・研修機構（2022）『データブック国際労働比較 2022』労働政策研
　究・研修機構ホームページ（https://www.jil.go.jp/kokunai/statistics/da
　tabook/2022/documents/Databook2022.pdf）2022 年 9 月 13 日アクセス

労働政策研究・研修機構編（2012）『日本の雇用終了』労働政策研究・研修機構

脇田滋（2007）『労働法を考える』新日本出版社

あとがき

　過労死・過労自殺が続出するほどの長時間労働や、低賃金で雇用が不安定な非正社員の増大、職場のパワーハラスメントなど、日本で働く者の労働環境は、長年、その問題性が指摘されているにもかかわらず、いっこうに改善する見通しが立たない。そればかりか、コロナ禍の現在、より深刻さが増しているように思われる。明らかに、日本企業の人事労務管理の在り方には、大きな欠陥があるのではないか。

　本書は、人事労務管理について基本的な知識を得ることができるように書かれた教科書であるが、その記述の基底には、こうした日本企業の働かせ方に対する批判的な視点が貫かれている。そのため、「基本的な知識」に関しても、日本企業で働く者が少しでもよりよい労働生活を送るのに役に立つものを選んで執筆している。本書を読めば、日本の労働者が置かれている状況、雇用制度・政策、問題の根源、解決策などの概要を把握することができるだろう。

　現状の人事労務管理について批判的に書くということは、様々な論争点についても踏み込まざるを得ないということだ。執筆者5人に関しても、現状批判や改善の必要性、その方向について大枠で一致しているものの、部分的に認識を異にしている箇所もある。それは、問題の根深さからして当然のことであり、議論も行ったが基本的に各自、自由に書いてもらった。その分、とても刺激的な教科書になったと思っている。本書は大学生を主な読者に想定しており、「人的資源管理論」等の講義での教科書のほか、ゼミで使用すれば活発な議論ができるだけの素材がふんだんに盛り込まれていると自負している。

　「はしがき」でも記しているように、本書はコロナ禍の中で作成された。各執筆者は、この間、直接集まることができずに、オンライン会議やメールなどで打ち合わせや原稿の検討を行ってきた。制約された状況と多忙の中にあっても、こうして本書を書き上げることができたのは、執筆メンバーの強い思いと、粘り強く出版を後押しして下さった八千代出版の森口恵美子様、丁寧な校正をして頂いた同社の御堂真志様のおかげである。厚く御礼を申し上げる。

　末尾ながら、執筆者5人は明治大学名誉教授の黒田兼一先生から教えを受

けた者たちであり、黒田先生たちが書かれた教科書（黒田兼一・関口定一・青山秀雄・堀龍二『現代の人事労務管理』八千代出版、2001 年）で労務管理の基礎を学んだ。本書の出版で少しでもその学恩に報いることができればと思っている。

　2023 年 1 月 10 日

戸室健作

索　引

編著者紹介

永田 瞬（ながた・しゅん）
　　一橋大学大学院経済学研究科博士課程修了
　　現在　高崎経済大学経済学部教授
　　専門　経営労務論、社会政策論
　　主な著作
　『地方製造業の躍進：高崎発ものづくりのグローバル展開』（共著、日本経済評論社、2022 年）
　「賃金格差とジェンダー平等：同一（価値）労働同一賃金論の批判的検討」（『労務理論学会誌』28 号、2018 年 3 月）
　『サステイナブルな地域と経済の構想：岡山県倉敷市を中心に』（共著、御茶の水書房、2016 年）

戸室健作（とむろ・けんさく）
　　明治大学大学院経営学研究科博士後期課程修了
　　現在　千葉商科大学商経学部准教授
　　専門　労使関係論、社会政策論
　　主な著作
　『ドキュメント請負労働 180 日』（岩波書店、2011 年）
　『民主的自治体労働者論』（共著、大月書店、2019 年）
　『最低賃金 1500 円がつくる仕事と暮らし』（共著、大月書店、2018 年）

働く人のための人事労務管理

2023 年 4 月 5 日　第 1 版 1 刷発行

　　編著者―永田　瞬・戸室健作
　　発行者―森　口　恵美子
　　印刷所―壮 光 舎 印 刷㈱
　　製本所―㈱グ リ ー ン
　　発行所―八千代出版株式会社
　　　〒101-0061　東京都千代田区神田三崎町 2-2-13
　　　TEL　03-3262-0420
　　　FAX　03-3237-0723
　　　振替　00190-4-168060

　＊定価はカバーに表示してあります。
　＊落丁・乱丁本はお取替えいたします。